中國學術思想 研究輯刊

初 編

林 慶 彰 主編

第 12 冊

朱子《學禮》研究

林 美 惠 著

花木蘭文化出版社

國家圖書館出版品預行編目資料

朱子《學禮》研究／林美惠 著 — 初版 — 台北縣永和市：花
木蘭文化出版社，2008〔民 97〕

目 2+188 面：19×26 公分

（中國學術思想研究輯刊 初編：第 12 冊）

ISBN：978-986-6657-84-9（精裝）

1.（宋）朱熹 2. 禮（經書） 3. 學術思想 4. 研究與考訂

531.88　　　　　　　　　　　　　　　　　97016162

ISBN - 978-986-6657-84-9

9 789866 657849

中國學術思想研究輯刊

初 編 第十二冊　　　　　　　　ISBN：978-986-6657-84-9

朱子《學禮》研究

作　　者　林美惠
主　　編　林慶彰
總 編 輯　杜潔祥
出　　版　花木蘭文化出版社
發 行 所　花木蘭文化出版社
發 行 人　高小娟
聯絡地址　台北縣永和市中正路五九五號七樓之三
　　　　　電話：02-2923-1455／傳真：02-2923-1452
網　　址　http://www.huamulan.tw 信箱 sut81518@ms59.hinet.net
印　　刷　普羅文化出版廣告事業
封面設計　劉開工作室
初　　版　2008 年 9 月
定　　價　初編 28 冊（精裝）新台幣 46,000 元

朱子《學禮》研究

林美惠　著

作者簡介

林美惠

1957 年生。

國立成功大學中國文學系學士、國立高雄師範大學國文研究所碩士。

現職：國立成功大學中國文學系講師。

提　要

　　本論文由曾師昭旭指導完成。完成於 1986 年。

　　朱子《學禮》者，乃基於朱子之義理格局所設計而成，期導使人性自小學之事之涵養德性，而至大學之教以開發其性理，自正心脩身以至於齊治均平境地之尊德性之教也。換言之，經由習禮設教而導致德性建立之教育結構，乃一儒家於宋代思潮中所創發之新禮教。此教育結構本於朱子大學之道——格物致知、誠意正心、脩身齊家、治國平天下之旨而鋪展，乃其一生學術之精蘊。

　　朱子之《學禮》，本於追慕聖人之道德境界，從而建構古來一切學禮史料之道德意義，而醞釀成其尊德性之教。其資料背景頗為繁複，範圍徧及經史，不易一一還原，本文只於其史料取用之源點明出處，不更作考信；蓋朱子於史料本取立意之美，不重其史實背景之真偽，於宋代疑古辨偽之學風下，學禮實是一『創古』之思想。

　　朱子之《學禮》，本具見於《儀禮經傳通解》一書卷九至卷十九，然其前猶有《白鹿洞揭示》一文與《小學書》一書，可為學禮之思想輔證；至於《四書集注》、《或問》、《朱子語類》、《文集》皆有學禮思想之議論，於本文一併稽考詳論之。

　　首章先於朱子《學禮》思想之導源與發展，作一考證；二章至五章——朱子學禮立教義、朱子學禮藝教義、由敬字看朱子小學始教義、由心字看朱子大學成教義，則討論《學禮》本身於教育宗旨、教學禮法、六藝教育、《小學》之教、《大學》之教諸端，其所欲言卻引而未發之義理。六章則綜述朱子學禮可能有之道德實踐之進路，且檢討其道德教育之虛實，以作結論。

　　本文寫作之方法，首在還原朱子之立意；於史料經語各各察明出處，標明原典，間採古籍之訓釋；其次，於整個義理架構之建立，則參考《大學》之三綱領八條目，以鋪敘出朱子《學禮》自個人脩身至家齊國治天下平之教育規模。然朱子於古籍頗有釐析改併，與原典未必一致，讀者但取其大意可也。

　　本書所據取材料，於《儀禮經傳通解》一書，取自《文淵閣四庫全書・經部・禮類》；於《小學書》，則取自《文淵閣四庫全書・子部・儒家御定小學集注》。其他朱子著述則取自坊間通行本，而《學禮》之《書數篇》原闕，只存序題，今亦自序題之立意，補以清朝江永的《禮書綱目》之《書數篇》，以全其體系也。

目

次

第一章 導 論

第一節 引 言

　　朱子（宋高宗建炎四年──寧宗慶元六年；西元 1130～1200）思想規模宏大，《學禮》（儀禮經傳通解卷九～十九）則為其一生思想所聚而建構之新禮教。其思想核心延續大學之道治平之旨，而又加以小學之教孝悌之行；以道問學之學問思辨工夫助德性之明，更以教育之事結合尊德性之學，終則成其一創新之德教系統。其工夫進路既以道問學之法，一方開出其踐德之學，一方則開出其教育哲學；且以教育哲學詮釋尊德性之義蘊，繼之以教育原理引領踐德之學，故其學禮思想性格既為教育之學，亦是踐德之學，更是踐德之教育學、教育之踐德學。

　　本文旨在探究其理學與《學禮》之義理關係，重其立意之理念，而略其細禮微節之度數。即由其立意之理念探究，其如何以道問學方法研求尊德性之教，如何由個人明明德推擴至治國平天下，成為一上下貫串歷史文化，縱橫收攝政教倫理之性理系統，以此系統達至盡性知天參贊化育之儒家終極理想。

　　所謂『學』，朱子於《論語》〈學而〉標題下註云：

　　　此為書之首篇，故所記多務本之意，乃入道之門、積德之基，學者
　　　之先務也。（通行本四書集注）

蓋於此已暗示『學』是進入聖賢殿堂之第一步，故又云：『學之為言效也』，『學』乃一效法聖賢人格以自覺之心志，聖賢人格典範正後人所追企嚮慕之道德境界。

又於〈答張敬夫問目〉（文集三十二）一書云：

> 夫學也者，以字義言之，則己之未知未能而曉夫知之能之之謂也；
> 以事理言之，則凡未至而求至者皆謂之學……則所謂學者果何學
> 也？蓋始乎爲士者，所以學而至乎聖人之事。

蓋『學』是一由不知不覺之蒙昧狀態，推開一點生命之光、智慧之源，以此漸漸知之覺之，由士至於聖賢（《荀子·勸學》篇：「其義則始乎爲士，終乎爲聖人。」）修成一番學問與人格一體完美之境地。

故於〈答鄭自明書〉（文集二十五）云：

> 然則今日吾人之進德脩業，乃是異時國家撥亂反正之所繫，非但一
> 身之得失榮辱也。

由此數語可概見其一生讀書窮理非是一椿空洞無物之談理，而是欲於學問與人格一體完美之主觀境地同時達至潤物成物之客觀道業；換言之，客觀道業之成就正是儒者所應面對當下之時代而負責，讀書用於報國，學問正爲經世致用。

『學禮』者，經由習禮設教而導致德性建立之教育結構；朱子『學禮』之建立，則經由聖人人格之追慕，古之學禮史料意義之充實，加以自我義理之架局，而成一新禮教。

第二節　朱子《學禮》思想之導源與發展

一、聖人人格之追慕

朱子十數歲時，厲志聖賢之學，讀孟子告子篇所言聖人與我同類，喜不可言，以爲聖人易爲（王白田朱子年譜）。而慶元三年丁巳，朱子六十八歲，是年正旦書於藏書閣下東楹，云：「周敬王四十一年壬戌，孔子卒；至宋慶元三年丁巳，一千六百七十六年。」（語類一百四·自論爲學工夫·人傑），語下一片紹繼道統之氣概。

孔子之生命歷程曾深深惻動朱子一生道德境界之自我追求，今試以孔子自述求學心路之中尋求朱子之心路歷程：

> 子曰：「吾十有五而志於學，三十而立，四十而不惑，五十而知天命，
> 六十而耳順，七十而從心所欲，不踰矩。」（《論語·爲政》）

按：朱子之求道原自道問學之法入手，自前賢之論據中從而建立自己之體系；而其採擇前賢者當追溯至《論孟精義》〔註 1〕，其建立自我體系則可斷自《四書集注》始。《精義》成於四十三歲，《集注》則成於四十八歲。今試自精義前賢之言較具體者採擇一二，試與《集注》、《語類》相爲印證。以見朱子之求道歷程。《論語精義》（和刻本《近世漢籍叢刊》）卷第一下引程伊川之解云：

> 吾十有五而志於學，聖人言己亦由學而至，所以勉進後人也。立，能自立於斯道也；不惑則無所疑矣；知天命，窮理盡性也；耳順，所聞皆通也；縱心則不勉而中矣。

又引謝良佐之解云：

> 若見道不明，決無志學之理；未知以學爲事，決無可立之理；未能立，決無不惑之理；心且不盡，性且不知，豈有知天命者乎？不知天命，則與道爲二，決無耳順之理，然則不志於學者舉廢之矣……聖人之於生知，豈物物而知之？聖人之於安行，豈物物而安之？有所未知亦當學而知之，有所未安亦當學而安之，下學而上達正如是爾。學者儻能離經辨志，親師擇友，決知中道而不反，決知不爲外物搖奪，決知不爲異端誘怵，始可以當志學之名。

朱子由是自我乃議論爲學與生命歷程之關係云：

> 十五志學一章全在志于學上，當思自家是志于學與否？學是學箇甚？如此存心念念不放，自然有所得也。（《語類二十三‧吾十有五志於學章‧季札》）

> 自志學之後十五年工夫方能有立，立比不惑時，立尚是箇持守底意思，不惑便是事理不惑了；然不惑方是事理不惑，到知天命又是天之所以命我者無不知也。（同上，〈植〉）

> 到六十時，是見得那道理爛熟後，不待思量，過耳便曉。（同上，〈義剛〉）

> 所欲不踰矩，是不勉而中。（同上，〈季札〉）

子曰：「不怨天，不尤人，下學而上達，知我者其天乎！」（《論語‧憲問》）

朱子於《論語精義》卷七下引程明道之解云：

〔註 1〕朱子年三十四，即成《論語要義》一書；四十三歲，成《論孟精義》；至五十一歲時，又改稱《精義》爲《要義》，後又稱《集義》。可參見錢穆《朱子新學案》一冊《朱子學提綱》之二十七目──〈朱子之四書學〉。

聖賢千言萬語，只是欲人將已放之心約之，使反復入身來，自能尋
向上去，下學而上達也。

又引程伊川之解云：

學者須守下學上達之語，乃學之要，下學人事便是上達天理。

又引尹焞之解云：

天人事理本無二也，下學人事而上達天命，自灑掃應對以至乎窮理
盡性，本無二道也，下學而已，聖人何所怨尤乎？

朱子由是議論聖人之上達根源於下學，云：

下學而上達，每學必自下學去。（《語類四十四·莫我知也夫章·泳》）

下學是低心下意，做到那做得超越，便是上達。（同上，〈佐〉）

下學上達雖是二事，只是一理，若下學得透，上達便在這裏。（同上，
〈道夫〉）

但知下學，而自然上達。（《集注憲問篇》）

子貢曰：「夫子之文章，可得而聞也；夫子之言性與天道，不可得而聞也。」
（《論語·公冶長》）

《論語精義》卷三上引程伊川之解云：

性與天道非自得之，則不知，故曰不可得而聞。

性與天道不可得而聞，要在默而識之也。

朱子由是議論默而識察之性與天道，云：

天有四時，春夏秋冬，風雨霜露，無非教也；地載神氣，神氣風霆，
風霆流形，庶物露生，無非教也，此可以觀性與天道。（《語類二十
八·子貢曰夫子之文章章·雉》。按：此段語渾括孔子《閒居》一文
中語而道。）

文章，德之見於外者，威儀文辭皆是也。性者，人所受之天理；天
道者，天理自然之本體，其實一理也。言夫子之文章日見乎外，固
學者所共聞，至於性與天道，則夫子罕言之，而學者有不得聞者。
蓋聖門教不躐等，子貢至是始得聞之，而歎其美也。（《集注·公冶
長》）

按：吾檢查孔子求學心路，經由朱子之綜合前賢、獨創己說兩種程序之
中，歸納朱子求道成聖工夫之心解，如下：

之一，孔子求學心路正是朱子於尊德性之學所有觀念之出發點，而十五志學爲一關鍵處。

之二，反己自修，循序漸進，自下學而上達，窮理而盡性，似爲一自然而合理之求道進路，聖門之教不躐等而學。唯有經由篤實之下學，方可上達性與天道之奧義。

之三，所謂下學，與眾人同，並無特異；所謂上達，默而識之，自達於人所受之天理，自明其天理自然之本體。則朱子自孔子心路歷程析出：一是形而下實踐體認之下學工夫，一是自家默察心識之上達之道。

所謂下學工夫，蓋是爲上達而作準備，故從「志於學」至「不惑」，乃是不斷自『下學而上達』之經驗中，證知道德之超越性，及其永恒性、普遍性，故朱子注「不惑」之義蘊云：「於事物之所當然皆無所疑，則知之明而無所事守矣。」(《集注》) 故而可至「五十知天命」、「六十耳順」、「七十從心所欲，不踰矩」之境界。而自「五十知天命」後所湧發乃一漸次上達之道，至於『性與天道』融合爲一之道德人格。由是而見，上達之道即是自不斷『下學而上達』之歷程領略人文世界之禮樂文化正與宇宙奧秘之天道相爲成就，故由孔子之德之文章威儀正見其禮樂文化背後——天理本體之日新又新。孔子由天道之日新而生禮樂文化內涵之創新，由禮樂文化內涵之表彰而心知其本體之美，故朱子以爲「六十耳順」乃一「聲入心通，無所違逆，知之之至，不思而得。」(《集注》) 之境。由是至「七十從心所欲，不踰矩」則是一「隨其心之所欲，而自不過於法度，安而行之，不勉而中也。」(《集注》) 之天理心境。

朱子自孔子之生命歷程，一是掌握其個體之內在訊息，二是提出下學工夫之深刻價值，三是推擴上充至性與天道之終極理想。而其個體內在訊息必經由下學工夫之深刻，始能深入其生命價值。其下學工夫又必根源於性與天道，始能波瀾壯闊。而其性與天道亦必經由下學工夫之落實，進入個體內在生命，湧發存在之意義、存在之奧秘，生命始能波瀾壯闊，且復波瀾清明。

二、古之學禮史料 [註2]

朱子《學禮》一方自孔子生命歷程求其尊德性之教，一方則自古之學禮

〔註 2〕 此一節資料之提示，參考自陳立《白虎通義疏證・辟廱篇》之注文，及劉伯驥《六藝通論・論周代學校制度》部分，及卓師秀嚴《成大學報十期・禮記學禮義述》一文。

博取其史料之意義以建立《學禮》之典據，兩相綜合，加以自我創新之義理，而成一創新之德教系統。今試由古之學禮史料追溯朱子學禮之思想根源，再論其《學禮》如何經由古之學禮史料以建立尊德性之教。

《禮記》〈學記〉云：「古之王者，建國君民，教學爲先。」此爲肯定古有教育制度，且爲王者建國首要之事。

《尚書》〈舜典〉云：「契，百姓不親，五品不遜，汝作司徒，敬敷五教在寬。」又云：「夔，命汝典樂，教胄子，直而溫，寬而栗，剛而無虐，簡而無傲；詩言志，歌永言，聲依永，律和聲，八音克諧，無相奪倫，神人以和。」此言古帝舜命契以五常教民，命夔以樂教詩教導民，使民之情性歸於平和，人倫止于至善，而用以享宗廟神明，俾使神人皆和。可見古代學禮本依附宗法、祭祀之典而存在，亦可說：宗法祭祀之典之設，而產生祭儀舞樂；祭儀舞樂之興，而產生古之學禮。由於一貫地宗法祭祀、祭儀舞樂、詩教樂教、學禮制度，可謂古之學禮實與整個政治宗教爲一整體，脈絡相連，政教、倫理、德性成一直貫系統。

《孟子》〈滕文公上〉云：「飽食煖衣，逸居而無教，則近於禽獸，聖人有憂之，使契爲司徒，教以人倫：父子有親，君臣有義，夫婦有別，長幼有序，朋友有信。」又云：「設爲庠序學校以教之，庠者養也，校者教也，序者射也；夏曰校，殷曰序，周曰庠，學則三代共之，皆所以明人倫也。人倫明於上，小民親於下。」所謂人性，自其廣義而言，自生之本能至性理之善皆所意義。而自其狹義而言，則單指人性之性善爲其價值。然而不論狹義廣義，人皆需教育以引導生之本能以趨性善，由後天之設教以善導先天之性理根源。孟子此言即帶引人性遠離動物本性，而趨於唯一人性價值之性善也。庠者，養耆老於庠。校者，教禮義於校。序者，習射習揖遜之節，講尊卑之禮於序。學則是泛稱通稱三代一切學校制度，故可以「學」統名之。凡此四名皆以明人倫爲主旨，且將教化之事落實爲教育場所、教學環境，明指三代以來即有學校制度。至於人倫，則不但自五品（父義、母慈、兄友、弟恭、子孝）之內篤行，且推擴至五倫（父子有親、君臣有義、夫婦有別、長幼有序、朋友有信）之大倫理關係。

然而〈學記〉又云：「古之教者，家有塾，黨有庠，術有序，國有學。」蓋家是一最小單位——父母兄弟子，由家而組成一閭——二十五家，同共一巷，巷首有門，門邊有塾，以教庶民。由是漸放大單位組織，五百家爲黨，

於黨中立庠，以教閭中所升之俊秀者。再由萬二千五百家組織爲術（亦稱遂），於術中立序，教黨中所升之俊秀者。至於國有學，則謂天子所都及諸侯國中所設之學校，以教貴族子弟，以及鄉中（家、黨、術）所升之俊秀者。而禮記王制更云：「小學在公宮南之左，大學在郊，天子曰辟廱，諸侯曰頖宮。」此則指貴族教育之體制，有小學、大學、辟廱、頖宮之別，已區分出受業之大小、受教之高低、受學之尊卑。然則自孟子至學記、王制所指不一，而共同之見則爲：由天子、諸侯、至鄉黨，皆有學校以教化萬民。

至於修學程序，禮記內則云：「六年，教之數與方名（方向感）。七年，男女不同席，不共食。八年，出入門戶及即席飲食，必後長者，始教之讓。九年，教之數日（朔望與六甲）。十年，出就外傅，居宿於外，學書計，衣不帛襦袴；禮帥初，朝夕學幼儀，請肄簡諒（學書簡篇章及應對之言）。十有三年，學樂誦詩，舞勺。成童（十五以上），舞象，學射御。二十而冠，始學禮，可以衣裘帛，舞大夏，惇行孝弟，博學不教，內而不出（蘊蓄其學行道德，不得發露於外，爲人謀慮）。三十而有室……四十始仕……五十命爲大夫……七十致事。」此自六歲至七十歲，綜論男子之教從幼及長居官至致仕之事。蓋此種修學程序將人生整個涵攝，從生至老，教育制度引之步入一自然合理之人格成長層次，順生命之蒙昧、曙光乍現、茁壯長成、男女有室、成人始仕、英年得志、致仕退休止，教育制度即文化制度——教育人之人格成熟，以其思想睿智爲文化資產；教育制度即政治制度——四十始仕以謀志業，政治安頓其志向與發展；教育制度即社會制度——安置人之生活倫理與感情層次；教育制度即倫常制度——善導男女之別與婚姻之時。而所有安民措施背後原是爲國育才，此種政教倫理合一之制度乃實是一全面學統、政統、道統，環環相扣，人人各自盡性知命，天下以安——整體觀照即一『學政』。

又王制言及養老之禮亦備禮於『學』中：「有虞氏養國老於上庠，養庶老於下庠；夏后氏養國老於東序，養庶老於西序；殷人養國老於右學，養庶老於左學；周人養國老於東膠，養庶老於虞庠。」正義云：「此四代養老之處，雖其名不同……皆學名也。養老必在學者，以學教孝悌之處，故於中養老……國老謂卿大夫致仕者，庶老謂士也……兼庶人在官者。」寓教於養老之禮，寓孝悌於學政之體，備見古人設禮之結構乃一全體之觀照與關懷——老有所養，幼有所教，各有生生之命、生生之禮、生生之善。

　　至於修學年齡與修學內容，古籍所載似多限於貴族子弟，《大戴禮・保傳》云：「古者年八歲而出就外舍，學小藝焉，履小節焉；束髮而就大學，學大藝焉，履大節焉。」『保傳』之制原爲太子而設，而八歲與束髮之齡亦是其二個關鍵期──小學之事與大學之道，而小藝小節、大藝大節則爲其修學內容之原則說明。再如《公羊傳・僖公十年》何休注云：「禮，諸侯之子，八歲受之少傳，教之以小學，業小道焉，履小節焉；十五受大傳，教之以大學，業大道焉，履大節焉。」此則是點明『諸侯之子』之教育程序，且將小學與大學兩階段受教提出少傳、大傳之師教，制度更爲明確。而《白虎通義・辟雍》云：「古者所以年十五入大學何？以爲八歲毀齒，始有識知，入學學書計，七八十五陰陽備，故十五成童志明，入大學，學經籍。」『辟雍』原是天子大學，八歲入小學以識知初萌，十五入大學則因心志漸明，智慧之光已露，乃使之學經籍。與此同一理論型態者，如《漢書・食貨志》云：「八歲入小學，學六甲五方書計之事，始知室家長幼之節；十五入大學，學先聖禮樂，而知朝廷君臣之禮。」由學書計之事、長幼之節，至學先聖禮樂、君臣之禮，可知爲貴族子弟入仕前之教育。延續此一理論型態而微異者，如《新書・容經》云：「古者年九歲，入就小學，蹑小節焉，業小道焉；束髮就大學，碾大節焉，業大道焉。」理論一致，而修學年齡則爲九歲入小學、束髮入大學。至於《尚書大傳》云：「古之王者，必立大學小學，使公卿之大子，大夫元士之適子，十有三年始入小學，見小節焉，踐小義焉；二十入大學，見大節焉，踐大義焉。故入小學，知父子之道、長幼之序；入大學，知君臣之義、上下之位，故爲君則君，爲臣則臣，爲父則父，爲子則子。」則爲公卿大夫之子所受教育程序，故修學年齡乃有異。然則所謂八歲、九歲、十三歲──入小學，十五歲、二十歲──入大學，蓋是修學年齡之約數，綜合以觀則皆是貴族子弟教育。

　　然而〈曲禮〉云：「十年曰幼學」，〈內則〉云：「十年，出就外傳，居宿於外，學書計……朝夕學幼儀，請肄簡諒。十有三年，學樂誦詩，舞勺。成童，舞象，學射御。二十而冠，始學禮……舞大夏。」則較貼近實用之學，或即一般萬民所受教育，故《周禮・地官・大司徒》云：「以鄉三物教萬民，而賓興之。一曰六德：知、仁、聖、義、忠、和。二曰六行：孝、友、睦、婣、任、恤。三曰六藝：禮、樂、射、御、書、數。」此則以抽象之道德意義──六德教萬民；以具體人倫規範──六行教萬民；以實際生活之實學

——六藝教萬民。總之，自天子、諸侯、公卿大夫，以至鄉民，皆同仰息於政教倫理合一之學禮精神之中。至於修學年齡，諸書所言其實即『童蒙』與『青年』兩段關鍵期之意義，其原則如下：

《小學》：學幼儀、學書計、學小藝、學小節、學小道。

《大學》：學禮樂、學經籍、學大藝、學大節、學大道。

即由於古之學禮之史料，朱子推理肯認聖人之求學心路，而云：

吾十有五而志於學：古人於十五以前皆少習父兄之教，已從事小學之中以習幼儀，舞象舞勺，無所不習，到此時節，他便自會發心去做，自去尋這道理。（《語類二十三‧吾十有五志於學章‧子蒙》）

古者十五而入大學……此所謂學，即大學之道也。（《集注‧爲政‧吾十有五志於學章》）

蓋即指出：十五以前從事《小學之事》，自幼儀涵養其持守良好生活習性，以外鑠他律之父兄所教中，爲將來《大學之道》作一番準備工夫；十五以後即由《小學之事》中尋出道理，而窮理盡性，啓發其自律之道德意識，以立，以不惑，以知天命，以耳順，以從心所欲不踰矩，此則《大學之道》有待開發之事也。至此，朱子已將孔子十五志學點出小學、大學二關鍵，已將『學』此一椿生命層次展演爲教育歷程，將德性之學以教育手法帶出而推展，以教育歷程引導德性之學〔註3〕，由是成爲朱子重新詮釋之下孔子求學心路之意義。亦因此故，其學禮思想始終貫串者正是《小學》、《大學》兩個階段：

古之學者，八歲而入小學，學六甲五方書計之事；十五而入大學，學先聖之禮樂焉。（《文集七十四‧諭諸生》）

所謂《小學》，主修生活實用之學，『始知室家長幼之節』（《文集六十八‧井田類說》）；《大學》，則主修大道大節，故學先聖禮樂，『而知朝廷君臣之禮』（《井田類說》）。凡所學皆爲了自持守脩身主觀境地之中，不斷窮理推擴出去，以客觀道業之成就爲己任。

〔註3〕以教育歷程引導德性之學——此一觀念引發自牟宗三先生《心體與性體》三冊三章《中和新說下之浸潤與議論》，牟先生以爲朱子以《小學》教育即爲「做涵養底工夫」，爲空頭的涵養，乃一不自覺的好習慣，非一自覺的道德實踐。此是混教育程序與自覺地作道德實踐之工夫而爲一，而不知其有別也。吾由牟先生之言進而論斷朱子實則欲以教育改造人性，以教育引導尊德性之學，吾之論文動機由是而興發構思。

三、朱子《學禮》思想之演進 〔註4〕

1.《大學》《中庸》為其家學

朱子四歲（紹興三年癸丑）時，即問韋齋（朱子父——朱松，字喬年，號韋齋）：「天之上何物？」五、六歲（四年甲寅·五年乙卯）時心便煩惱天體是如何？外面是何？八歲（七年丁巳）時，於一閱孝經後，題其上曰：「不若是，非人也！」又嘗從群兒戲沙上，獨端坐以指畫沙，視之，八卦也。九歲（八年戊午）時，讀《孟子·告子上·奕秋誨二人奕章》，便慨然奮發，欲立為學工夫，自後便不肯休。十數歲時，讀《孟子·告子上·聖人與我同類章》，喜不可言，以為聖人亦易為。由上而知，其四歲時即見出好窮天地萬物之理，其稟賦早透露訊息，所謂天之上何物？天體如何？所謂畫沙之舉，皆格物窮理而致其知——且其格物窮理之深層處竟涵藏一顆屬志聖賢之心，一份莊嚴之性情；然則所有格物致知於求道之誠下皆有其意義——格物窮理即是求聖人與我同類之理。此後，由讀書窮理以明心復初，以入於聖域，竟成朱子一生歷程之義蘊。年譜載其求學心路云：

> 五歲（四年甲寅），入小學。
>
> 十一歲（十年庚申），受學於家庭。案：朱子自云：「某年十七、八時，讀《中庸》、《大學》，每早起，須誦十遍。」（《語類十六·大學·賀孫》）

又《儀禮經傳通解·儀禮經傳目錄中庸序題》云：

> 熹聞之先君子，常以為《大學》者——此篇之戶庭，而此篇則大學之閫奧也。

蓋韋齋於朱子十一歲時，罷官居於家，親任教讀之責，朱子一生人格與學問受其父影響，可從數點觀照：

> 韋齋自謂卜急害道，因取西門豹佩韋之義，名其齋曰韋齋，以自警焉。

〔註4〕 此部份以王白田《朱子年譜》、江永《朱子世家》為主，而參考錢穆先生《朱子新學案》之方法，牟先生《心體與性體》三冊之析理批判，劉述先氏《朱子哲學思想的發展與完成》之疏解，曾師《義理學研究講義·超越的分析之簡別》，陳青之先生《中國教育史》，以及戴君仁先生《朱子儀禮經傳通解與修門人及修書年歲考》、《書朱子儀禮經傳通解後》二文而成。至於本部份以朱子《大學》之道為主而尋出其一生學禮思想之演進，則引發自宋師鼎宗《春秋宋學發微》四章一節之一·《朱熹事略》中所言：「歷仕高、孝、光、寧四朝，凡所奏聞，皆正心、誠意、修齊、治平之道。」

朱子則曾自謂：「某氣質有病，多在忿懥。」（《語類一百四・自論爲學工夫・閎祖》）似乎父子二人於人格基型上同有一過剛之氣。韋齋曾爲吏部員外郎，以不附秦檜和議，外放饒州，亦曾爲南劍尤溪縣尉；於罷官後，居家時日手書蘇子瞻昆陽賦授朱子，爲說古今成敗興亡，慨然久之。而朱子一生歷仕高、孝、光、寧四朝，多次上奏，力主復讎強國正心固本之則，以爲君主之誠意正心關乎一國成敗興亡，竟不獲上納；乃轉而以畢生思想結晶寄於《儀禮經傳通解》一書，其《學禮》之思想結構即以《大學之道》爲本原，所論不出誠意正心修齊治平之旨，蓋即由現實政治觀照而得。

　　韋齋由性情之卞急害道而生內省，益自刻勵，痛刮浮華，以趨本質，且日誦《大學》、《中庸》之書，以用力於致知誠意之地。蓋韋齋曾留心於釋老之學，朱子於《書先吏部與淨悟書後》云：「先君子少日喜與物外高人往還」（《文集》八十四），至是轉以《大學》、《中庸》爲學問之根源。此點朱子亦受影響，於《答薛士龍》與《答江元適》二書（《文集》三十八）云：「蓋舍近求遠，處下窺高，馳心空妙之域者二十餘年，比乃困而自悔，始復退而求之於句讀文義之間，謹之於視聽言動之際」、「蓋出入於釋老者十餘年」，亦是自一玄想之生命情調逆轉而爲篤實厚重之學，故自謂：「某舊時亦要無所不學，禪道文章楚詞詩兵法，事事要學，出入時無數文字，事事有兩冊，一日忽思之，曰：且慢，我只一箇渾身，如何兼得許多？自此逐時去子（『子』字疑作『了』），大凡人知箇用心處，自無緣及得外事。」（《語類一百四・揚》）

　　朱子十四歲（十三年癸亥）時，韋齋去世。

　　韋齋師事羅豫章，與李延平爲同門，又與三劉（劉子羽、劉子翬、劉勉之）、一胡（胡憲）甚契；臨終託家事於子羽，而令朱子從學胡憲、勉之、子翬；勉之且以其女妻之。然朱子於此數師並未信服，云：「某自見於此道未有所得，乃見延平。」（《語類一百四・可學》）

　　不知韋齋何以不於最初即令朱子師事延平，竟於朱子師事三君子數年不獲之後，自覺無得而轉向延平。朱子於師事三君子時頗受影響，留意於禪：「某年十五六時，亦嘗留心于此……某也理會得箇昭昭靈靈底禪。」（《語類一百四・廣》）於二十四歲是年夏月（二十三年癸酉），始見延平。

　　李先生諱侗，字愿中，人號延平先生，受學羅公，實得其傳，人格如冰壺秋月，瑩徹無瑕，朱子少耳熟焉，至是年將赴同安任，特往見之。朱子自述：「後赴同安任時，年二十四五矣，始見李先生，與他說，李先生只說不是，

某卻倒疑李先生理會此未得，再三質問，李先生爲人簡重，卻不甚會說，只教看聖賢言語，某遂將那禪來權倚閣起，意中道禪亦自在，且將聖人書來讀，讀來讀去，一日復一日，覺得聖賢言語漸漸有味，卻回頭看釋氏之說，漸漸破綻罅漏百出。」（《語類一百四·廣》）朱子幼時雖屬志聖賢之學，家學受讀《大學》、《中庸》，然實未解深義，故與禪一等學之，直至延平點醒其智慧之夢幻，方從浪漫昭靈之學禪，一轉而爲簡重樸實之儒學，此時始全心以聖賢言語涵養用功。三十一歲（三十年庚辰），乃正式受學。

> 某少時讀四書，甚辛苦。（《語類一百四·敬仲》）

> 某舊時用心甚苦，思量這道理，如過危木橋子，相去只在毫髮之間，
> 才失腳，便跌落下去，用心極苦。（同上，〈僴〉）

既懼道德之失落，又懼生命之危機，用心實苦，而求道至誠。延平之於朱子：開啓其智慧之源，導引其識得聖賢言語，辨析儒家義理，自覺爲儒家建構新義理。或即延平晶瑩剔透之人格予他極深之印象，故朱子描述一生所用力建構之理體，其用語竟是：「若理，則只是箇淨潔空闊底世界」（《語類一·理氣上·僴》），延平之人格不正是一淨潔空闊底道德世界？而延平言人之求道當能灑然脫落，朱子於形容孔子七十從心所欲之境界亦以『春融凍釋』形容此生命歷程。又延平欲朱子於日用間理會，勿懸空理會許多，朱子乃將日用工夫義一轉而爲《小學》之涵養持敬，且會通程伊川所言：『涵養須用敬』之義。朱子之領會與發揮未必當日延平之精神，然延平是一觸媒卻是必然。此後，朱子乃刻意經學，推見實理。

2. 一段艱難之摸索歷程

朱子云：「嘗記少年時在同安，夜聞鍾鼓聲，聽其一聲未絕，而此心已自走作，因此警懼，乃知爲學須是專心致志。」又云：「人有一正念自是分曉，又從旁別生一小念，漸漸放闊去，不可不察。」（《語類一百四·德明》）於此自白可見生命於朱子——危機四伏，其對道德心之注意，乃自一經驗實然之心之去向上留意，其日後德性之學皆自防範實然之心上著手，而從實然之心觀察其天理與人欲之關係，研求如何以致知格物之法助經驗心之提撕，去人欲，存天理，而復其初。即自二十四歲至四十二歲此一過程裏，朱子特留意於心體之問題。蓋心體關乎人之誠意正心，故言格物窮理以助心體之判斷，以掌握心氣之去向；而君主之心——心之治術又關係治道之正偏安危，故又言精微執一之法；再進而言之，則落實爲大學之道——誠意正心、修身齊家、

治國平天下。而所有心體之善惡與否，其執掌之道即由持敬涵養此心做起，格物窮理以致德性之知，再由道德知以敬持身，以誠判斷，以天理爲節文而行禮約禮，達至克己復禮之境地。故朱子心體之闡釋實是道德與政治一體考慮——政治之國家天下乃一道德之誠意世界，其思想蓋是一主觀之潤物，客觀之道業，整個天下存乎心之明德誠正；一念天理，則客觀境地便受潤澤涵攝，故君主之心即天理。另一方面，朱子於注意大學之道後必然之觀照，便是洞識科舉之不足——學子習於舉業作對，不顧涵養心性，形同玩物喪志；而必待古之學禮精神之發揚始克培育國家人才，是以於此數年間，每於地方興學中倡言古之學禮。以下將依年代錄及朱子關於心體、大學之道、心之治術、小學之持敬涵養，種種學禮思想與論點；凡此論點於其六十七歲撰修《儀禮經傳通解》《學禮》十一卷中全部包攬無餘，成爲朱子特有之《學禮》——既非理學中尊德性所能範圍，亦非經義裏之學禮所涵之原意。蓋其欲以教育歷程引導尊德性之學，使之普遍改造全人倫社會，從而普遍改造現實之人性。由是乃以古之學禮史料融合宋之理學內涵，經其自我體會自我創古，綜合其哲學思想，而成一體系龐大踐德之學——教育之踐德學，踐德之教育學。

紹興二十三年癸酉，二十四歲，秋七月至同安，職兼學事，乃選縣中秀民充弟子員，日與講說聖賢修己治人之道，分縣學爲四齋——志道、據德、依仁、游藝，學子翕然從之。

> 諸君苟能致思於科舉之外，而知古人之所以爲學，則將有欲罷而不能者。（《文集七十四·同安縣諭學者》）

> 古之學者，八歲而入小學，學六甲五方書計之事；十五而入大學，學先聖之禮樂焉。非獨教之，固將有以養之也。蓋理義以養其心，聲音以養其耳，采色以養其目，舞蹈降登疾徐俯仰以養其血脈，以至於左右起居盤盂几杖有銘有戒，其所以養之之具可謂備至爾矣。夫如是，故學者有成材，而庠序有實用，此先王之教所以爲盛也……今所以異於古者，特聲音采色之盛，舞蹈降登疾徐俯仰之容，左右起居盤盂几杖之戒有所不及爲，至推本，則理義之所以養其心者固在也。（同上，《諭諸生》）

> 嘗謂學校之政不患法制之不立，而患理義之不足以悅其心；夫理義不足以悅其心，而區區於法制之末以防之，是猶決湍水，注之千仞之壑，而徐斃蕭葦以捍其衝流也，亦必不勝矣……故今增修講問之

> 法，諸君子其專心致思，務有以漸摩之，無牽於章句，無滯於舊聞，
> 要使之知所以正心誠意於飲食起居之間，而由之以入於聖賢之域，
> 不但爲舉子而已……惟諸君子相與堅守而力持之，使義理有以博其
> 心，規矩有以約其外。（同上，《諭諸職事》）

所謂增修講問之法——講明誠意正心之義理，實已啓以後《白鹿洞揭示》一文講明義理之法之雛議（《白鹿洞學規》以《中庸》學問思辨之法講明義理）。至於聖賢之學之目標，古之學禮精神之提出，教育之期於理義之行，誠意正心之心體實踐皆已具端倪（《白鹿洞學規》則有修身、處事、接物之要）。

紹興三十二年壬午，三十三歲，六月，高宗內禪，孝宗即位，詔求直言；秋八月，應詔上封事：

> 臣聞之，堯舜禹之相授也，其言曰：「人心惟危，道心惟微，惟精惟
> 一，允執厥中。」夫堯舜禹皆大聖人也，生而知之，宜無事於學矣，
> 而猶曰精，猶曰一，猶曰執者，明雖生而知之，亦資學以成之也……
> 是以古者聖帝明王之學，必將格物致知以極夫事物之變，使事物之過
> 乎前者，義理所存纖微畢照，瞭然乎心目之間，不容毫髮之隱，則自
> 然意誠心正，而所以應天下之務者，若數一二辨黑白矣。苟惟不學，
> 與學焉而不主乎此，則內外本末顛倒繆戾，雖有聰明睿智之資，孝友
> 恭儉之德，而智不足以明善，識不足以窮理，終亦無補乎天下之治亂
> 矣。然則人君之學與不學，所學之正與不正，在乎方寸之間，而天下
> 國家之治不治見乎彼者如此其大，所繫豈淺淺哉……蓋致知格物者，
> 堯、舜所謂精一也；正心誠意者，堯舜所謂執中也，自古聖人口授心
> 傳而見於行事者惟此而已，至於孔子集眾大成，然進而不得其位以施
> 之天下，故退而筆之以爲六經，以示後世之爲天下國家者，於其間語
> 其本末終始先後之序尤詳明者，則今見於戴氏之記，所謂大學篇者是
> 也……此篇乃孔氏遺書，學者所當先務。（《文集十一·壬午應詔封事》）

此文正式提出《大學》之道，將格物窮理與心之治術合而一觀，而歸結於心體之正與不正；換言之，《大學》一篇乃整個君主之心自我成德之道——如何以格物致知法主觀修爲，達至誠意正心，以至於明明德於天下，而天下平。

孝宗隆興元年癸未，三十四歲，時朝廷有事，朱子將趨召命，乃問延平所宜言；延平以爲今日三綱不立，義利不分，故中國之道衰，而夷狄盛；人皆趨利不顧義，而主勢孤。十月十五日，延平卒。十一月六日，朱子用延平

之說上奏：

> 臣聞大學之道，自天子以至於庶人，壹是皆以脩身爲本，而家之所以
> 齊，國之所以治，天下之所以平，莫不由是出焉，然身不可以徒脩也，
> 深探其本則在乎格物以致其知而已。夫格物者，窮理之謂也。蓋有是
> 物，必有是理，然理無形而難知，物有迹而易睹，故因是物以求之，
> 使是理瞭然心目之間而無毫髮之差，則應乎事者自無毫髮之繆，是以
> 意誠心正而身脩，至於家之齊，國之治，天下之平，亦舉而措之耳……
> 臣之所聞於師者如此。（《文集十三・癸未垂拱奏箚一》）

> 故臣嘗竊妄謂，人主之學當以明理爲先，是理既明，則凡所當爲而
> 必爲，所不當爲而必止者，莫非循天之理，而非有意必固我之私也。

（《奏箚二》）

蓋格物之物，即天下事之意，君心若天理，則主觀之道德必能成就客觀之道
業，則窮理之心量實包容至大。然而學禮思想乃朱子一生思想智慧之精義，
而其出發點由大學之道爲始，亦以大學之道爲核心精神。故學禮思想順大學
之道——格物致知，誠意正心，脩身齊家治國平天下之一貫系統，將尊德性
之學納入爲格物窮理之歷程，而其思想源頭實來自於對人主心術之考慮，以
及政治之脩德。

　　然而大學之道之要緊處在於格物，由格物而窮理，而理明理熟，而明明
德於天下；即由個人主體脩爲漸漸推擴至客觀道業之成功。此種思想進可平
治天下，爲王者之政治人格；退可獨善己德，爲士子之倫理人格。朱子用意
欲以此政教合一之學術道統制定其禮法，使全人倫共處於誠意正心之道德世
界。然則學禮思想實以大學之道爲重心，以教育、政治、尊德性、道問學爲
一之『學政』。

　　乾道四年戊子，三十九歲。此時朱子於尊德性之學有明顯二路，一是自
我所體會之敬字，一是心體之探究。

　　答石子重（《文集》四十二）之五云：

> 敬字之說深契鄙懷，只如《大學》次序亦須如此看始得，非格物致
> 知全不用誠意正心，及其誠意正心卻都不用致知格物，但下學處須
> 是密察，見得後便泰然行將去，此有始終之異耳，其實始終是箇敬
> 字，但敬中須有體察功夫，方能行著習察，不然，兀然持敬，又無
> 進步處也。觀夫子答門人爲仁之問不同，然大要以敬爲入門處，正

要就日用純熟處識得，便無走作。

至於心體之探究未發已發問題，則朱子實受張栻（自三十五歲初見始）影響啓發；其本自經驗界實然之心觀心之未發已發——

> 泯然無覺之中，邪暗鬱塞，似非虛明應物之體，而幾微之際一有覺焉，則又便爲已發，而非寂然之謂。」（《文集三十·〈與張欽夫書〉之「人自有生」》）

> 只一念間已具此體用，發者方往，而未發者方來，了無間斷隔截處。（《文集三十·〈與張欽夫〉之「前書所扣」》）

> 大抵目前所見累書所陳者，只是儱侗地見得箇「大本達道」底影象，便執認以爲是了，卻於「致中和」一句全不曾入思議，所以累蒙教告以求仁之爲急，而自覺殊無立脚下工夫處……日間但覺爲大化所驅，如在洪濤巨浪之中，不容少頃停泊。（《文集三十二·〈答張敬夫〉之「誨諭曲折」》）

> 蓋通天下只是一箇天機活物，流行發用，無間容息。據其已發者而指其未發者，則已發者人心，而凡未發者皆其性也，亦無一物而不備矣。（《文集三十二·〈答張敬夫〉之「前書所稟」》）

此處四封書信排列照文集順序，以求合於文集原貌，而由《答石子重書》與《答張敬夫書》看來，朱子此時於學問之二進路，一者以自己體會之敬字言格物致知，一者受張氏影響，而由未發已發言識仁、言敬中密察，密察之中又有下學工夫之持敬，學術性格未見統一。蓋統而言之，朱子既欲於未發之際識仁，以持敬；又於致知格物已發之際言密察，以行著習察，其所主張：未發之際當於敬中體察，已發之後下學處有密察有持敬，無論已發未發皆以敬爲入門；理論看似圓滿，實則其心有未安，故識仁一義不久便放棄，專言持敬下學之義，故此時之圓滿實只是學術性格未確立時之言論。

乾道五年己丑，四十歲，是年春，與蔡季通言未發之旨，問辨之際，忽然自疑，遂急轉直下，推翻心爲已發，性爲未發之舊說，接上伊川『涵養須用敬』之義，以爲工夫當用於已發處存養未發之氣象，不可只是密察，而無日用間之涵養，此直是肯定了下學持敬一進路，而放棄識仁求仁之一脈。蓋朱子以爲已發之識仁體察少了一段沈潛涵養之工夫，其學術性格實已表露：自經驗界實然之心上涵養心氣未發時之氣象，以敬持守，而把握心體之誠正，

以使後天之修養上達性與天道；總之，其論點即是以後天持敬涵養經驗心而上達於天理。此思想之定型發於張氏之啓迪，卻又於自我學術性格顯露後，放棄張氏所教告之義，探其緣由，實朱子自少年時同安夜所體會心體一直是其心中之糾結，直至張氏之觸發，而有一整體之反省。由是其心體乃寓有二義，一爲可持敬上達天理之義理心，一爲可走作搖撼之經驗心；義理是其目標，經驗則其實質，故云：

> 蓋發處固當察識，但人自有未發時，此處便合存養，豈可必待發而後察，察而後存耶？且從初不曾存養，便欲隨事察識，竊恐浩浩茫茫，無下手處……且如灑掃應對進退，此存養之事也，不知學者將先於此，而後察之耶？抑將先察識，而後存養也？以此觀之，則用力之先後，判然可觀矣……伊川先生所謂『卻於已發之際觀之』者，正謂未發則只有存養，而已發則方有可觀也。（《文集三十二·答張敬夫的第十八篇》

又云：

> 按《文集》、《遺書》（指三十九歲所編《程氏文集》、《遺書》）諸說，似皆以思慮未萌，事物未至之時，爲喜怒哀樂之未發；當此之時，卻是此心寂然不動之體，而天命之性當體具焉，以其無過不及，不偏不倚，故謂之中；及其感而遂通天下之故，則喜怒哀樂之情發焉，而心之用可見。以其無不中節，無所乖戾，故謂之和。此則人心之正，而性情之德然也。然未發之前不可尋覓，已發之心不容安排，但平日莊敬涵養之功至，而無人欲之私以亂之，則其未發也鏡明水止，而其發也無不中節矣，此是日用本領工夫。（《文集六十四·與湖南諸公論中和第一書》）

然朱子於心體之喜怒哀樂寂然未發之處，雖承認其天命之性體段具焉，卻『已是就心體流行處見，故直謂之性則不可。』（《文集六十七·已發未發說》）至此，整個系統已建立：人惟於已發之際涵養未發氣象，以心體之存養誠敬以達義理之心之鏡明水止，其發則無不中節。然則所謂天命之性乃一超越性靜態之理，而於存在中活動者惟有心體，故必向後天施涵養持敬之力，方能契先天之理。即因特重後天之工夫，故於〈答林擇之書〉之二十一（《文集四十三》）云：

> 敬字通貫動靜，但未發時則渾然是敬之體，非是知其未發方下敬底工夫也；既發則隨事省察，而敬之用行焉，然非其體素立，則省察

之功亦無自而施也。故敬義非兩截事，必有事焉而勿正，心勿忘，
勿助長，則此心卓然貫通動靜，敬立義行無適而非天理之正。

又於〈答林擇之書〉之二十二云：

> 大抵心體通有無，該動靜，故工夫亦通有無，該動靜，方無滲漏。

此二書雖云敬貫動靜，工夫通貫已發未發，似欲於尊德性之學上有所取長補
短，然事實上尊德性之工夫本是通貫動靜而言識仁，朱子放棄動中體察識仁
一義，則儘管工夫上能達天理，於本心上實未安也。

由於存養未發以敬持守之想法，朱子更進而言——先涵養後窮理，先涵
養後致知，先涵養後密察，其言云：

> 蓋熹聞之，自昔聖賢教人之法，莫不使之以孝弟忠信、敬莊持養為
> 下學之本；而後博觀眾理，近思密察，因踐履之實以致其知。(《文
> 集三十八·答林謙之》)

> 今且論涵養一節，疑古人直自小學中涵養成就，所以大學之道只從
> 格物做起。(《文集四十三·答林擇之書之十九》)

> 古人只從『幼子常視毋誑』以上，灑掃應對進退之間，便是做涵養
> 底工夫了，此豈待先識端倪而後加涵養哉？但從此涵養中漸漸體出
> 這端倪來，則一一便為己物，又只如平常地涵養將去，自然純熟……
> 蓋義理，人心之固有，苟得其養，而無物欲之昏，則自然發見明著，
> 不待別求，格物致知亦因其明而明之爾。(同上，《答林擇之書之二
> 十一》)

然則朱子由辨論已發未發之問題，一轉而為先涵養後窮理察識致知之議論，
再至引生《小學》涵養、《大學》識道德之理、致道德之知之學禮思想，又回
應了其於地方興學中所言古之學禮之精神；至此，涵養已是童蒙習性心氣之
栽培與完成，遠非尊德性之學所言識仁以存養心體之義。蓋張氏所言識仁為
自覺作道德實踐之義，朱子言已發言持敬，卻只環繞如何作工夫才算完備之
義而討論，一直未予正視所謂求仁之大本為何，故其涵養未發容易流於空頭
涵養，以及形式規範。

乾道五年己丑，四十歲，九月戊午，母祝孺人去世。六年庚寅，四十一
歲，春正月，葬祝孺人。

或許母葬之哀導使朱子更加重視生命本質之誠篤，其《答陳師德書》(《文
集》五十六) 之一云：「程夫子之言曰：『涵養須是敬，進學則在致知。』此

二言者實學者立身進步之要。」可以看出朱子「敬」字之義歸於伊川之持敬工夫，自整衣冠齊容貌始，至於致知，順伊川所言之讀書史、應事物之間，求其理之所在，此時學術性格已定型。

乾道七年辛卯，四十二歲，《答林擇之書》（《文集》四十三）之十云：

> 熹哀苦之餘，無他外誘，日用之間痛自歛飭，乃知敬字之功親切要
> 妙乃如此，而前日不知於此用力，徒以口耳浪費光陰，人欲橫流，
> 天理幾滅；今而思之，怛然震悚，蓋不知所以措其躬也。

由心體之未發已發問題，一路而下乃至日用間之持敬，學術性格已篤定。蓋朱子之持敬中實有仁心之發用，然其學術性格卻於此點不予提撕，而只提出一『敬』字爲其入門，實則無自心之自覺決無可能持敬，無先識大本亦不能立志爲學，只不知何以朱子每於此處滑轉至教育之事而言小學之涵養，大學之窮理耶？語類一百四，包揚所錄朱子自云：「某十數歲時，讀孟子，言聖人與我同類者，喜不可言，以爲聖人亦易做，今方覺得難。」此語於年譜繫之『庚寅後』，即乾道六年四十一歲後之自反所言，「難」字甚爲激切，語下似有悵惘之情。

3. 《白鹿洞學規》揭其綱領

乾道八年壬辰，四十三歲，朱子《答汪尚書》（《文集》三十）之七云：

> 聖門之教下學上達，自平易處講究討論，積慮潛心，優柔厭飫，久
> 而漸有得焉，則日見其高深遠大而不可窮矣……今日爲學用心之
> 初，正當學問思辨而力行之，乃可以變化氣質而入於道。

整個思想已落根於下學，以學問思辨力行（《中庸》章句二十章所言博學、審問、愼思、明辨、篤行）之法以變化氣質（張載言：「爲學大益，在自求變化氣質。」見朱子四十六歲所編《近思錄》卷二），而上達於道。此後思想即以此爲進路：以道問學 —— 下學之學、問、思、辨、行爲修身自誠之法，而達於變化氣質以上達天理，以成尊德性之學。

淳熙二年乙未，四十六歲，夏，朱陸鵝湖之會，論及教人之道，朱子欲令人泛觀博覽，而歸之約；二陸則欲先發明人之本心，而後使之博覽；朱子以陸之教人太簡，陸以朱之教人爲支離。此中朱子於表面上雖不諧於陸，然其中心實有反省。淳熙三年丙申，四十七歲，《答呂伯恭書》（《文集》三十三）之四十八云：

> 道間與季通講論，因悟向來涵養功夫全少，而講說又多疆探必取、

> 尋流逐末之弊，推類以求，眾病非一，而其源皆在此，恍然自失，
> 似有頓進之功，若保此不懈，庶有望於將來，然非近日諸賢所謂頓
> 悟之機也。

蓋此實已反省及自我講明義理之種種方法，反省之後並未向求仁立本一路
走，卻由於求道之至誠，學問之臻於恢闊，於生命謙卑之本質之要求，以一
泥土覆冒大地似地紮根於下學涵養之工夫。而此年《答韓尚書書》（《文集》
二十五）更云：

> 熹狷介之性矯揉萬方，而終不能回，迂疏之學用力既深，而自信愈
> 篤，以此自知決不能與時俯仰以就功名，以故二十年來，自甘退藏，
> 以求己志，所願欲者不過脩身守道以終餘年，因其暇日諷誦遺經，
> 參考舊聞，以求聖賢立言本意之所在，既以自樂，間亦筆之於書，
> 以與學者共之，且以待後世之君子而已。

其於生命本質之要求實已超乎義理之探求，而似於學問殿堂裏涵養成一宗教
似地讀書踐德之信念。矯揉萬方確是朱子學中一特異處，以千萬複雜深刻之
下學與掙扎工夫以變化氣質之忿懥，而期於天理頓進之日。故氣質之為天性
之隱憂，心體之可能走作，皆朱子學中感切人心特深處，凡此種種氣稟之性、
氣稟之雜，許多粗惡之氣，皆有可能被人當做心之妙理，然則心氣義乃朱子
言心體之重要關頭，故五十六歲（淳熙十二年乙巳）辨陸學之非，即以此義
批駁陸氏之頓悟，以及將氣看成心之妙理種種不是。

> 乾道八年壬辰，四十三歲，《論孟精義》成。
> 淳熙二年乙未，四十六歲，《近思錄》成。
> 四年丁酉，四十八歲，《論孟集注》、《或問》成。

按：此諸書之成，其中關於學禮之思想背景如下：

《近思錄》卷二〈為學大要〉引伊川所云：

> 涵養須用敬，進學則在致知。

> 博學之，審問之，慎思之，明辨之，篤行之，五者廢其一，非學也。

第一條則朱子終身所奉行者，二條則錄於《學禮十二·中庸第二十章》之註
文裏，且以入《白鹿洞學規》，以為為學之序。

《近思錄》卷十一〈教學之道〉引伊川所云：

> 古人生子，能食能言，而教之大學之法，以豫為先。人之幼也，知
> 思未有所主，便當以格言至論日陳於前，雖未曉知，且當熏聒，使

盈耳充腹，久自安習，若固有之，雖以他說惑之，不能入也。若爲
之不豫，及乎稍長，私意偏好生於內，眾口辯言鑠於外，欲其純完，
不可得也。

此條後見於《學禮三・少儀》之『人生十歲曰幼學』註文裏，以明幼學之立
意與重要性，亦是《小學》思想基礎。

　　引明道先生云：

君子教人有序，先傳以小者近者，而後教以大者遠者；非是先傳以
近小，而後不教以遠大也。（《近思錄》十一）

此條見於《論語精義》卷第十上（〈子張〉第十九），又見《集注》〈子張篇子
夏之門人小子灑掃應對進退章〉，又見於《小學書》（五十八歲所編撰）卷五
〈嘉言〉「廣敬身」，以爲小學思想基礎。

　　又引伊川所云：

古者八歲入《小學》，十五入《大學》，擇其才可教者聚之，不肖者
復之農畝。蓋士農不易業，既入學則不治農，然後士農判。在學之
養，若士大夫之子則不慮無養，雖庶人之子既入學則亦必有養。古
之士者，自十五入學至四十方仕，中間自有二十五年學，又無利可
趨，則所志可知，須去趨善，便自此成德。後之人自童稚間已有汲
汲趨利之意，何由得向善？故古人必使四十而仕，然後志定，只營
衣食，卻無害，惟利祿之誘最害人。（同上）

此條見於《學禮一・學制之法制名號之略》註文裏，蓋明古之學禮所趨善成
德之法，以使學子入《小學》，踐小義，入《大學》，踐大義；入《小學》，以
知父子之道、長幼之序，入《大學》，知君臣之義、上下之位。

　　又引伊川所云：

天下有多少才，只爲道不明於天下，故不得有所成就，且古者興於
詩，立於禮，成於樂，如今人怎生會得？古人於詩，如今人歌曲一
般，雖閭巷童稚，皆習聞其說而曉其義，故能興起於詩，後世老師
宿儒尚不能曉其義，怎生責得學者？是不得興於詩也。古禮既廢，
人倫不明，以至治家皆無法度，是不得立於禮也。古人有歌詠以養
其性情，聲音以養其耳目，舞蹈以養其血脈，今皆無之，是不得成
於樂也。古之成材也易，今之成材也難。（同上）

此條見於《論語精義》卷四下（〈泰伯〉第八），亦見於《集注》卷四〈泰伯

興於詩章〉註文裏，亦見於《學禮一之下‧學義‧教學之序》，以明古人於六藝之學以詩禮樂爲養性情之教。朱子將之納爲《大學》之教，以其興、立、成已是窮理致知而成德之事，故云：「乃《大學》終身所得之難易先後淺深也。」然此條亦見於《小學書》卷一〈立教〉，可見此種教學原則於朱子本身體系亦不一致，《學禮》成書晚於《小學書》，若非朱子晚年之定見，便是此興、立、成本可包涵小學、大學之道所涵旨意，綜合觀照可也。

又引張載所云：

> 古之小兒便能敬事長者，與之提攜，則兩手奉長者之手；問之，掩
>
> 口而對；蓋稍不敬事，便不忠信，故教小兒且先安詳恭敬。（同上）

此條見於《學禮三‧少儀之品節》注文裏，以明幼儀之以恭敬始，以爲《小學》之道基本精神，用以涵養氣質，以爲大學之根本。以上爲朱子學禮之思想背景根源於二程、張載者，可見由《論孟精義》（四十三歲）、《近思錄》（四十六歲）、《論孟集注》（四十八歲）、《白鹿洞學規》（五十一歲）、《小學書》（五十八歲），直到《學禮》（六十七歲），皆有其一貫之思路，非有早晚之別，可知朱子之學禮思想乃其一生之一貫系統，故根源於先賢者皆同一理論型態：〈小學之道〉教以小者近者，教以安詳恭敬，以使知長幼父子之道。〈大學之道〉教以大者遠者，十五至四十始仕，中間有二十五年可學，便自此趨善成德，而以就仕，發展志業。

以上數條爲朱子《學禮》之思想前承背景，而於《小學書》中另有與此思想前承有關者，然非直接與學禮有思想血脈關係，故從略。（例如伊川曾言欲爲一童蒙詩，教童子灑漏應對事長之節，此似爲朱子《小學書》構想之源，而朱子的《小學題辭》即一韻文體童蒙之教學原理）。由以上《近思錄》前賢之言，見朱子《學禮》思想未成熟前實得自古籍與宋儒理學之啓發。

淳熙六年己亥，五十歲，三月，出知南康軍。冬十月，重建白鹿洞書院，奏乞賜書院勑額及石經板本九經注疏，並徧求民間藏書，且置學田以贍學者，約聖賢教人爲學大端以爲學規，而相與切磋。呂伯恭且爲之記其始末，是爲《白鹿洞書院記》。八年辛丑，五十二歲，陸子靜來訪，乃請升講席，講演『君子喻於義，小人喻於利』，可概見書院之教育純爲道德之講明而興發感切其時學子。

蓋《白鹿洞揭示》一文（《文集》七十四）云：「古昔聖賢所以教人爲學之意，莫非使之講明義理，以修其身，然後推以及人……然聖賢所以教人之法具存於經，有志之士固當熟讀深思而問辨之，苟知其理之當然，而責其身

以必然，則夫規矩禁防之具豈待他人設之而後有所持循哉？近世於學有規……而特取凡聖賢所以教人爲學之大端，條列如右，而揭之楣間，諸君其相與講明遵守而責之於身焉。」其所云全是一道德教育之學規——自聖賢書中尋出其道德原則以博學之、審問之、謹思之（《中庸》本文原作愼思之）、明辨之、篤行之五種方法講明道德、力行道德生活。

　　『白鹿洞學規』實是一成人道德教育，宗旨在希聖希賢，目標在五倫和諧，處事、接物、修身皆有要則，以此將踐德之學開展出一套程序方法——即道德可經由教育過程而完成，其爲學之序：學、問、思、辨、行，乃是將一切知識還原爲理，找出一切現象背後天理與人欲之關係，而懲忿窒欲，遷善改過；亦即知識實看待成道德知識，而自道德知識累積中尋得其線索，發現其關係、其體系，以討論之講辨之整合爲道德觀念，爲道德意識，而認知反省自我道德行爲之是非，決定如何抉擇人生之方向，俾使改過遷善。道德觀念既能助益判斷是非，從而堅定其篤行道德實踐。此種由外在他律——道德知識至道德觀念之成形，而內化爲內心之道德意識——產生自律以道德實踐，即是一道德教育——從知識至人事之理，以建立善良本質。朱子教導學生由知識及人事上推求理，獲得道德觀念之體系，逐漸自我統整爲自己之『道德我』，故云：「學、問、思、辨四者，所以窮理也。」窮理之時即是篤行之時，理明之後即是篤行之完成。

　　此文於年譜繫之五十歲所作，然據年譜於此年所云：「三月，省箚復趣行，是月晦赴上。立濂溪周先生祠於學宮，以二程先生配。」蓋指訪求白鹿洞學宮之廢址，以立周程之祠，則未重建書院前已先立周程之祠？冬十月既復建，明年三月訖功，率賓佐，合師生，脩釋菜之禮，以告於先聖先師。《語類九十・禮七・祭・賀孫錄》云：

　　　　新書院告成，明日欲祀先聖先師，古有釋菜之禮，約而可行，遂檢
　　　　五禮新儀（宋官方頒行之禮書），令具其要者以呈先生，終日董役，
　　　　夜歸，即與諸生斟酌禮儀。雞鳴，起，平明往書院，以廳事未備，
　　　　就講堂行禮：宣聖像居中，兗國公顏氏、郕侯曾氏、沂水侯孔氏、
　　　　鄒國公孟氏西向配北上（並紙牌子），濂溪周先生（東一），明道程
　　　　先生（西一），伊川程先生（東二），康節邵先生（西二），司馬溫國
　　　　文正公（東三），橫渠張先生（西三），延平李先生（東四），從祀（並
　　　　紙牌子），並設於地；祭儀別錄，祝文別錄。先生爲獻官，命賀孫爲

贊；直卿居甫分奠，叔蒙贊；敬之掌儀。堂狹地潤，頗有失儀，但
獻官極其誠意，如或享之，鄰曲長幼並來陪，禮畢，先生揖賓，坐，
賓再起，請先生就中位開講，先生以坐中多年老，不敢居中位，再
辭，不獲，諸生復請，遂就位說〈爲學之要〉。午飯後，集眾賓飲，
至暮散。〔註5〕

然則《白鹿洞揭示》一文乃淳熙七年庚子，五十一歲，三月脩釋菜禮後所提
出，而非六年己亥，五十歲所爲也。

4. 《小學書》立其基型

淳熙十四年丁未，五十八歲，三月，《小學書》成。〔註6〕

蓋朱子早期便以《大學》教人，然〈大學之道〉實爲一成人之學，若學
子於大學之道前無所根源，則儘管學有所得，畢竟爲無本之學，故設小學之
教於《小學書》中，以使學子於致知格物窮理正心之前，先有涵養持敬之工
夫。換言之，小學之事乃人之雛型之陶冶，不可不慎；而〈小學〉之精神全
在敬字上，即使宋時已無古之小學之教，亦可自持敬中修養心性，而爲〈大
學之道〉窮理致知之根本，亦等同於古之小學之功用。即使朱子自身，亦曾
用心於小學工夫，俾使心性之涵養得以全備。〔註7〕

〔註5〕此段有〈爲學之要〉，可知爲白鹿洞書院時之事。葉賀孫所錄新書院告成一事，
值得尋思者有三：
此時孟子已列於陪祀之位，可見宋儒對於孟子已有表彰之事實，此其一。
於此中自孔子、顏回而下至宋儒周程等之禮祀中，可見理學之道統觀念已漸
成型，此其二。
朱子自古之學禮史料既有所知，而於道統觀念並有建立，加以其自我義理架
局之領會，而成釋菜之禮，其學術之根源實來自於對禮學之理學化，此其三。
關於釋菜之儀，可參見65歲時的《滄洲精舍釋菜儀》一文《文集六十九》。
〔註6〕蓋《小學書》之作在呂伯恭、張敬夫去世後，約自淳熙八年辛丑，五十二歲
後至淳熙十四年丁未，五十八歲。《文集三十五・答劉子澄》之七中云前時曾
得敬夫、伯恭之規益，而二友既亡，乃深有望於子澄，故此書由朱子策劃其
思想體系，子澄整頓古籍資料而成。且〈與劉子澄〉之十一中提及《小學題
辭》以韻語行文，以便童蒙誦習（此似得自伊川於《近思錄》十一中所言童
蒙詩之構想而有）。而〈與劉子澄〉之十二中則云《小學書》修改一番，益以
古今故事，改動編次，又於卷末附以周、程、張等教人大略，及鄉約雜儀之
類，其成書歷程歷歷可見。
〔註7〕《文集三十六・答陳同甫》云：只今日用功夫養病之餘，卻且收拾身心，從
事於古人所謂小學者，以補前日粗疏脫略之咎，蓋亦心庶幾焉，而力或有所
未能也。

朱子云：

> 後生初學，且看《小學》之書，那是做人底樣子。（《語類七‧小學‧廣》）

> 某於《大學》中所以力言小學者，以古人於〈小學〉中已自把捉成了，故於〈大學之道〉無所不可；今人既無〈小學〉之功，卻當以敬爲本。（《語類一百一十五‧訓門人三‧驤》）

所謂敬，即收拾身心以趨正心誠意脩身之謂，《小學書》基本理論在於：〈小學〉爲〈大學〉之根本，〈大學之道〉欲使之能窮理脩身治國平天下，全賴早年之善良習性以養成聖賢坯模，故題《小學》（《文集》七十六）云：

> 必使其講而習之於幼稚之時，欲其習與知長，化與心成，而無扞格不勝之患也。

由此習與知長，化與心成，乃可德崇業廣，故《小學書》實是做人最基本人格教育。朱子於病中涵養誠敬，用心於〈小學〉工夫，蓋亦反本求己收拾身心，以期於〈大學之道〉之無所不可也。今略述其分章大義，如下：

內篇：〈立教〉第一。

〈明倫〉第二：父子之親、君臣之義、夫婦之別、長幼之序、朋友之交、通論。

〈敬身〉第三：心術之要、威儀之則、衣服之制、飲食之節。

〈稽古〉第四：立教、明倫、敬身、通論。

外篇：〈嘉言〉第五：廣立教、廣明倫、廣敬身。

〈善行〉第六：實立教、實明倫、實敬身。

按：〈立教篇〉以子思所云：「天命之謂性，率性之謂道，修道之謂教。」（《中庸》首章）以明聖人因人物之所當行者而品節之，以爲法於天下，此謂之立教。而垂世立教之法，如禮樂文化即是。此是揭明人之生各得其所賦之理，以爲其德性；人能各循其道以行其當然之理，是乃立教之目的。

〈明倫篇〉則以《孟子‧滕文公上》所云設庠序之學、明人倫之教爲宗旨，庠即養老之義，序即習射習禮之義，校即教民學習之義，凡此篇五常之道，由事親事師事長事君事舅姑父母等倫理關係中，探究五倫之道德意義，以爲道德教育之首。

〈敬身篇〉則由危精之心體走向探究心術之要，從而建立威儀之則、衣服之制、飲食之節。蓋心術之誠於中，自能發於外皆中節，故引孔子所云『敬

身爲大』爲綱領。蓋惟敬身，故於父子、君臣、夫婦、長幼、朋友之間無施不可，此古人脩身必本於敬之意。

〈稽古篇〉則自古籍中考察先秦聖賢行事之迹，以證前篇立教、明倫、敬身之意旨；而其核心精神爲孟子道性善，人人皆可爲堯舜，以明人性固有性理之善，然眾人汩沒於私欲，而聖人則超拔私欲之障蔽，克己復禮，以全天德。此篇大義即引古事勉今人，厚古人而愛今人。

〈嘉言篇〉則歷考漢魏至唐之傳記，凡言之本乎常道發乎秉彝者，則紀之。其用意在追慕賢人，以開拓宋人之道德意識。此章多記程伊川、張載關於小學之道之理念，乃朱子〈小學之教〉思想基礎之根源。

〈善行篇〉則紀漢以來賢者所行之善者，以具體力行扣緊〈敬身〉、〈明倫〉二篇之大意。此章須與〈嘉言篇〉合觀，一言一行，合之爲行爲之整體，藉行爲之整體以探入存在之內部，此已啓窮理致知正心脩身之首。

總上而言，朱子〈小學書〉由性理立教，以明五倫之本，自敬身始行，而又博察乎聖賢之義理言行，反求諸己，以實際躬行力守之下學爲大學之本原工夫。此書淺近，多重實踐性及涵養性，而不重識仁、不主察識，故多以個體納入客觀工夫體系，主體之道德意義集中於一「敬」字上，而「敬」字又集中於工夫義，故自齊容貌整衣冠始，即是凝歛心氣、秉持謙卑，尺度極嚴。至於世傳朱子家訓，實非朱子之作。〔註8〕

5.《大學章句》定其工夫

《大學》一篇乃朱子一生日誦之書，於地方興學中每有講說（例如年譜載其於出知南康軍時，便於其地方學宮講說，語類中《大學》部份，其中萬人傑答問有數條，即此時之說講。）而其成書，似乎四十六歲之前即有。〔註9〕

〈大學之道〉之意義，一重於現實政治之誠意正心，一則重於個體之成德脩身，而綜合以觀，皆關乎心體之正與不正，由個人至君主皆須剋就此道以自我成德。換言之，〈大學之道〉於個體爲獨善其身，於群體則爲兼善天下，看似是有個體群體之異，實則環繞著明明德一綱領上運行，若個體能自明明德（不論士子或君主），則自能新民（自覺覺人推己及人），自能明明德於天

〔註8〕張文治《理學治要》，以爲《朱子家訓》實乃清人朱用純之治家格言，非朱子所作。

〔註9〕《文集三十一‧答張敬夫之第十八》云：「中庸、大學章句緣此略脩一過，再錄上呈。」年譜繫之乙未年（淳熙二年，四十六歲），可見四十六歲之前即有成書。

下，一同止于至善。以下仍依年代敘及朱子於奏箚中所主〈大學之道〉之論點，俾使其思想漸次進行至學禮之思想根源。

於《戊申延和奏箚一》（十五年戊申，五十九歲，《文集》十四）中，首明帝舜以百姓不親、五品不遜，而使契爲司徒，使皋陶明刑；朱子以此力勸孝宗須以經術治世，立教以助世道人心；且建議朝廷廣召儒臣，博采經史及先聖教化之語，聚爲一書，以教士子，使知執法治民教化之道，則世教可成。此意實已啓禮書之格局與構思，而思想之綱領即是『明倫』，亦是後來禮書中《學禮》之綱領。

於此奏箚之前，《庚子應詔封事》（淳熙七年庚子，五十一歲，《文集》十一），《延和奏箚》（八年辛丑，五十二歲，《文集》十三），皆力言人主心術之關乎治道，一本誠意正心之旨而論敘。而最具體者，如《戊申封事》（《文集》十一）所云：「蓋天下之大本者，陛下之心也。」最足以見其〈大學之道〉之精神。

十六年己酉，六十歲，二月，孝宗內禪，光宗即位，《文集》卷十二有《己酉擬上封事》一文，可能即此時所作。此文提出十事（講學以正心、脩身以齊家、遠便嬖以近忠直、抑私恩以抗公道、明義理絕神姦、擇師傅輔皇儲、精選任以明體統、振綱紀以厲風俗、節財用以固邦本、脩政事以攘夷狄）規諫宋帝，其構想之思想基礎實來自〈大學之道〉中明明德於天下之理想，自帝王之正心始，逐漸推擴至身脩、家齊、朝廷、公理、天下之綱紀。可見後世謂朱子《大學章句》將治國平天下歸於個人明德，失卻政治理念，乃一不實之看法。事實上，朱子〈大學之道〉乃一自現實觀照政治之關乎人心，故而由天下之心逆推歸於君主之明德，乃定論於明明德一點，所有工夫即於此點顯發其意義，亦由此點開展其工夫。設若君心能一念清明，則一念之際便能明天下也。

即於己酉年，序《大學》章句、《中庸》章句，莫非感時事而序歟？至光宗紹熙元年庚戌，六十一歲，乃刊四子書。綜觀自紹興三十二年壬午，朱子三十三歲上《壬午應詔封事》始，至《己酉擬上封事》，凡所言格物致知皆安治天下之事，可見格物者，天下事也；《大學章句》者，經世致用之學也。

光宗紹熙五年甲寅，六十五歲，十月辛丑，受詔進講《大學》（《文集十五‧經筵講義‧大學》），此講義中已有成熟之學禮思想，明分小子之學（學酒掃應對進退之節，以敬爲本。）與大人之學（學窮理致知誠意正心之道，而以成德從政爲目標。）有此講義之揭明，其後禮書之《學禮》始有教育理念爲導引。

〈大學之道〉其綱領既在明明德，而明明德必經由格物窮理以明理，始能誠意正心，而明明德，故明明德之實際下學工夫乃在於格物窮理一點上。朱子云：

> 人本來皆具此明德，德內便有此仁義禮智四者，只被外物汩沒了，不明，便都壞了，所以〈大學之道〉必先明此明德。（《語類十四·大學·椿》）

> 蓋為學之道莫先於窮理……夫天下之事莫不有理，為君臣者有君臣之理，為父子者有父子之理，為夫婦、為兄弟、為朋友，以至於出入起居應事接物之際亦莫不各有理焉，有以窮之，則自君臣之大，以至事物之微莫不知其所以然，與其所當然，而亡纖芥之疑，善則從之，惡則去之，而無毫髮之累，此為學所以莫先於窮理也。（《文集十四·行宮便殿奏箚二·紹熙五年辛卯所奏》）

所謂明明德者，明個體之道德心；而窮理者，致個體之道德知。以此道德心之主體義，融合道德知之客體義，將道德實踐自內在 —— 道德心，至外在 —— 道德知，有一全面而不偏枯之掌握。朱子之道理蓋注意於：個體之道德心有時不免走作，端賴道德知之提撕以趨善。而道德知之發用其始不免自外而內，然其根源實固有於天性之中，故雖客體義，理明之後即是主體義。

然朱子又於《答黃直卿之六》（《文集》四十六）中云：

> 《大學》，諸生看者多無入處，不如看《語》、《孟》者漸見次第，不知病在甚處，似是規模太廣，令人心量包羅不得也。

蓋朱子之學由博返約，必得窮理而後本心明，然窮理之中實應有本心之指點，方有定向，始不泛濫無歸。而朱子於方法上雖開出學、問、思、辨、行，於最根本之本心大體 —— 道德實踐中自覺地求仁識仁，此一點上始終未有充足自體挺立義。所謂仁、義、禮、智，如無本心之自覺，其於道德實踐僅形同道德觀念而已，容易超越為明德之理，不易落實為日用之踐德。即因此本心上未有「當體不待窮理格物即可返本自證」之自足義，故《大學》中之規模儘管恢宏，卻始終不能令學子得其義蘊，此蓋朱子學中一甚大之缺憾 —— 無當體之立大本，曾師便謂：「這是朱子的限制」。（朱子格物之再省察）是以一切恢宏之格局因不得主體之主動開發，則客觀之道業畢竟難見其功。

朱子亦曾言格物必需切己（《語類十五·大學二·道夫》），然所謂切己實應本於本心，方能有所指歸，朱子卻於切己一義上未說明自我之事何者為切

何者爲切己？故其格物之境界乃佇留於做人行事切身者——如事親之孝、事長之恭、事君之忠無一不發於己心之所切要；而不能自事親之孝、事長之恭、事君之忠一切事之背後指點吾心何能如此道德勇氣實踐道德？如能反躬自省，不難指出：吾心本自有自覺爲性善之理，其理具在良心，不在外也。朱子於此點，約略數言，將於五六章再論，此處僅指出其切己義之未明，不作深論。

6. 《中庸章句》標其理想

　　朱子尊德性之教以教育之事普遍改造社會、影響人心，其理論根據在於『蓋自天降生民，則既莫不與之以仁義禮智之性矣，然其氣質之稟或不能齊，是以不能皆有以知其性之所有而全之。』（《大學章句序》）而必待教育之事以引導人性『使之治而教之，以復其性』（同上）。然而教育人性之事又必待『王宮國都以及閭巷，莫不有學』之政策施行，使『人生八歲，則自王公以下，至於庶人之子弟，皆入小學，而教之以灑掃應對進退之節，禮樂射御書數之文。及其十有五年，則自天子之元子眾子，以至公卿大夫元士之適子，與凡民之俊秀，皆入大學，而教之以窮理正心修己治人之道。』（同上）由是尊德性之教普遍深入人心，上下化爲一德教社會，則『無不有以知其性分之所固有，職分之所當爲，而各勉焉以盡其力』（同上）；至此，人性之教育已完成，此爲《學禮》首要之事。

　　然而人性之教育既得成功，更待開拓生命於宇宙之中，以上接性與天道，前承歷史道統，朱子至此提出《中庸》一篇爲繼天立極，承傳道統之書。換言之，《中庸章句》乃〈大學之道〉之更一進展，《學禮》至此方有崇高之理想以追求之。

　　《中庸》首章原云：「天命之謂性，率性之謂道，修道之謂教。」原是自上往下之系統：天命之理下貫人性，人性稟天賦而修道，修道而設教，以化育天下，其性格乃直貫性，立本體性命之理時即參贊造化之功成，立體之當下即宇宙全面之盡性。朱子之領會不自此路數入，卻是由其尊德性之教：自下學（小學之洒掃進退、六藝節文）工夫累積，涵養其善性情；爾後大學窮理正心之道提昇其性情中本具之性理，迸發內在之訊息、存在之意義，掌握『人心惟危，道心惟微，惟精惟一，允執厥中。』（《尚書‧大禹謨》）之旨，道心者即天命率性之所發，而人心者生於形氣之私，吾人由道統中堯舜所傳心學擇善（天命之謂性，率性之謂道）而固執（惟精惟一，允執厥中），『必

使道心常爲一身之主，而人心每聽命焉，則危者安，微者著，而動靜云爲，自無過不及之差矣。』（《中庸章句》序）至此，〈大學之道〉所進展者，乃一探向人性本原（道心與人心）之教；人性本原既得其正，常爲道心，則心體既爲道德心，宇宙一切現象即爲『道德物』（曾師用語），吾人即以此道德心創造道德天地；至此，吾人之生命始謂之開拓於宇宙大化之中，上得以達乎性與天道，前足以繼承道統，下足以開萬世太平，後足以垂世立教。

朱子尊德性之教既自下學而上達，繼之修道設教，全人類同止于道德之世界，其方式由下往上、自積靡漸教而開創今古。此路途甚遙遠，然道德創造原是生生不息之教，是故朱子云：「學問須以《大學》爲先，次《論語》，次《孟子》，次《中庸》；《中庸》工夫密，規模大。」（《語類十四·大學一·德明》），『歷選前聖之書，所以提挈綱維，開示蘊奧，未有若是之明且盡者也。』（《中庸章句》序）故六十歲序《大學》及《中庸》，至六十一歲那年（光宗紹熙元年庚戌），自云：「某覺得今年方無疑。」（《語類一百四·伯羽》）

7. 《學禮》完成一道德生活

朱子於禮學，起自少年喪父、中年喪母之執禮事，至淳熙元年甲午，四十五歲，乃編次古今家祭禮；至於《儀禮經傳通解》一書則約四十六、七歲之間所立意編修。年譜於寧宗慶元二年丙辰，六十七歲，云『始修禮書』，當是前此安排佈局禮之大綱大法，至是年始交由弟子各自抄錄經史之書，以成其理想國之架構體系。〔註10〕

朱子對禮之觀念：

《周官》一書固爲禮之綱領，至其儀法度數，則《儀禮》乃其本經，

〔註10〕朱子於禮學，起自少時喪父，中年喪母之執禮事，其自云：「某自十四歲而孤，十六歲而免喪，是時祭祀只依家中舊禮，禮文雖未備，卻甚齊整，先妣執祭事甚虔，及某年十七八，方考訂得諸家禮，禮文稍備。」（《語類九十·祭·閆》）四十歲母喪，哀苦之餘益自虔敬，而至淳熙元年甲午（四十五歲），乃編次古今家祭禮（古籍言禮大綱，與宋儒言禮之稽考）。至於禮書，《《文集》卷三十三·答呂伯恭之四十二》云：「近看《周》、《儀》二禮，頗有意思。」此書言及《近思錄》（乙未年，四十六歲編）刻版甚善；而次年丙申（四十七歲）又一書（《答呂書之四十七》）云：「禮書亦苦多事，未能就緒，書成當不俟脫稿，首以寄呈求是正也。」則四十七歲時已編修其緒。《文集七十四·存問呂伯恭三禮編次》一文，乃其時稿本。然此書朱子只完成其前三十七卷（家禮五卷、鄉禮三卷、學禮十一卷、邦國禮四卷、餘爲王朝禮），至於喪祭二門（續二十九卷）則成於門人黃榦、楊復之手，詳見戴君仁先生《朱子儀禮經傳通解與修門人及修書年歲考》一文。今收錄於其「梅園論學集」（開明）。

而《禮記・郊特牲》、《冠義》等篇，乃其義疏耳。（光宗紹熙五年甲寅，六十五歲，《乞脩三禮箚子》・《文集》十四）

《周禮》乃制治立法設官分職之事，於天下事無不該攝，禮典固在其中，而非專爲禮設也……但曰《周官》，而不曰《周禮》，自不應指其官目以當禮篇之目，又況其中或以一官兼掌眾禮，或以數官通行一事，亦難計其官數以充禮篇之數；至于《儀禮》，則其中冠昏喪祭燕射朝聘，自爲經禮大目，亦不容專以曲禮名之也……所謂《曲禮》，則皆禮之微文小節，如〈曲禮〉、〈少儀〉、〈內則〉、〈玉藻〉、〈弟子職〉篇所記事親事長、起居飲食、容貌辭氣之法，制器備物、宗廟宮室、衣冠車旗之等，凡所以行乎經禮之中者。（寧宗慶元二年丙辰，六十七歲，《儀禮經傳通解》之目錄注文）

可知其以爲制國之大法以《儀禮》爲經禮大法，《周禮》則其官聯定制，《禮記》則其義理發揮。朱子以《儀禮經傳通解》爲書名，可見其經國之志業具於此中。然其修撰似乎頗不順利，其《乞脩三禮箚子》云：

臣頃在山林，嘗與一二學者考訂其說，欲以《儀禮》爲經，而取《禮記》及諸經史雜書所載有及於禮者，皆以附於本經之下，具列註疏諸儒之說，略有端緒，而私家無書檢閱，無人抄寫，久之未成。（《文集》十四）

又其子朱在《跋儀禮經傳通解》一文云：

先君早歲即嘗有志於是書，比在經筵，嘗具奏，欲請於朝，乞招致生徒置局編次，而不果上。〔註11〕

然則朱子編次《禮書》何以若是愼審莊重？無他，《儀禮經傳通解》一書之格局本於〈大學之道〉之佈局，欲爲宋代制經國大法、立萬世遵行之教也。夏炘《述朱質疑》（《景紫堂全書》）卷七《跋儀禮經傳通解》一文云：「朱子以禮教人之意，欲其行禮之身，自家而鄉而國，而後推之天下，皆有依據，非欲作此書以誇博治之名，實欲隱寓大學齊治均平之旨也。」〔註12〕換言之，以禮爲總綱，收攝政教倫理之系統，以王道德治爲精神，而將治道展演出一番大局，呈現一平治天下之規模，其精神價值甚恢宏也。然一代經國治世之書不能由宋帝詔令修之，竟由一固窮之讀書人完成，悲哉！

〔註11〕引自朱彝尊《經義考》卷一百三十二。
〔註12〕引自戴先生《朱子儀禮經傳通解與修門人及修書年歲考》一文之註三十四。

　　《禮書》之〈大學之道〉佈局如下：家禮、鄉禮、學禮——皆脩身齊家之事；邦國禮、王朝禮——乃治國平天下之事；喪禮、祭禮——則自個體敬身事親之道，至家國之吉凶軍賓嘉經禮大法；自士庶人至宗廟大典，皆綜括無餘，體度甚大，實是宋代體國經野之理想主義。

　　《學禮》（《禮書》之卷九——卷十九）內容如下：

　　〈學制〉，言設教導民之法。

　　〈學義〉，言教法之立意。——以上言學禮制度及立意。

　　〈弟子職〉，言童子入學受業事師之法。

　　〈少儀〉，言少者事長之節。

　　〈曲禮〉，言委曲禮儀之事，多以韻語行文，以便童蒙誦習。

　　〈臣禮〉，言臣事君之法。——以上言事親事師事君之禮。

　　〈鐘律〉，言律呂相生、長短均調之法。

　　〈鐘律義〉，言樂律之道德意義。

　　〈詩樂〉，此篇以唐開元十二詩譜補《樂經》之亡佚。

　　〈禮樂記〉，通論禮樂大指。

　　〈書數〉，此篇原闕，今取清江永《禮書綱目・書數篇》補之，蓋言《說文解字》六書之義，及《九章算術》九數之法。——以上言六藝教育，皆個人脩身之事。

　　〈學記〉，言古者學校教人傳道授業之次序，與其得失興廢之所由，蓋兼大小學而言之。

　　〈大學〉，言古者《大學》教人之次第。

　　〈中庸〉，言聖賢傳授之心法。——以上《大學》之教。

　　〈保傳〉，言教太子、輔少主之道。

　　〈踐阼〉，言王者治國之心術。——以上王者之教育。

　　〈五學〉，言古者天子重學之意。〔註13〕

蓋《學禮》自個人脩身、事親事師事君之事、六藝之教育，至《大學》之教、王者之教育（政治領袖之教育關乎王朝政教清明與否，不可不慎。）其內容既是尊德性之教，亦是道德政治教育，即〈大學之道〉明明德於天下之政治人格教育，其考慮乃道德與政治一體建構。由是而知，《學禮》十一卷仍扣緊〈大學之道〉而佈局，朱子自我創擬古典教育之理想國也。其中心精神自內

〔註13〕關於《學禮》各章大義，詳見《禮書經傳目錄》之序題。

而外，由大返本，極切要處乃明明德一關鍵上──個人脩身與推己及人治平天下皆需建立之本體，而其工夫爲格物窮理，格物窮理之背後蘊涵實是道德之創造、道德之開發，故吾謂學禮自個人最基本脩德觀照，其安排一倫理──事親事師事君之道德生活，一切道德世界皆自此而開始，故道德生活乃《學禮》之基本義。

8. 朱子《學禮》之定義

吾既以《學禮》十一卷爲本體，且採《小學書》以與〈弟子職〉、〈少儀〉、〈曲禮〉等篇相互發明；又採《白鹿洞揭示》一文（《文集》七十四）爲其學規，以觀其道德實踐之可能；更採《四書集注》之《大學章句》、《中庸章句》爲輔，參看其間註文異同之幽微〔註14〕，且採《四書或問》、《朱子語類》、《文集》凡言《學禮》思想者爲稽考。此外，《鄉禮》之〈鄉射〉、《邦國禮》之〈大射〉亦補入參究其六藝教育關於射事者，又以江永《禮書綱目·書數》補入《書數》一藝，以全其整體。〔註15〕

〔註14〕《大學章句》與《中庸章句》注文異同，提示如下：
《大學經一章》『致知在格物』句下，《禮書》本作『欲其一於善而無自欺也』，《集注》本作『欲其必自慊而無自欺也』。而『國治而后天下平』句下，《禮書》本作『物格知至則知所止矣』，《集注》本則作『物格知止則知所至矣』。其他注處大同小異，不贅。
《中庸章句》『修道之謂教』句下，《禮書》本作『若禮樂刑政之屬是也，蓋人之所以爲人，道之所以爲道，聖人之所以爲教，原其所自無一不本於天而備於我，學者知之，則其於學，知所用力而自不能已矣，故子思於此首發明之，讀者所宜深體而默識也。』《集注》本則作『若禮樂刑政之屬是也，蓋人知己之有性，而不知其出於天，知事之有道，而不知其由於性，知聖人之有教，而不知其因吾之所固有者裁之也，故子思於此首發明之，而董子所謂道之道大原出於天，亦此意也。』
『恐懼乎其所不聞』句下，《禮書》本作『若其可離，則爲外物，而非道矣，是以君子之心常存敬畏，雖不見聞，亦不敢忽，所以存天理之本然，而不使離於須臾之頃也。』《集注》本則作『若其可離，則豈率性之謂哉？是以君子之心常存敬畏……』（下同）。
『中庸不可能也』句下，《禮書》本作『天下之至難也，然不必其合於中庸，則質之近似者皆能以力爲之，若中庸，則雖不必皆如三者之難，然非義精仁熟，而無一毫人欲之私者，不能及也，三者難而易，中庸易而難，此民之所以鮮能也。』《集注》本作『天下之難也，然皆倚於一偏，故資之近而力能勉者，皆足以能之，至於中庸，雖若易能，然非……』（下同）。其他注處大同小異，從略。
〔註15〕《儀禮經傳通解》，取商務《文淵閣四庫全書》縮影本第一百三十一冊，及商務《四庫珍本》十集，兩種版本以爲《學禮》基本資料。《小學書》，商務《文

　　吾由《學禮》之研究中，發現朱子一生學術意義盡於此中，而其義理根源又在〈大學之道〉；以〈大學之道〉爲主體，而橫鋪一全面之德教，再將讀書窮理中所見之理各各安頓，賦予意義，成爲一有經學、理學之踐德之學。以義理觀點來看，其工夫在於心術誠正，以誠意正心爲明明德於天下之根本——於個人，誠意正心即一踐德生活、道德生活之展現；於天下，即道德創造之世界。以教育哲學來看，《學禮》寓小學敬身明倫之道與大學齊治均平之旨，以教育歷程引領德性之學。以經學觀點來看，《學禮》將古之學禮創新其義理架構，以博文一系爲格物之學，以約禮一系爲踐德之學窮理之則，使道德實踐落實爲日用間可行之事，不再停留於經籍之殿堂上，而轉爲時代意義匹夫之責也。

　　朱子之『學禮』者，經由朱子融合經學、理學、教育學、社會倫理學、人性心理學諸多觀照諸多角度，而推演出一尊德性之教，人性自《小學》之涵養德性，而至《大學》之教開發其義理，正心脩身以至於齊治均平之境地，人性乃同止于至善也。簡言之，經由習禮設教而導致德性建立之教育結構，乃一儒家於宋代思潮中所創生之新禮教。

淵閣四庫全書御定小學集註》（第六九九冊）。其他朱子之著述等書，皆以坊間通行本爲取材資料，至於江永《禮書綱目・書數篇》則取嘉慶十五年婺源俞氏鏤恩堂刊本（台聯國風與中文出版社）。

第二章　朱子《學禮》立教義

第一節　政教合一與君師合一〔註1〕

　　朱子於教育一學，不自純粹學校教育目標論說，實則乃爲其政教合一思想作準備，其言云：

> 古者建步立畝，六尺爲步，步百爲畝，畝百爲夫，夫三爲屋，屋三爲井，井方一里，是爲九夫，八家共之……五家爲比，五比爲閭，四閭爲族，五族爲黨，五黨爲州，五州爲鄉，鄉萬二千五百戶……於是閭有序而鄉有庠，序以明教，庠以行禮，而視化焉……八歲入《小學》，學六甲四方五行書計之事，始知室家長幼之節；十五入《大學》，學先王禮樂，而知朝廷君臣之禮。其有秀異者移於鄉學，鄉學之秀移於國學，學於《小學》；諸侯歲貢《小學》之秀者於天子，學於《大學》，其有秀者命曰造士，行同而能偶，別之以射，然後爵命焉。（《文集六十八・井田類説》）

按：朱子此文本據《漢書食貨志》及《公羊傳・宣公十五年》初税畝章下何休注文通修而成，大意言古之學禮本於政治上井田之制，以井田爲單位，鄉有鄉學；中央政府則設小學、大學，以容納鄉學中所升之俊秀者，及貴族子弟之特異者以教育之，學成後則於天子之射宮試其材力辨別其資質德行，再考量綜合其能力（道藝德業一體表彰者）而爵命，授其官職，如此則學校制度與政治體系原爲一體，可說是一『學政』。

〔註1〕　參見孫邦正《教育概論》六章〈教育之社會學的基礎〉二節教育與政治。

　　朱子此政教合一之論點蓋針對宋之科舉弊端（習舉業作對，不顧德行之脩、道藝之用。可參見文集六十九，《學校貢舉私議》）而發，其以爲政治須有人才推行其王道，而德政端賴有德有能之士以執掌，故爲國育才乃政治上一大事；而爲國育才須有學校教育人才，人才之產生又須有選舉之管道以通行，選舉管道又建立於學校制度與政治制度之互動──故爲由選舉人才以達於政治體系，乃由政治體系安排教育體系之人才得以上達，《學校貢舉私議》所云：「古者學校選舉之法，始於鄉黨，而達於國都，教之以德行道藝，而興其賢者能者；蓋其所以居之者無異處，所以官之者無異術，所以取之者無異路，是以士有定志，而無外慕，蚤夜孜孜，惟懼德業之不脩，而不憂爵祿之未至……德行之於人大矣……士誠知用力於此，則不唯可以脩身，而推之可以治人，又可以及夫天下國家，故古之教者莫不以是爲先。」即是此意。

　　此種政教合一系統層層塑造一士子之人格與能力，再將此教育成果──政治人材，貢獻于政治系統，則形成對原先裁成士子之政統之回饋，則政教乃一互往、一圓形、循環之交流，新生不斷，後繼有人；如此之制度直接有助於教育──教育之後人才得有表現其功能之機會，間接回應治道與政統──以教育爲政治理想推行之具。此一體設教施政之作法，完整地將個人與群體之關係作一最善安排。進而化民成俗，皆由學政所致，故朱子云：「古者脩身與取士，卹民與養兵，皆是一事。」（《語類一百八・論治道・卿》）又云：「古人學校教養，德行道藝，選舉爵祿，宿衛征伐，師旅田獵，皆只是一項事，皆一理也。」（《語類一百九・論取士》）以上之析理論據可見：一者，朱子所倡教育特重道德一門，蓋唯賴道德之明，人材之政治涵養始不偏枯過剛。二者，朱子之德行教育，不特重德，亦重行之實踐能力，蓋唯有實用之學，道德始不空疏，始可造福人群。三者，朱子之教育哲學不唯是一道德教育，亦是政治教育，道德與政治一體考慮，始可個人誠意脩身，推之達德潤物也。

　　據政教合一之論，朱子進而倡言君師合一，以爲政治上治國平天下舖路，使君主之形象即道德形象，以達於德政即德教，德教即德治，其言云：

> 蓋自天降生民，則莫不與之以仁義禮智之性矣，然其氣質之稟或不能齊，是以不能皆有以知其性之所有而全之也，一有聰明睿智能盡其性者出於其間，則天必命之以爲億兆之君師，使之治而教之，以復其性，此伏羲、神農、黃帝、堯、舜所以繼天立極，而司徒之職、典樂之官所由設也。（《文集七十六・大學章句序》）

按：君師合一之論據自《尙書》〈泰誓〉上所云『天佑下民，作之君，作之師。』而司徒之職、典樂之官則據自《周禮‧地官》與《春官》。蓋人皆得天所稟賦之性理，然氣質之稟各有不一，故清者爲賢、濁者爲愚，至於出類拔萃者則天命之以爲眾民之君、萬人之師，以爲其政治上之領袖與信仰中之師道，故君師合一，政治上之領袖即教育上之師長。由是而可說：人君之得爲人君，乃因君之德堪爲『皇極』（《語類七十九‧論尚書皇極諸條》），其身爲天下做一模範、一個『樣子』，以爲民之精神嚮往、道德標準，端本示儀於上，四方則瞻仰以效法之，觀而化之。所以『民之視效在君，而天之視聽在民。』（《文集十五‧經筵講義‧大學》）君德既行效天下，則君德即爲天下師法，以此德性教育萬民，故君亦師，師德即君德，政治即道德，政治家性質即教育家性質，以教化爲政治，以禮代刑。在上者既爲表率，在下者由其道德形象省察內在道德根源，以是復性全性，上下化爲一道德團體——道德之政教團體，進而共成一道德天地以參贊化育。

　　朱子自古籍引申政教合一、君師合一之論，加以其義理架局——人各有仁義禮智之性，賴君師之教而復性，賴政教合一之學政以造福群倫，綜合而成一創新之德教系統。

第二節　大人之學與小子之學

　　朱子之所以以教育之事引領尊德性之教，蓋因人之受天稟賦雖有仁義禮智之性，然氣稟不齊，有清有濁，而有賢有愚；且後天之物欲誘引於外，先天氣質之性交錯於內，所以不能知性復性盡性，以至亂性之理而陷於邪僻，故教育之功能即爲此而設，以使人人去其氣質之偏、物欲之蔽，以復其性而盡其性理，乃云：

> 是以於其始教，爲之小學，而使人習於誠敬，則所以養其德性，收其放心者已無所不用其至矣；及其進乎大學，則所謂格物致知云者，又欲其於此有以窮究天下萬物之理，而致其知識，使之周徧精切而無不盡也……而吾之聰明睿知亦皆有以極其心之本體而無不盡矣。
>
> （《經筵講義》）

朱子以爲《小學》乃收其放心，以誠敬養其德性，《大學》則自《小學》之涵養中提攜德性之理，使其知性理之當然，而行其所當然，格物致知亦爲提攜

此德性之理而充其無限、盡其終極，究其至善；能有此一大學之教，則人之道德知既堅貞確立，道德心之本體亦能放諸四海而皆準。由是，朱子尊德性之教已判別出一先一後：小子之學與大人之學，其言云：

> 古之爲教者，有小子之學，有大人之學；小子之學：灑掃應對進退之節，詩書禮樂射御書數之文是也；大人之學：窮理脩身齊家治國平天下之道是也。（《經筵講義》）

此言可爲朱子《學禮》之總綱，有此宗旨之揭明，《學禮》方有可貴之導向。《小學》習小節、小藝、小道，《大學》習大節、大法、大道，順人之成長歷程，由單一之個體脩爲至參予群倫化成天下止，尊德性之教依生命之序爲節文，循次而上達。由是朱子乃論教人之法必循小學而大學，下學而上達之理以進行：

> 古人初學只是教他灑掃應對進退而已，未便說到天理處，子夏之教門人專以此……只是要他行矣而著，習矣而察，自理會得，須是匡之直之輔之翼之，使自得之，然後從而振德之。今教小兒若不匡不直不輔不翼，便要振德，只是撮那尖利底教人，非教人之法。（《語類四十九・論語子夏之門人小子章・淳》）

> 灑掃應對是《小學》事，精義入神是《大學》事，精究其義以入神，正《大學》用功以至于極致處也。（《語類四十九・寓》）

蓋朱子似以外鑠之小節小道注入小子之學，使之行而習著，習慣成自然，乃自然內化爲固有（外鑠之理本據內在之理而設教，是以有內化之可能）；一旦成自然之固有，則從而振德性之理，使之明德性天成之所以然，而更精義入神行其所當然，此則是大學設教之成功處。

然而由《小學》至《大學》，如何能自下學之事跳躍爲大學之窮理？如何能將原是外鑠之禮化爲內在之道德根源？此則因：外鑠之禮原據內在性理而設教，雖外在，實超越而內在，人於此之跳躍即靠大學之窮理——

> 問：「灑掃應對是其然，必有所以然，所以然者是如何？」曰：「若無誠意，如何灑掃應對？」（《語類四十九・節》）

即由誠意中見下學之事原是本份中固有，原非外鑠，乃是自固有之理定其外型以備內化；故由其小學之事可直探其內在根源——誠意，而探其所以然——唯天下至誠爲能盡其性，故云：

> 下學者事也，上達者理也，理只在事中，若真能盡得下學之事，則

上達之理便在此。（《語類四十四·論語莫我知也夫章·道夫》

爲學本是爲自家身有頓放處，本是切己之事，須反身而求，方能實得其理，故誠意根源於內在，而窮理於內，自內在而窮理於外，窮理於宇宙一切萬事萬物，極至窮究那天理與人欲之一間，克己欲復禮之理，則能全德，故到得窮理之時，『格那物，致吾之知，也便是會有諸己。』（《語類三十六·論語顏淵喟然嘆章·賀孫》）既能有諸己，則能成物之性、盡人之性，而參贊天人之化育，故云：

> 成己方能成物，成物在成己之中，須是如此推出，方能合義理，聖賢千言萬語，教人且從近處做去，如灑掃大廳大廊，亦只是如灑掃小室模樣，掃得小處淨潔，大處亦然，若有大處開拓不去，即是於小處便不曾盡心……古人於小學小事中便皆存個大學大事底道理，在大學只是推將開闊去，向來小時做底道理存其中，正似一個坯素相似。（《語類八·明作》）

可見朱子所言《大學》之道——大人之學，原是根源於《小學》之下學——小子之學，且如《中庸》於說細處近處只言戒慎、愼獨、謹言愼行，而大處則言武王、周公之達孝，推孝之心達之天下，使人人各盡其孝心，即是大人之學。如此論據，自小至大，自單純之謹身、個人之行孝，推之至全面之成物、天下之達孝，以是克己復禮，天下歸仁。

關於大人之學與小子之學，其間之關係甚爲重要，二者相爲根源發用，互爲本末；自《小學》而言，《大學》爲其末，《小學》爲根本；自《大學》而觀，則《大學》爲大體，《小學》只是體立之前一項預備工夫，並不得謂之大本，《大學》始是《學禮》之大本。朱子由是論云：

> 學之大小固有不同，然其爲道則一而已，是以方其幼也，不習之於小學，則無以收其放心，養其德性，而爲《大學》之基本；及其長也，不進之於《大學》，則無以察夫義理，措諸事業，而收《小學》之成功，是則學之大小所以不同，特以少長所習之異宜，而有高下淺深先後緩急之殊，非若古今之辨，義利之分，判然如薰猶冰炭之相反，而不可以相入也。今使幼學之士必先有以自盡乎灑掃應對進退之間，禮樂射御書數之習，俟其既長，而後進乎明德新民，以止於至善，是乃次第之當然。（《大學·或問》）

由以上之論述中，可析出朱子《學禮》教育宗旨有如下之觀點：

之一、人性本善，因氣質之偏或蔽，而有性理之不得成全者，故聖人設

教以教之。

之二、聖人設小子之學，因而收其放心以就下學；設大人之學，以小學之成功而發展性理之善，以造福群倫。

之三、《大學》與《小學》之關係互為本末，原是一體。而綜合觀之，《小學》為《大學》之預備工夫、發源之本；《大學》則為《小學》之功成發用、大本之地，原不可分本末，而只能分先後受教之序。換言之，《大學》之明德新民止于至善之三項修道綱領，決定於格物致知之一關鍵，而格物致知之能窮理正心，又因小學中原孕育其德性之善源，使窮理得以循善之理而進展，窮吾人與聖人同類之理，進而發用其理，進于明德新民，以止於至善。故小子之學為準備工夫，大人之學則為發揚成全。

第三節 學制之通則

所謂學制，蓋是朱子自古籍史料通修融化而成，史料背後之真偽可信與否並不重要，其立意之理念方是朱子用心所在，故於《學禮》之〈學制〉（《儀禮經傳通解》卷九），其取裁古籍史料皆以『通則』之態度而通修，故吾人亦取朱子立意之理念綜合觀照即可。

朱子云：

> 古者教人，其立法大意皆萬世通行，不可得而變革者，學者不可不知；若其名號位置節文之詳，則自經言之外，出於諸儒之所記者，今皆無以考其實矣，然不敢有所取舍，姑悉存之，讀者亦不必深究也。（〈學制〉。〈法制名號之略〉下註文）

蓋其本意重於史料本身立法意義之美，故存之見古之學禮概況，進而解釋之、排比之，以見學禮如何造化天下學子之人格坯模。至於史料之考信程度，朱子以為其價值層次、意義層次大於史實層次。由是，於古之學禮姑存其史料面貌，留其意義層次，而其史實資料正以備意義價值之發揮；換言之，重點置於義理建構，史實背景則存而不論。以下據朱子之理念，順《大學章句序》所云『王宮國都以及閭巷，莫不有學』之理路，依序排列學制之通則：

關於太子之教，《禮書卷十八・學禮十三・保傅》云：

> 古之王者，太子迺生，固舉以禮，使士負之，有司齊肅端冕，見之南郊，見于天也。過闕則下，過廟則趨，孝子之道也，故自為赤子，

而教固已行矣。周成王幼在襁褓之中，召公爲太保，周公爲太傅，太公爲太師。保，保其身體；傅，傅之德義；師，導之教訓，此三公之職也。於是爲置三少，皆上大夫也，曰：少保、少傅、少師，是與太子宴者也，故迺孩提有識，三公三少固明孝仁禮義以導習之，逐去邪人，不使見惡行，於是皆選天下之端士孝悌博聞有道德者以衛翼之，使與太子居處出入；故太子迺生，而見正事、聞正言、行正道，左右前後皆正人也……孔子曰：「少成若天性，習貫如自然。」

（據《大戴・保傅》通修而成）

此是太子《小學》之教，至於其《大學》之教，則自太子少長知妃色始，使入學，承師問道；既冠，則有記過之史、進善之旌等措施，使知遷善改過；而於朝廷祭禮之中，使知君臣上下之際之禮，以知有敬；於仲春、仲秋視學之時，使知親饋國老，以知教孝之義，進而得聞長老治國之訓；至於太子之日常起居，則行以鸞和，步履合樂，以明有度。再如其於物類，見其生，不忍其死，聞其聲，不忍食其肉，故遠庖廚，長則能仁恩天下之人。

關於世子之教，〈保傅〉云：

凡三王教世子，必以禮樂，樂所以脩内也，禮所以脩外也，禮樂交錯於中，發形於外，是故其成也懌，恭敬而溫文……太傅審父子君臣之道以示之，少傅奉世子以觀大傅之德行而審喻之。太傅在前，少傅在後，入則有保，出則有師，是以教諭而德成也。師也者，教之以事，而喻諸德者也。保也者，慎其身以輔翼之，而歸諸道者也。

（同上，據《文王世子》、《家語》通修）

然則此世子之教，渾括《小學》、《大學》二期之立意，總之仍立意於德性之教，其教範圍不出父子君臣之倫，其教之始末皆由師道傅之，一本涵養其本性、教諭其道德之原則而施行。

關於貴族子弟之教育，〈保傅〉云：

古者王子年八歲而出就外舍，學小藝焉，履小節焉；束髮而就太學，學大藝焉，履大節焉。（《大戴》）

此則是判分貴族教育（一本無王子字）之分期，一爲《小學》，一爲《大學》，仍是原則性揭明其教概況而已。

關於士人之教育，〈學制〉云：

《小學》在公宮南之左，《大學》在郊。（〈王制〉）使公卿之大子、

> 大夫元士之適子，十有三年始入《小學》，見小節焉，踐小義焉。二
> 十入《大學》，見大節焉，踐大義焉。故入《小學》，知父子之道、
> 長幼之序；入《大學》，知君臣之義、上下之位，故爲君則君，爲臣
> 則臣，爲父則父，爲子則子。(《尚書·大傳》)

此則因公卿大夫士人乃國家之中堅，實際執事行政之人，故必教之，使知君
臣父子之道，以實際化民成俗。蓋公宮者，天子或諸侯國都之王宮。而郊者，
百里之國有二十里之郊；七十里之國有九里之郊；五十里之國有三里之郊，
即以郊地設大學，教士子。蓋士農於古代極有判界，可教者受學成教，以備
政治體系之運作（包括一般庶民之俊秀者），而不肖者復之農畝，使治農事。
士農既不易業，則士人之教原爲入仕，便不需鑽營其他生計，故教業易成，
足爲國家政治人才。

關於庶民之教育，〈學制〉云：

> 家有塾，黨有庠，術（遂）有序，國有學。(〈學記〉) 大夫七十而致
> 仕，老其鄉里，大夫爲父師，士爲少師，耰鉏已藏，祈樂已入，歲
> 事已畢，餘子（猶眾子也）皆入學。年十五始入《小學》，見小節，
> 踐小義焉；年十八始入《大學》，見大節，踐大義焉。距冬至四十五
> 日始出學，傅農事。(《尚書大傳》)

庶民之教育似乎起步甚晚，且受業之時只有冬藏春耕之間一段時日，以退休
之官長爲師，教以鄉禮，踐小節小義。至於大學之教，乃其中俊異者方有入
國都所設大學之可能，鄉學一般教課原只爲小學之教 —— 室家長幼之節而
已。此因農民三時務農，將關於禮，至農隙而教之尊長養老，以見孝弟之道
也。然而正因如此平凡而平實，一片鄉飲酒禮之和樂、鄉射禮之活躍景象，
生動寫實，舞動於師生長幼之序間。

此外，朱子又於保傅『王子就太學』句下註云：「內則曰：『十年出就外
傅，居宿於外，學書計』者，謂公卿以下教子於家也。」則內則中所謂八年
教之讓，九年教之數日，十年出就外傅，居宿於外，學書計，朝夕學幼儀，
習應對進退，十有三年學樂誦詩舞勺，十五成童教以舞象射御，二十學禮，
似是一般鄉學（庶民及士人）所受實用之學。

關於學名，天子曰辟雍，諸侯曰頖宮（周代稱頖宮，殷代稱瞽宗）；而一
般性之國學：

> 有虞氏之上庠、夏后氏之東序、殷人之右學、周人之東膠，皆大學名。

有虞氏之下庠、夏后氏之西序、殷人之左學、周人之虞庠，皆小學名。

夏曰校、殷曰序、周曰庠，則鄉學名。

由學名之設，可知自王宮國都之辟廱、頖宮、大學、小學，至於閭巷之設鄉學：校、序、庠，上成教以立德，下效法以美俗，則莫不盡性復初。所謂學制之通則者，一言以蔽之：人人各得尊德性之教，以知其性分之所固有，職分之所當爲，而各勉焉以盡性全德也。

第四節　學義之綱領

學義者，古人設教之立法大意也。朱子之立法大意以『明倫』爲綱領，而衍生二系：一爲敬身之道（《小學》之下學工夫），二爲《大學》之道（《大學》之窮理正心）。《禮書》卷九・《學禮》一之下，〈學義〉云：

> 皋陶曰：「天敘有典，勑我五典五惇哉；天秩有禮，自我五禮有庸哉，同寅協恭和衷哉；天命有德，五服五章哉；天討有罪，五刑五用哉，政事懋哉懋哉。」（《尚書・皋陶謨》）孟子曰：「人之有道也，飽食煖衣，逸居而無教，則近於禽獸，聖人有憂之，使契爲司徒，教以人倫：父子有親，君臣有義，夫婦有別，長幼有序，朋友有信。」又曰：「庠者養者，校者教也，序者射也。夏曰校，殷曰序，周曰庠，學則三代共之，皆所以明人倫也。」（《滕文公》上）

蓋父義、母慈、兄友、弟恭、子孝，五者人之常性，其原出於天賦，故謂之『天性』，謂之『五常之教』；所謂『五常之教』即『天敘有典』之『五典』，天既以此五教下貫人性，人性稟之而事天——此即父子有親一倫之產生。人性原此父子一倫而制禮作樂，建立宗法社會，將父子一倫推衍出君臣有義一倫，因而公侯伯子男同隸屬於一宗法封建體系下行五禮服五服，至是君臣一倫乃自父子一倫衍生而獨立，乃進而制五刑以討有罪，賞善既明則政事始立。由是父子、君臣二倫再衍生夫婦有別、長幼有序（自父子一倫衍生）及朋友有信（自君臣一倫旁生）三倫，而成五倫之教。自五常至五倫，人性萌發成長之歷程步步艱實。故大司徒設教導民即以此教爲主，順此五教而設國學、鄉學（校、序、庠），以教養其知敬老孝悌之事。

朱子《小學書》卷二〈明倫〉即依此五倫之教而展開其教義，以父子之親始，以孝立身，事親孝則移於君效忠；以友悌敬愛兄弟，則順可移於長；

以夫和妻柔居家理事，則治可移於官；因此內有家齊身脩之治，外有國治均平之效。至於朋友以誠相待，誠者自誠明，以自我誠身（父子之親、君臣之義、夫婦之別、長幼之序四倫之各各安頓適當）之道取信於友，至是五倫始完全開展。

然五倫之教其要者又可約爲三綱——父子、君臣、夫婦，父子法地之生生不息，君臣法日月之繞行屈伸，夫婦法陰陽之相得相合而有施。以天地之次序明人倫之統，君爲臣綱，父爲子綱，夫爲妻綱，五倫之美，禮之善物也，再以明倫之統安置人性於生之歷程間所發一切之事理。父子一倫爲男子人格成長身心發展之命脈，君臣一倫爲男子志業成敗之所繫，夫婦一倫則爲男子繼先世啓後代之嗣緒。由此三綱之統配天法地象人，故政教倫理始得合一。

順此五倫之綱領、三綱之統，《學禮》之〈弟子職〉、〈少儀〉、〈曲禮〉即明父子、長幼二倫，〈臣禮〉即明君臣一倫，蓋父子之親、長幼之序、君臣之義乃個體自身所當道德實踐之事。至於夫婦之別與朋友之信卻是一個體或一宗族與另一個體另一宗族產生一感情聯結，乃由一衍生二之擴充性質，故不似父子之親、長幼之序爲一個體自身單純自發之行爲，亦不似君臣之義乃個體與政治系統呈現一上下之間道義之往來，故夫婦一倫歸於《家禮》之〈內則〉、〈內治〉、〈士昏禮〉。朋友之倫則歸於《鄉禮》之〈相見〉、〈投壺〉，而於《學禮》思想系統本身非最直接關聯之事。

若以『明倫』爲主脈，而以事親、事長、事君爲體系，往下發展，則生二系：

一即《小學書》所標明敬身之道（卷三，凡分心術之要、威儀之則、衣服之制、飲食之節），及《學禮》之事親事長（〈弟子職〉、〈少儀〉、〈曲禮〉），事君（〈臣禮〉）等〈小學之事〉，乃人最基本行爲之道德實踐。〈學義〉〈教學之序〉引孔子所云『弟子入則孝，出則弟，謹而信，汎愛眾，而親仁，行有餘力，則以學文。』（〈學而〉）爲其基本精神。

二即《學禮》所標明〈大學之道〉（誠意正心修身齊家治國平天下之事），如〈大學〉、〈中庸〉、〈保傅〉、〈踐阼〉等篇皆其義理之闡明。〈學義〉〈教學之序〉引孔子所云『興於詩，立於禮，成於樂。』（〈泰伯〉）爲其導向。蓋自《小學》敬身之道中，加以興發其善性情，以禮固守其行爲，以樂導其性情，內外交修，天理漸明，人欲日消，日漸義精仁熟，人性之光采自能引出向上，自能成德。

　　然此中〈臣禮〉之安排，實費思量，於古之學禮，臣禮屬二十入大學所修之禮——朝廷君臣之儀；而於朱子，似乎以禮儀歸小學之事，與事親事長一等學習。蓋學禮者本爲道德政治一體之教育，故臣禮之儀節既入小學工夫，則其君臣之義理則入大學治人之道，故《小學書》於〈明倫〉篇中置『君臣之義』爲第二倫，即是此義。朱子云：

> 《小學》是事，如事君、事父、事兄、處友等事，只是教他依此規
> 矩做去；大學是發明此事之理。（《語類七・小學・銖》）

蓋所謂八歲入《小學》、十五或二十入《大學》乃一渾括之詞，只於史料中有其意義；而於朱子則《小學》但爲敬身之道，固皆人可受教，非僅限於八歲之童蒙。至於《大學》之道全重其講明義理，故二十或十五之齡亦無意義。朱子既單提「敬」字爲《小學》工夫，純以事上之磨練爲主修，又以「窮理」爲《大學》之大事；然則〈臣禮〉以禮儀之事歸於《小學》工夫，以就事君之事上磨練，爲涵養誠敬本質之條件；則大學以明理之道——窮正心誠意之理、聖人與我同類之理，爲開發聰明成聖之功之原則，以之明事君之義、治人之道，不亦宜乎？由是，《小學書》〈明倫〉亦備言『君臣之義』，固有其的當也。

　　總上而言，朱子以〈明倫〉爲綱領，以君臣、父子、長幼爲教義。復以《小學》之事：事親事君事長，與《大學》之道：窮理正心治人，此二者爲內容而成其德教系統。其言云：

> 先王之學以明人倫爲本，故自其咏歌弦誦之間，洒掃應對之際，所
> 以漸摩誘掖勸勵作成之者，無非有以養其愛親敬長之心，而教之以
> 脩己治人之術；是以當是之時，百姓親睦，風俗淳厚，而聖賢出焉。
>
> （《孟子・或問》卷五）

所謂『愛親敬長之心』，即《小學》敬身之行；『脩己治人之術』即《大學》窮理正心之道，二者相輔相成，人性始得自蒙昧無知而漸摩誘掖，不知不覺養出一番善性情，化民成俗，再自此中點化其所以然之理，令人人各自反躬自省，省察天理具在人心，而實其心之所發，則善良之倫理社會確立，社會改造之意義即具此中。

第五節　教學之禮法

　　蓋《學禮》於教學一事上，首爲禮教——明倫，次有樂教——詩樂；禮

教以節民心,樂教以和民聲養民情性,政以行之,刑以防之,禮樂刑政四達而不悖,則王道備。故〈學制〉首云:

> 古之王者,建國君民,教學爲先。(取自《學記》)故舜命契曰:「百姓不親,五品不遜,汝作司徒,敬敷五教在寬。」命夔曰:「命汝典樂教胄子,直而溫,寬而栗,剛而無虐,簡而無傲。詩言志,歌永言,聲依永,律和聲,八音克諧,無相奪倫,神人以和。」(取自《孟子・滕文公上》及《舜典》)

此處首引舜命契爲司徒,敷五教,欲使人明於人倫;命夔典樂,乃欲使人養其德性而實有諸己,古人教學不出此兩者,二教乃學禮教學方法。〔註2〕此二者一即禮教——明倫,二即樂教——養人德性,爲教育最基本之功能;析而言之,禮教明於五倫之理,篤行其事親事君事長之事。樂教使人心性和平,明於天理與人欲之精微,而知擇善固執。

　　蓋禮教以寬裕溫柔不急不迫地導引民性趨於淳厚,使五倫之理落實於日用生活。而樂教自嚴謹中教以溫和、寬舒中教以敬意、剛中濟以無虐、簡易中學得謙沖,其具體之法以詩、歌、聲、律宣導其心志、興發其性情、依聲而頌歎、諧律而慶讚,五聲十二律之調和,八音之美感,上接神明,下示情性之教。故詠歌之際既養人情性,又可饗宗廟,自樂教又回溯于明倫——吉禮祭祀之用,禮教樂教合而爲一。是以明倫之彰顯賴樂教之敬敷其性情,五倫之美賴中和之教以暢發,禮教核心精神由此樂教以涵養民人德性。進而言之,樂教之性情之教亦賴禮教以施行,得明倫之理而彰顯其德。由是而見,禮教、樂教爲古之教學禮法也。

　　所謂教學禮法之施行,一是自普遍教化之道上著眼:由大司徒將廣土眾民劃分若干單位,五家爲比,五比爲閭,四閭爲族,五族爲黨,五黨爲州,五州爲鄉,以鄉三物教萬民。鄉三物者:

> 一曰六德:「知(明於事)、仁(愛人以及物)、聖(通而先識)、義(能斷時宜)、忠(言以中心)、和(不剛不柔)」。此六德爲道德實踐之原理,似是《大學》窮理之則。

> 二曰六行:「孝(善事父母)、友(善於兄弟)、睦(親於九族)、姻(親於外親)、任(信於友道)、恤(賑於憂貧)。」此六行爲敬身之道,似是小學之事。

〔註2〕參見《語類八十四・論考禮綱領・論修禮書》部份之文蔚問學禮條。

三日六藝：「禮（五禮：吉、凶、賓、軍、嘉禮），樂（六樂：雲門、大咸、大韶、大夏、大濩、大武），射（五射：白矢、參連、剡注、襄尺、井儀），御（五御：鳴和鸞、逐水曲、過君表、舞交衢、逐禽左），書（六書：象形、指事、形聲、會意、轉注、假借），數（九數：方田、粟米、差分、少廣、商功、均輸、方程、盈朒、勾股）」。

此六藝乃實際生活之實學，渾括《小學》、《大學》之禮樂教化之道。〔註3〕此六德、六行、六藝取自《周禮・大司徒》及〈保氏〉，朱子標明為『教民之法』。鄉大夫受之于大司徒，再頒之於鄉吏（州長以下），使各以教其所治轄區，考察民人德行與道藝，而興其賢者能者。然後鄉大夫獻賢能之書于王，內史副寫其書，藏於宗廟典冊，以備爵祿而官之。此種教化之道自實際生活之實學——六藝，敬身之德行——六行，至通達之人道主義——六德，似是自小學敬身至大學窮理明理一體而治之教。然雖有高深禮義之探討、人道主義之伸張，卻較偏重於敬身之道、實際生計，故六藝六行既為個體之脩身，六德亦是由個體推擴至愛人及物之德行，故《小學》、《大學》雖有其指向，實則仍賴於下學工夫以上達，此即鄉學之特性，故朱子云：

蓋周人以鄉三物教萬民而賓興之，其德六，曰：智、仁、聖、義、中、和；其行六，曰：孝、友、睦、婣、任、恤；其藝六，曰：禮、樂、射、御、書、數。是於學者日用起居食飲之間，既無事而非學，於其群居藏修游息之地亦無學而非事，至於所以開發其聰明，成就其德業者又皆交相為用，而無所偏廢，此先王之世所以人材眾多，風俗美盛而非後世之所能及也。（《文集七十八・信州鈆山縣學記》）

蓋六德雖為《大學》窮理正心之事，然其中項目主於修身者多，修身而愛人及物，其基礎仍賴於敬身之行、實際生計，故『鄉三物』者，主於敬身之道，以窮理正心之鄉學教育。

復論教學禮法之第二類——自高層次貴族教育著手，以訓練貴族子弟參與宗廟祭典之事。

蓋《周禮》〈師氏〉、〈保氏〉、〈大司樂〉等官事本為貴族教育而服務，朱

〔註3〕清李塨《大學辨業》（收於《顏氏學記》，商務人人文庫），以為朱子之格物義即格『鄉三物』，詳見原書卷四：「格物之於禮樂，學也。」句始，至卷末引萬斯同之言：「以六德六行六藝為物，學習為格。」皆以周禮與教育立論。

子簡別之後,別為『教子弟之法』,則顯然針對一全面之學政而言,不限於身家階第之等,放寬其定義,容受鄉民之秀者、貴族子弟之佼者以同受業,使學自上至下,造就國家人才。

> 周禮師氏掌以媺詔王,以三德教國子,一曰至德以為道本,二曰敏德以為行本,三曰孝德以知逆惡。教三行:一曰孝行以親父母,二曰友行以尊賢良,三曰順行以事師長。(取自《周禮》〈師氏〉)

按:朱子《周禮三德說》(《文集》六十七)云:

> 至德云者,誠意正心端本清源之事,道則天人性命之理,事物當然之則,脩身齊家治國平天下之術也。敏德云者,疆志力行,畜德廣業之事,行則理之所當為,日可見之跡也。孝德云者,尊祖愛親不忘其所由生之事,知逆惡則以得於己者篤實深固,有以真知彼之逆惡而事(事字疑作自字為是)不忍為者也……蓋不知至德,則敏德者散漫無統,固不免乎篤學力行而不知道之譏;然不務敏德而一於至,則又無以廣業而有空虛之弊;不知敏德,則孝德者僅為匹夫之行,而不足以通于神明;然不務孝德而一於敏,則又無以立本而有悖德之累,是以兼陳備舉而無所遺。

蓋孝德純就孝之一事做,於事親尊祖最親愛之情感上知是知非,此乃較之敏德、至德更為具體之事;若有敏德、至德之道德知,而無孝德之道德實踐,則道德不勉流於空疏。然而若有孝德,亦當由純孝上擴充至敏德,以疆志力行,任重道遠,服務人群,此又進一步之學。再進一等之學,便是教之識得『德之全體』——至德;蓋至德者,為天下宇宙一切道理所由出之全體,人性明此本體以存心養性,盡性以事天也。〔註4〕然若只理會至德,而無敏德、孝德,亦易空疏,故有至德之道德知,必待下學始得全盡『至德』之意義。若能下學上達,則至德正為敏德、孝德之綱紀,由孝德、敏德之篤學力行、德崇業廣,以契乎『至德』之本體。至於教三行(孝行、友行、順行),本之孝德以實踐,即因孝德最切於敬身之道,正為敬身之原則指導,故孝行、友行、順行本之以道德實踐,而『德之脩也不自覺矣』。〔註5〕由孝行、友行、順行以敬事親長,達至孝德,爾後敏德、至德亦可漸次上達之。故朱子云:

> 三德之教,大學之學也;三行之教,小學之學也。(《周禮三德說》)

〔註4〕參見《語類三十四·志於道章·廣記》一條(朱子言《周禮·三德》處)。
〔註5〕見《文集六十七·周禮三德說》。

至是，至德爲誠意正心之事，以爲道本，即家齊治平之事；至德以爲道本，誠意正心之事爲家齊治平之根源，則大學之教最終極之理想也。是故，〈師氏〉之教爲教子弟之大原則，至於〈保氏〉教以五禮、六樂、五射、五馭、六書、九數，與鄉學教育同一內容。然又教以六儀——祭祀之容、賓客之容、朝廷之容、喪紀之容、軍旅之容、車馬之容，則是禮教之擴大，進於士子教育者。

大司樂則以樂德：中（忠也）、和（剛柔適也）、祗（敬也）、庸（有常也）、孝（善事父母）、友（善於兄弟）；及樂語：興（以物喻事）、道（言古導今）、諷（倍文）、誦（以聲節之）、言（發端）、語（答述）教國子，此樂德純自樂教——教以性情中和爲引導，而樂語則純自詩教——興於詩，發乎情，止乎禮之教爲目的。且於樂教、詩教之同時，又教以樂舞：雲門、大咸、大韶、大夏、大濩、大武等自黃帝、堯、舜、禹、湯至武王之樂舞，仍是自樂教、詩教之引伸，乃一禮樂詩舞之一體教學，以祭以享以祀，以合於神人也。

此外，〈大師〉則掌聲律之事，以五聲八音合以六詩——風、賦、比、興、雅、頌，似是詩教之掌管者，與〈大司樂〉似可會通。而〈大胥〉則掌管學籍，令學子春入學執釋菜之禮禮先師先聖，合舞應節，等其進退，勉其向學之志。秋則頒學子之才藝於眾，使合聲應節，等其曲折，觀學子身心所得。

綜合觀之，〈師氏〉之教重於明倫，〈保氏〉重於六藝，〈大司樂〉、〈大師〉重於詩教、樂教，而〈大胥〉重於督學之責。此皆較諸鄉學更見具體，然與鄉學有共通之處：同樣重視事上之磨練。凡此數官職學政，皆見於周禮地官〈大司徒〉、〈師氏〉、〈保氏〉與春官〈大司樂〉、〈大師〉、〈大胥〉。

由廣土眾民之〈鄉學〉與貴族教育之〈國學〉，兩相推行，必有教學之成果；鄉大夫自鄉射中觀德，簡選其材，稱爲秀士；升于司徒，稱爲選士，此已有任用資格。再論其材質，升之〈大學〉，稱爲俊士，此時之習禮樂則純是《大學》修齊治平之道，已爲成德之士，不應徭役之征召，而作政治教育之進修，稱爲造士。

於《大學》之教育中，由樂正立教（《禮記‧王制》），詩、書、禮、樂凡四教，春秋冬夏相互學之，不主一格，然又逐其時序、配合陰陽消長而有偏主。春天萬物始自春寒發脫而出，教以樂，頌讚新象活潑；夏天生意盈然則教以詩，詠歎生命之情境；秋天萬象收成，生機逆轉，則教以禮，漸次收束其奔放之情；冬天之境則陰寒之氣重，霜雪之來，乃教以書，使禮之法典原則循序彰顯，明義理曉旨趣，生命之情境順外在白雪皚皚予內在之冷靜心象

而陶養其德，內在之德涵容外在之寂寒，而醞育其條理清晰，有爲有守，轉而蘊畜其性情，以待春之生機復現。

爾後，〈大樂正〉又自造士之中簡選其秀者，告于王，升諸〈司馬〉，稱爲進士；〈司馬〉觀其材，辨其德，告于王，而定論，正式授爵，再令〈大司徒〉教之戰陣之事、車甲之儀，以備兵戎之舉也。

此外，四教之餘，春夏學干戈，秋冬學羽籥（《禮記・文王世子》），亦是順自然之節氣，以生機之時習干戈，以安靜之時學籥舞，似是詩書禮樂四教外之一生活上之活用，以強身以衛國保家。蓋舞者，武事之禮樂化也，乃肢體於日常生活之調習生發；而干戈者，則男子之責任與義務也。

〈學制〉又有幾點深寓意義，凡三點如下：

之一，凡有道有德者使教焉，死則爲先師，令學子於春執釋菜之禮禮之，舞者持芬香之菜，設薦饌酌奠而已，禮輕而義重。此重先師之用意背後實有一道統傳承意識，乃師教、師道之彰顯，深富文化擔當之使命感，後代尊師重道由此出乎？〔註6〕

之二，大夫七十而致仕，老其鄉里，大夫爲父師，士爲少師；上老平明坐於右塾，庶老坐於左塾。有虞氏養國老於上庠，養庶老於下庠；夏后氏養國老於東序，養庶老於西序；殷人養國老於右學，養庶老於左學；周人養國老於東膠，養庶老於虞庠。蓋學之養老，乃因學中本教孝悌之處，欲行孝悌則需有德者爲教師，有老者爲禮之媒介，以引導國子之學習。上庠、東序、右學、東膠，皆大學學宮名，奉養卿大夫之致仕者。下庠、西序、左學、虞庠，皆小學學宮名（按：右塾、左塾，不詳其性質，然可能『塾』字是鄉學之制，與小學有關且有等級之別。），奉養庶人曾任官致仕者，及士人退休致仕者。於此學制之背後原富有一人倫之美：通過養老之教孝悌義，以教化國子之孝德孝行；而通過教化國子之學習課程，安頓政治倫理之新陳代謝，及社會倫常之維護。另一方面，即於祭禮、射禮、飲酒禮之中，或春秋入學頒學之際，老者之善言教訓，有可采者采記之，則尊賢養老之餘且復養老乞言也。〔註7〕

〔註 6〕 《周禮・大司樂》：「凡有道者、有德者使教焉，死則以爲樂祖，祭於瞽宗。」
〈大胥〉云：「掌學士之版，以待致諸子，春入學舍采合舞，秋頒學合聲。」

〔註 7〕 《禮記・王制》：「有虞氏養國老於上庠，養庶老於下庠；夏后氏養國老於東序，養庶老於西序；殷人養國老於右學，養庶老於左學；周人養國老於東膠，養庶老於虞庠。」《尚書大傳》：「大夫七十而致仕，老其鄉里，大夫爲父師，士爲少師。耰鉏已藏，祈樂已入，歲事已畢，餘子皆入學，年十五始入小學，

之三，〈學制〉言及王親視學〔註8〕，正面意義乃勉勵學子，負面意義則考校優劣，辨識賢不肖者。〈學記〉亦言及天子諸侯於禘祭之禮後視學，此則是觀照學子之志意〔註9〕。而〈五學〉一篇則言及天子視學養老，乃為興發警動學子〔註10〕，此中養老固為教孝尊賢，亦有敬學尊師之用意，進而觀照學子之德行道藝。由興學校、尊師道、敬學尊賢、養老乞言、教孝教禮諸事，可見教學之禮法可決定政治人才之賢否，及政教上治平之道之化行，凡一切化民成俗建國定制皆由于『學』之運作，禮樂刑政四達而不悖，此之謂『王道』。

第六節　原經義而創古，自德教而德治

朱子《學禮》既以〈大學之道〉為佈局而建構其尊德性之教，自成一成聖之工夫論，然其根據背後實皆以經義為本，而創新古典學禮之義理，自德教系統進展至德治體系，完成其大學之道治平之旨也。今僅錄其說與經義對勘之：

〈大學〉者，依經義以論，乃記博學可以為政之篇，論學成之事，能治國，能章明其德於天下，而明明德於天下之本在於誠意之始。〈內則〉所云三十有室，始理男事，博學無方，四十始仕，出謀發慮，蓋即此歟？此中一言古之男子博學為政之道，一言個人脩身誠意之事，所謂『大學』，並無明言為具體學制，或確定為大學學宮，只是渾括古者從政之成材之道，其『學』字乃一抽象動詞——博學為政之義。然而朱子將之落實為：

之一，『大學之書，古之大學所以教人之法也。』（〈大學章句序〉），明言古有大學之學官、大學之學制、大學之學宮、大學之教法、大學教法之成書。大字音泰，名詞義。由此論點，故謂『及其十有五年，則自天子之元子眾子，以至公卿大夫元士之適子，與凡民之俊秀，皆入大學，而教之以窮理正心修己治人之道。』（《大學章句序》）。

之二，『大學者，大人之學也』（《大學章句・大學之道註語》），大字讀如本音，乃一成人教育，一從政之教育。學字於前乃落實為名詞學宮之義，

見小節，踐小義焉；年十八始入大學，見大節，踐大義焉。距冬至四十五日始出學，傅農事。上老平明坐於右塾，庶老坐於左塾。」（《商書・微子傳》、《尚書大傳補遺》二者通修）。

〔註8〕　〈王制〉：「王命三公、九卿、大夫、元士。皆入學，不變，王親視學。」
〔註9〕　〈學記〉：「未卜禘，不視學，游其志也。」
〔註10〕　〈文王世子〉：「天子視學，大昕鼓徵，所以警眾也。」

於此則落實爲政治教育之義，故云『教之以窮理正心修己治人之道』。由是而言，此大學乃一綜合之詞——一立大體以入仕之教育；則自經義之誠意正心意義背後，分析出窮理格物以致眞知、以至道德知，以道德知致道德心，以道德心正心治人也。乃將單純博學爲政之義推演爲大學之學制、大學之學宮、大學之教法、大學教法之書、大人之學等等涵義。

即自以上二種意義推至宋代政治，故謂『蓋天下之大本者，陛下之心也。』（《文集卷十一・戊申封事》），已由大學之道推至治平之心術與道德。然則朱子之大學者，乃兼有學官（太學）學宮（太學）及學制、教法、教法之書、大人之學（大學）、政治教育之學種種意義。〔註11〕

上古之時，百姓不親，五品不遜（父不義、母不慈、兄不友、弟不恭、子不孝），一家之內倫理無序；禮教既不振，風俗故不淳，故舜命契敬敷五教，以寬容之態度包容一切，由是得民心，成王道之治。此義至孟子，乃衍生爲五倫（君臣有義、父子有親、夫婦有別、長幼有序、朋友有信），朱子承此而云：

> 蓋五者之理（五倫之理）出於人心之本，然非有強而後能者，自其拘於氣質之偏，溺於物慾之蔽，始有昧於其理而不相親愛不相遜順者，於是因禹之讓，又申命契仍爲司徒，使之敬以敷教，而又寬裕以待之，欲其優柔浸漬以漸而入，則其天性之眞自然呈露，不能自已，而無迫切虛僞免而無恥之患矣，孟子所引堯言——勞來匡直輔翼，使自得之，又從而振德之，亦此意也。（《文集卷六十五・雜著・尚書舜典》）

自五倫不睦之背後根源尋思：人性之失眞失常，蓋因拘於氣稟、誘於物欲，天理始不得其正；若得其寬裕之教，以涵養其本眞，使其自然表露親愛之情，自能振德，而免於不道德之患。由是，朱子自氣質之性、物欲之蔽上檢討人倫，始開解人性於倫常關係中之糾結，始爲五常尋出其應有而固有之地位，人性因之而有上達之可能。此之化解，實開出德教系統——君臣有義、父子有親、夫婦有別、長幼有序、朋友有信，進而成德治體系。

上古之教，以〈大司徒〉掌萬民化成之教，令其明五倫而振綱常，故其教純爲明倫——乃一禮教性質；而〈大司樂〉則掌管樂教，令貴族子弟習樂德、樂語、樂舞，以是致鬼神、和邦國、諧萬民、安政教，由是神人以和，此則純爲養民德性——乃一樂教性質，宗廟法典之教育。然則此學職至朱子

〔註11〕參見清胡渭《大學翼眞》卷一〈大學二字音義〉（《四庫經部・四書類》）。

《學禮》一轉成為——小子之學與大人之學之學制中之學官也，基於《學禮》之〈學制〉中既明分〈大司徒〉為『教民』之學官，又指出〈大司樂〉為『教子弟』之學官，及《周禮》一書中凡言及學職者（如〈大師〉、〈大胥〉、〈師氏〉、〈保氏〉等）莫不為具體教育之事。其《大學章句序》所云：

> 蓋自天降生民，則既莫不與之以仁義禮智之性矣，然其氣質之稟或不能齊，是以不能皆有以知其性之所有而全之也，一有聰明睿智能盡其性者出於其間，則天必命之以為億兆之君師，使之治而教之，以復其性，此伏羲、神農、黃帝、堯、舜所以繼天立極，而司徒之職、典樂之官所由設也。

蓋古代教育實乃為政教而設，非純教育之事，故〈大司樂〉所云『掌成均之法，以治建國之學政，而合國之子弟焉』即指此意——乃一『學政』，而非『教育體系』。而『學政』之功用於今日言之，即『教育體系』中純為『國家政治利益』服務之一環，並不足以代表全面之教育也。

〈大司徒〉之教純為明倫之禮教，〈大司樂〉之教純為養人德性之樂教，二者同屬一宗法社會中由父子一倫擴充至君臣一倫之下所有有關係之人共同接受教育（或教化）之學政而已，其於朱子尊德性之教實無必然關連，然朱子既自古之學禮理學化其意義，又自其官職中加以道德說法，則司徒、司樂之職乃一變而為必有之德教系統中之學官。

然而〈大司徒〉之職規約人倫秩序，〈大司樂〉之職掌管宗廟祭舞頌詩；此之在上施教感化人民，以協邦國，在下聞風起義，興乎而歸來，其中不乏道德之嚮往，朱子由是結合孔子十五志於學（《論語·為政》）之求學心路〔註12〕，以創發一德教系統，實乃理之必然也。

孔子既自十五而志於學，與古之學體——十五入大學，學大道大節、君臣之禮義、先聖之經籍等等意義頗能相合，則孔子十五志學必為大學之學，十五以前亦必有小子之學；故朱子小學之思想實由大學之道所衍生，因而孔子十五志學必定有前一段時期之小子之學，以及十五以後所志之大學之道。然則孔子未言及其自身十五以前所學之事，朱子由是又結合子夏門人洒掃應對進退（《論語·子張》）之事〔註13〕，衍生小子之學之內容，且結合古之學

〔註12〕 參見徐復觀先生《中國人性論史·先秦篇》九章〈先秦儒家思想的綜合——大學之道〉。

〔註13〕 《論語·子張子夏門人》章：子游曰：「子夏之門人小子當洒掃應對進退則可

禮於小學——學小藝小道、學書計、學數日、學室家長幼弟子之職等等事項
之記載,而成一有小子之學與大人之學之一尊德性之教育結構,進可平治天
下,成其德治體系,退可獨善脩身,成其德教系統;綜合觀之,則乃一原經
義而創古,自德教而德治之新禮教也。

吾人可自朱子《學禮》醒覺,朱子以聖人人格淬漬〈大學之道〉之精神,
又以〈大學之道〉詮釋聖人志學之意義,將尊德性與教育之事結合爲一,以
教育之事引導尊德性之學;又以尊德性之理想創新古之聖王制禮作樂之意
義,復以窮理正心詮釋整個古代教育之歷史內涵,由史料生新境,自古典而
創古,創古而建設當下——朱子《學禮》之背後,其代周公制禮作樂於宋代,
又擔當孔子『文王既沒,文不在茲乎?』(《論語・子罕》)之道統慧命感,心
志巨大且復智慮深謀矣。

蓋孔子人格乃朱子一生道德追求之目標,故《學禮》之德性目標即孔子
人格之美,而以孔子之心路歷程爲其《學禮》內在之進德層次,一方面可尊
德性,亦可成教化,兩種條理一體推行,既原經義而創新(朱子於道問學之
興趣),又非經義之原貌,而又加上朱子哲學系統之探析(朱子於理學之興
趣),竟成了一以教育之事將政教與尊德性之學涵攝進來(朱子全部之理想),
成爲另一種意義之學政。於此教化之道中,風乎舞雩,所有學子皆於此偃
仰呼吸,政教倫理始眞正合爲一體。

矣,抑末也,本之則無,如之何?」子夏聞之曰:「噫!言游過矣,君子之道
孰先傳焉?孰後倦焉?譬諸草木區以別矣,君子之道焉可誣也,有始有卒者,
其惟聖人乎?」朱子《四書集注》云:「子游譏子夏弟子於威儀容節之間則可
矣,然此小學之末耳,推其本如大學正心誠意之事則無有。……但學者所至
自有淺深,如草木之有大小,其類固有別矣,若不量其淺深,不問其生孰,
而概以高且遠者強而語之,則是誣之而已!君子之道豈可如此?若夫始終本
末一以貫之,則惟聖人爲然,豈可責之門人小子乎?」此即小子之學擬議之
思想背景,可與一章言孔子人格處一併觀照。

第三章　朱子《學禮》藝教義 [註1]

第一節　《學禮》之游藝興發

　　朱子《學禮》於學政似有一美育之構想，一則表現於六藝身體力行所寓之道德意義，一則表現於禮樂射御書數之實際儀則陶冶，通過此德教實學，以美化人性，進而化民成俗，以成『美俗善風』。換言之，朱子之美育包括美育與德育之觀念：經由道德人格之淬瀝，美育更形誠中之質；經由美育之修飾陶冶，道德人格更具外彰其德之可能。今分析其美育之道德性、儀則性背後之原理，以抉發其理論基礎，明其藝教義。

　　朱子雖反對詩序，然其於〈周南〉、〈召南〉（《論語·陽貨》孔子問伯魚章），亦以爲『皆脩身齊家之事』（詩序云：『〈周南〉、〈召南〉，正始之道，王化之基。』）；甚致《詩經》一書於其思想之下，亦是『察之情性隱微之間，審之言行樞機之始，則脩身及家平均天下之道其亦不待他求而得之於此矣。』（《文集七十六·詩集傳序》）所言皆是一『詩教』治世之義理也。

　　由此詩教治世之義理進展，朱子以之言美育之功能。所謂詩可興、觀、群、怨，朱子以爲自人格之自體立志始，興發感發其志氣，觀照人我之理，以考見得失之際，而至使人心性平正，和於群體——使人群性，不流於泛濫——

[註 1]　本章寫作之動機，由於：《禮經哲學研究之發凡》，李翊灼（文哲月刊一卷 1
　　　　期）。《儒家政治思想的禮樂精義》，文文（中國儒聲 97 期）。《禮記的道德哲
　　　　學》，魏元珪（中國文化月刊 54 期），及《詩樂在儒家教化上的功用和價值》，
　　　　魏元珪（中國文化月刊 56 期）諸文皆以義理學態度重新詮釋禮樂文化，吾因
　　　　之襲其方法而處理六藝之教育原理。

一使人知性，其義誼之掌握使人得中正之品節，怨而不怒；由是至於人倫之道（事親事君）、博學爲政之際（多聞博學與使於四方之應對），皆得其所。自興──個人志氣之感發，觀──人我之理之得失，群──和群之公義與知性，怨──明察情性之幽微，怨而不怒，而不怨不怒，四者之義理純爲『明倫』而發揮，正呼應伯魚章『脩身齊家』之思想，可見其美育之功能，一言以蔽之：明倫而已。

蓋美育者，以詩教導人進入人倫之美，進而游習其中，外有美育之文，內有美育之質，其用意一本儒家義理而成，故能『事理通達而心氣和平，故能言』（《季氏·〈不學詩無以言〉章》），能『品節詳明，而德性堅定，故能立』（《季氏·〈不學禮無以立〉章》），由是始能博學爲政，應對四方，執掌得宜。

〈學義〉〈教學之序〉中將小學之事劃爲『弟子入則孝，出則弟，謹而信，汎愛眾，而親仁，行有餘力，則以學文。』（《論語·學而》），《大學》之道則以『興於詩，立於禮，成於樂。』（〈泰伯〉）爲其首要。今試敘《小學》六藝之教、《大學》六藝之道，其間之美育原理：

《小學》六藝之教：學禮樂之輪廓形狀，以栽培其雍容體度，而內以固其本質；定其性情。朱子云：

> 古人自小時習樂誦詩學舞。（《語類三十五·興於詩章·賀孫》）

> 文是詩書六藝之文，詩書是大概，詩書六藝是禮樂射御書數，古人《小學》便有此等。（《語類二十一·弟子入則孝章·明作》）

> 古人學樂，只是收斂身心，令入規矩，使心細而不麤，久久自然養得和樂出來。（《語類三十五·升卿》）

> 如十歲學幼儀，十三學樂誦詩，從小時皆學一番了，做箇骨子在這裏，到後來方得他力；禮，小時所學只是學事親事長之節，乃禮之小者，年到二十所學，乃是朝廷宗廟之禮，乃禮之大者，到立於禮始得禮之力；樂小時亦學了，到成於樂時始得樂之力。（《語類三十五·寓》）

《大學》六藝之道：《大學》學禮樂之大體，以內自振德，脫離《小學》之事、外鑠之行，而自生命內部自我明性善根源，明自我性命之理，使之自我道德意識覺醒，而自我挺立其道德心。朱子云：

> 詩本性情，有邪有正，其爲言既易知，而吟咏之間抑揚反覆，其惑人又易入，故學者之入初所以興起其好善惡惡之心而不能自已者，必於此而得之。禮以恭敬辭遜爲本，而有節文度數之詳，可以固人

　　肌膚之會、筋骸之束，故學者之中所以能卓然自立而不為事物之所
　　搖奪者，必於此而得之。樂有五聲十二律，更唱迭和以為歌舞八音
　　之節，可以養人之性情，而蕩滌其邪穢，消融其渣滓，故學者之終
　　所以至於義精仁熟而自和順於道德者，必於此而得之，是學之成也。
　　（《集注》興於詩章）

蓋詩者，原於人性之根源，故感發最快；「讀詩見其不美者，令人羞惡；見其
美者，令人興起。」（《語類四十七・小子何莫學夫詩章・節》）以詩興發人之
善志，而又以禮強固人之身心，使人強恕而行，卓然自立，不為惡之根源所
惑搖，不為欲望之遊蕩。至於樂教，則是內有善之根源為本，外有善之章節
為和順，內外一體善導，將其內在性情暢發之，上達之，達於天理之根源，
即是學之成。此既上達天理之根源，義精仁熟，合於道德，一切人格已有道
德意義，非小學階段之循禮誦詩，而是大學階段之窮理盡性。然其中聲音之
養其耳、采色之養其目、歌詠之養其性情、舞蹈之養其血脈，實自小學之基
礎上建立大學之興發立成，始得以感發淬瀝其道德人格也。

　　即因游藝興發關乎美育之根本，故〈學記〉（《禮書》卷十六）云：「不
學操縵，不能安弦；不學博依，不能安詩；不學雜服，不能安禮；不興其藝，
不能樂學。故君子之於學也，藏焉修焉，息焉遊焉。」朱子引張載之言云：

　　道本至樂，古之教人先使有以樂之者，如操縵博依雜服（雜弄歌咏
　　依聲洒掃細碎之事），如此己心樂，樂則道義生。今無此以致樂──
　　──專義理自得以為樂，然學者太苦思，不從容，第恐進銳退速，苦
　　其難而不知其益，莫能安樂也。禮樂之文如琴瑟笙磬，古人皆能之
　　以中制節，射御亦必合於禮樂之文，如不失其馳，舍矢如破，騶虞
　　和鸞動必相應也。書數其用雖小，但施於簡策，然莫不出於學，故
　　人有倦時，又用此以游其志，所以使之樂學也。

蓋六藝之教，〈大司徒〉與〈保氏〉之職皆以此為大體，以使民人由實際身體
力行感受美育背後之德育，進而道義之心生，則能樂學定志，美育乃化平凡
之生活為道德生活，化自然之現象界為道德界，此方能成就一道德團體、道
德天地。

　　再論『游於藝』（《論語・述而》）：

　　游者，玩物適情之謂，藝則禮樂之文，射御書數之法，皆至理所寓，
　　而日用之不可闕者也。朝夕游焉以博其義理之趣，則應務有餘，而

心亦無所放矣。(《集注》述而志於道章)

> 至於六藝，是其名物度數皆有至理存焉，又皆人所日用而不可無者，游心於此，則可以盡乎物理，周於世用，而其雍容涵泳之間，非僻之心亦無自而入之也。(《論語・或問卷七・述而》)

然則志於道——志於心之所之；據於德——行道有得於心；依於仁——私欲盡去而心德之全；游於藝——小物不遺而動息有養，非僻之心無自而入，竟是一路心體之規約整飭與持守游習。所謂『游於藝』者，亦心之治術、心體之涵泳也。

蓋『藝者，理之寓於事。』(《小學集注》〈大司徒〉教註語)，自《小學》至《大學》一體所重，《小學》時重其事，學其大綱；《大學》時重其理，學其精義。於《小學》之藝教，初若甚難，有勉強行禮之意；然既為日用不可闕，則服習之久而有心得，然後內有以固其肌膚之會、筋骸之束，德性之守得以堅定不移，外以行於宗廟祭典鄉黨飲酒射御之際，養其心志，和其性情，使人淪肌浹髓，而安於道義之心，樂於仁義禮智之實理，則不勉而中，乃漸得以自我興發其仁義良心，心體純正內外一致，則《大學》之藝教也。

第二節　六藝之美育

一、禮　樂

所謂禮樂之美育者，禮樂根源於人性，而人性根源於天命，天命則下貫人性，人性因之設道修教，以成禮樂之節文。禮為天地之節，樂為天地之和，由天地之秩序發展至人倫之五常、五禮六樂之設定，整個人倫世界即於一禮樂之天地中涵泳生息，豈不美哉！

> 天高地下，萬物散殊，而禮制行矣；流而不息，合同而化，而樂興焉。春作夏長，仁也；秋斂冬藏，義也。仁近於樂，義近於禮，樂者敦和率神而從天，禮者別宜居鬼而從地，故聖人作樂以應天，制禮以配地，禮樂明備，天地官矣。天尊地卑，君臣定矣；卑高已陳，貴賤位矣；動靜有常，大小殊矣；方以類聚，物以群分，則性命不同矣。在天成象，在地成形，如此則禮者天地之別也。地氣上齊，天氣下降，陰陽相摩，天地相蕩，鼓之以雷霆，奮之以風雨，動之

以四時，煖之以日月，而百化興焉，如此則樂者天地之和也。（《學
禮八・禮樂記》，取自《禮記・樂記》）

由是聖人制禮作樂以與天地合其序，與鬼神合其吉凶，與四時合其仁義禮智，
以與人倫世界共同參贊天地之造化。

　　禮：吉、凶、軍、賓、嘉。

　　樂：雲門（黃帝之樂）、大咸（堯樂）、大韶（舜樂）、大夏（禹樂）、大
　　　　濩（湯樂）、大武（武王樂）。

　　蓋以禮樂配天地之運行，將天地萬物人格化，內化爲道德天地；因有道
德天地，故人有道德人格——人之道德根源來自天地，故禮樂之根源亦來自
天地。亦因此禮樂有其道德意義，故一切天地之物皆以其性質特色而賦予德
性，乃至仁義禮智與四時之序相配，德性之理本於宇宙，道德世界竟是一眞
實如常之存在，治平之旨即是當下之道德實踐，故『禮樂不可斯須去身』，信
哉斯言！

　　關於禮之美育，形於容節之際：

吉事尚尊，喪事尚親，賓客主恭，祭祀主敬，喪事主哀，會同主詡，
軍旅思險，隱情以虞。優游喜樂者，鍾鼓之色；愀然清靜者，縗絰
之色；勃然充滿者，兵革之色。臨喪則必有哀色，介胄則有不可犯
之色，故君子戒愼不失色於人。言語之美穆穆皇皇，朝廷之美濟濟
翔翔，祭祀之美齊齊皇皇，車馬之美匪匪翼翼，鸞和之美肅肅雍雍。
（《學禮四・曲禮》，取自《荀子大略》、《禮記・少儀》、《曲禮》，另
有不詳出處者）

昏姻冠笄所以別男女也，射鄉食饗所以正交接也。（《禮樂記》，取自
《禮記・樂記》）

蓋吉禮主於宗廟大典，故以昭穆列位爲所尊卑；喪禮主於三年之喪，故自天
子以至庶人皆以之爲所最深重之禮；軍禮主於殺伐，以暴止暴，伸張正義，
故以不可犯之威嚴及勃然充滿之正色以臨陣克敵；賓禮主於和樂平等，故以
交接人情、感受交流爲所暢通；嘉禮主於世故人情之遞變轉換，故以冠、昏
之禮爲所喜悅。禮之美育即自此中涵泳人情，使之自人性之喜怒哀樂之情中
發而中節，情感暢達，故曰『君子戒愼不失色於人』。

　　關於樂之美育，見於音樂之感動人心與發志氣：

太史公曰：音樂者，所以動盪血脈，通流精神，而和正心也。（《學

禮六之下‧鐘律義》，取自《史記‧樂書》）

樂者，所以象德也……樂也者，聖人之所樂也，而可以善民心，其
感人深，其移風易俗，故先王著其教焉。(《禮樂記》，取自《樂記》)
樂教源於詩教，詩教本是樂教；蓋人之心志興發於善詩善樂，始能卓然固守
禮之美育，而克終成於一全然詩禮樂合一之大樂教，善性情始得經由樂之美
而昇華向善之心，領略樂教之德性，而潛移默化其時之風俗。朱子樂教之美
育即自德育之立場指點樂理，進而引導人性自動靜之際，揭開天理與人性之
好惡糾雜，一則言明『人生而靜』之天性，一則言明『感於物而動』之情態；
性理與情態一旦剖開，則存在之危機、存在之意義即由當下之自我獨立承擔，
使其自我興起仁義之心。至此，樂教已足以『象德』而『和正心』矣。〔註2〕

關於禮樂之美育，其理論即此。然禮通行於人生日用間，故事親事長事
君之節、吉凶軍賓嘉之禮法，皆可返諸六經，求之聖賢言語；至於樂教之為
美育甚是重要，關乎人格與情性之平衡，然《樂經》久已亡佚，《詩經》只存
辭采，其為樂教已喪失其聲音感人之特性，故朱子取《周禮‧鄭註》、《史記》、
《淮南子》、《前後漢志》、《杜佑通典》言樂律者補其闕，復以《唐開元十二
詩譜》補入〈詩樂〉一門，為《詩經》之聲樂教育，以之存古意——詩教治
世之義理，故云：「古聲既不可考，則姑存此以見聲歌之彷彿，俟知樂者考見
得失。」(《學禮七‧詩樂》)。

《十二詩譜》之理論根源於〈內則〉所言『十有三年學樂誦詩』，及〈學
記〉所言『大學始教，宵雅肄三，官其始也。』故以《小雅》之〈鹿鳴〉、〈四
牡〉、〈皇皇者華〉、〈魚麗〉、〈南有嘉魚〉、〈南山有臺〉，黃鍾清宮為樂調，以
興發學子志意，取上下相和厚、勸之以官之意。此其一。又根據《詩序》所
言『〈周南〉、〈召南〉，正始之道，王化之基，故用之鄉人焉，用之邦國焉。』
之理論，取〈關雎〉、〈葛覃〉、〈卷耳〉、〈鵲巢〉、〈采蘩〉、〈采蘋〉六詩譜，
無射清商為樂調，以明夫婦之道乃生民之本。夫婦一倫正，則身脩家齊。至
此，朱子以《十二詩譜》為詩教樂教之用心已甚明晰：自《小雅》朝廷之樂、
《大學》始教之義，進至〈國風〉之鄉樂，乃一由上往下教化之行，上美政
下美俗之用心。換言之，由風之詠歎身脩家齊之道，至雅之興發治平政美之
旨，正是一治道——〈大學之道〉之佈局也。〔註3〕

〔註2〕參見《文集》卷六十五〈樂記動靜說〉。
〔註3〕〈關雎〉者，后妃之德也。〈葛覃〉者，后妃之本也。〈卷耳〉者，后妃之志

二、射　御

所謂射御之美育：自實際之下學，求中正之道，使其心志所發無不中節，進而觀德性與肢體之一體動作時之美感，則內外一致交脩，下學即是內志之上達也。蓋射事須求體度之正己，而後發無不中；御事須求正馳之道，而後有鸞和之美，二者皆須求一正身之則，故其下學之時即是興德之際，射御之美育其意義大矣。

> 射者，仁之道也，射求正諸己，己正而後發，發而不中，則不怨勝己者，反求諸己而已矣。(《儀禮經傳通解卷八・鄉禮四之下・鄉射義》，取自《禮記・射義》)

> 射者進退周還必中禮，內志正，外體直，然後持弓矢審固；持弓矢審固，然後可以言中，此可以觀德行矣。(同上，又見於《禮書卷二十一・邦國禮二之下・大射義》)

> 升車，必正立執綏，車中不內顧、不疾言、不親指。(《學禮四・曲禮》，取自《論語・鄉黨》)

> 在衡為鸞，在軾為和，馬動而鸞鳴，鸞鳴而和應，聲曰和，和則敬，此御之節也。(《學禮十四・踐阼》，取自《大戴・保傅》)

蓋射事，古人用之戰鬥；一旦發用於禮樂之射則習禮容，觀德而已。故謂『內志正，外體直』，始可以言『中』，『中』者非必貫革，只取禮容，此即所謂『為力不同科』也。〔註4〕觀德而擇人，故凡與射者皆賢者。〔註5〕此可見古人射事非只為射中射力，更有『禮容』之德性意義。

古者男子生，桑弧蓬矢六，以射天地四方，蓋取天地四方為男子之志業所有事也。故必於志業之始——射事最基本之正身之道有所確立，然後敢食志於人，而不愧於『士』之道義。射之為事不但為觀德，且以樂為節：天子以騶虞為節，諸侯以貍首為節，卿大夫以采蘋為節，士以采蘩為節，使射事與禮樂相行，敬以直內，義以方外，久而安之，則動容周旋中節，非僻之心

也。(以上〈周南〉)〈鵲巢〉者，夫人之德也。〈采蘩〉者，夫人不失職也。〈采蘋〉者，大夫妻能循法度也。(以上〈召南〉)《詩序》云：「〈周南〉、〈召南〉，正始之道，王化之基。」參見《從詩經二南看修齊治平之道》，黃永武(孔孟月刊十六卷4期)。

〔註4〕詳見《語類》二十五、〈八佾・射不主皮章〉・南升、時舉二條。

〔註5〕詳見《語類》八十七・〈鄉射〉，揚。

無自而入矣。由是，射事循聲而發，用志專一，則『心體』之直而敬者始能中鵠，故中者必賢者，此即『觀德』之謂也。

　　至於御，朱子云：「君子登車有光一節，養出好意思來。」(《語類八十七‧玉藻‧方》) 則顯然仍自養人情性上激發其意義。蓋車馬之容匪匪翼翼，鸞和之美肅肅雍雍，鸞、和似皆繫於車身之鈴或玉，鈴玉鏗鏘本身即一樂章之小節，馬動而鳴和，相應以節奏，人之行節配合其章節，升車而正立執綏，視瞻必敬，舉止必安詳，久而習其禮容，則人之登車始節必有善良之性情，此即御之德性意義。

> 射謂五射，一曰白矢，謂矢貫侯過，見其鏃白也。二曰參連，謂前放一矢，後三矢連續而去也。三曰剡注，謂羽頭高、鏃低而去剡剡然也。四曰襄尺，謂臣與君射，不與君並立，襄君一尺而退也。五曰井儀，謂四矢貫侯，如井之容儀也。(《學制‧大司徒之教》下註文，取自《周禮‧保氏賈疏》)

> 御謂五御，一曰鳴和鸞，謂和在式，鸞在衡，升車則馬動，馬動則鸞鳴，鸞鳴則和應也。二曰逐水曲，謂隨逐水勢之屈曲而不墜水也。三曰過君表，謂若毛詩傳云：「褐纏旃以為門，裘纏質以為樹，間容握，驅而入，擊則不得入，君表則褐纏旃也。」四曰舞交衢，衢，道也，謂在交道而車旋應於舞節。五曰逐禽左，謂御驅逆之車，逆驅禽獸，使左當人君以射之也。(《學制‧大司徒之教》下註文，取自《周禮‧保氏疏》)

然而，朱子云：「射，如今秀才自是不曉；御是而今無車；書，古人皆理會得，如偏旁義理皆曉，這也是一事；數是籌數，而今人皆不理會，六者皆實用，無一可缺，而今人是從頭到尾皆無用。」(《語類三十四‧志於道章‧義剛》) 蓋六藝自秦、漢後即廢，禮樂尚有經義可尋，其他則：射歸於專門軍事，文人不習。御則因宋人乘轎廢車，形同無用之術。書、數則與科舉作對不相呼應，常人不習，久亦失真。於藝教之感慨下，句句是歷史文化之憂患意識，然則六藝之美育非只為個人脩身而已，實是文武兼脩始得謂之『大人』，始得立其『大體』；否則，僅自藝教之義理上鑽研，不自事上磨練，終非朱子立意所在。

三、書　數

　　所謂書數之美育，蓋自日用間下學之事磨練其於教育標準下之純熟程

度，以自純熟之演練過程領略核心之精神，由之掌握其理，使心體之知無所不盡，此即最平凡事物之最莊嚴性情，故朱子云：「道理都在我時，是上達；譬如寫字，初習時是下學，及寫得熟，一點一畫都合法度，是上達。」（《語類四十四·莫我知也夫章》，明作）可見日用之事即可下學而上達，理只在事中，上達之理便是下學之事所積靡貫通。

關於〈書數〉篇，禮書原闕，自其《學制·大司徒之教》下註文尚存梗概，然就其〈書數〉之序題所云，則原取諸許慎《說文解字序》、及《九章算術》以成此篇，故清朝江永《禮書綱目·書數》一篇乃取其立意而補作，今取江氏一文補入朱子《學禮》『書數』一門，以全其整體。

江氏原文頗冗長，今取其要者論之：

〈大司徒〉以鄉三物教萬民，而賓興之，三曰六藝：禮、樂、射、御、書、數。〈保氏〉養國子以道，乃教之六藝，五曰六書，六曰九數。（以上見《周禮·地官》）十年，出就外傅，居宿於外，學書計。（取自《禮記·內則》）……《周禮》，八歲入《小學》，〈保氏〉教國子先以六書，一曰指事；指事者，視而可識，察而可見，上下是也。二曰象形；象形者，書成其物，隨體詰詘，日月是也。三曰諧聲；諧聲者，以事爲名，取譬相成，江河是也。四曰會意；會意者，比類合誼，以見指撝，武信是也。五曰轉注；轉注者，建類一首，同意相受，考老是也。六曰假借；假借者，本無其字，依聲託事，令長是也……（取自許慎《說文解字》）……

九數：一方田，以御田疇界域；二粟布，以御交質變易；三衰分，以御貴賤稟稅；四少廣，以御積羃方圓；五商功，以御功程積實；六均輸，以御遠近勞費；七盈朒，以御隱雜互見；八方程，以御雜糅正負；九勾股，以御高深廣遠。（取自三國魏·劉徽·《九章算術》）

六書者，文字之綱領、造字之原則、用字之方法，乃聲音訓詁之本，名物度數之原。象形，乃實物具象。指事，乃化實象爲抽象、虛象。諧聲，則亦形亦聲亦義，聲義同源。會意，則聲、義重新組合，以創造另一新字義。轉注，則同意異形之字互相會通，以趨文字統一。假借，則同音之字相互借代，久之義亦相通，甚或久借不歸，遂致本字與借字互有混淆，則以音訓尋其本原，解其糾紛。九數者，建國制地，必需用數，《周禮》一書多有其法（遂人），而賦稅井田亦需用數以計其多寡，故孔子曰：『推十合一爲士』（《說文解字》

士字），此即古人重算數之徵，故自幼時即須教以算學，使知實用之具。方田者，求田畝面積之法。粟米者，求百分、比例之法。衰分者，詳配分比例之義。少廣者，求開方、立方、球積之法。商功者，求城、垣、堤、溝塹渠等之體積之法。均輸者，決定賦課多寡之算法。盈朒者（亦稱盈不足），求真價之算法。方程者，似是一次聯立方程式之算法。勾股者（亦稱旁要），即求三角之法。〔註6〕

　　蓋六藝者，禮、樂尚文，射、御尚武，書、數尚實，學子由是成一內外兼脩、文武兼備之『士』，既有禮、樂文化之氣質，亦有勇武之精神，更有生活實用之技，古人之設教原以此而使學子之人格於道德、政治、經濟為一體；當時政教不分，故『士』者終身守之行之。及至後世，教育趨於尚文一途，宋代時六藝形同廢止，儒者於禮、樂僅推求其義理，射御不行，而書、數僅為《小學》工夫，所謂文武之教育已喪失其下學之基礎，則『大人之學』亦難有全備之功，故朱子之藝教義雖主復古存古之用心，實亦欲興起『修己治人』之教，使六藝為《小學》之工夫，以開《大學》格物窮理之架局，則窮理方能切於實用切於己身而立本體，由是『使之即夫一事一物之間，各有以知其義理之所在，而致涵養踐履之功也……是必至舉天地萬物之理而一以貫之，然後為知之至，而所謂誠意正心修身齊家治國平天下者，至是而無不盡其道焉。』（《文集四十二・答吳晦叔》）

第三節　六藝之道德意義

　　所謂美育——六藝教育，只有將簡易之人性善根之抽象原理化為具體之行為，賴人性善端之行為化，人性始能自教育之中普遍改造。朱子由天理與人欲之關係上考慮人性，以為人性須經中和性情之教始克下學上達。然而所謂性情中和之教實際上不易具體，唯有自具象之六藝生活中培育其內外之美質，令人性之道德心漸次自我萌發——一不自覺之自然生長，由誠中而形外；即因此故，美育之根源來自道德仁義——由不自覺至自然知覺，故六藝始有其道德意義。朱子云：

　　　古人於禮、樂、射、御、書、數等事，皆至理之所寓，游乎此，則

〔註6〕九數之解釋，詳見《六藝通論》，劉伯驥，其第九章第六節。而六書之解釋，則採用謝師一民的《文字學講義》（1997年文學課程）之說法。

心無所放，而日用之間本末具舉，而內外交相養。(《語類三十四·
志於道學·謨》)

藝是《小學》工夫，若說先後，則藝爲先。此雖小學，至依於仁既
熟後，所謂小學者至此方得他用。(《語類三十四·木之與夔孫二條》)
道德仁藝，人心所當志據依游之地，而不可易者也，以先後之次言
之，則志道而後德可據，據德而後仁可依，依仁而後藝可游；以疏
密之等言之，則志道者未如德之可據，據德者未若仁之可依，依仁
之密乎內又未盡乎游藝之周於外也。(《論語·或問卷七·述而》)

蓋六藝由日用之事而據德依仁志道，本是一從動作肢體之美感至內在心性之
陶冶，從而引發內在性情穩定祥和，以篤定《小學》階段之性習，以爲《大
學》階段之基石，《大學》之教即由之以開發聰明智識。總括而言，整個六藝
教育即一動態之人性美學、人性之美育，自舉手投足間建立一椿外鑠而內在
之人格基型，以便他日自我內在振德，將外鑠之型內化爲內在之根源；然其
外鑠之事卻又一本內在之性理，此是其內外交相養之手法也。

由六藝之內外交養，美育之藝教義必植於法度合於道理，故朱子云：「射
者御者，都合法度方中，變奕不能正射，王良以詭御就之，故良不貴之。御
法而今尚可尋，但是今人尋得亦無用處，故不肯……今射亦有法，一學時便
要合其法度，若只是胡亂射，將來又學其法不得。某舊學琴，且亂彈，謂待
會了卻依法，元來不然，其後遂學不得，知學問安可不謹厥始。」(《語類五
十五·〈滕文公下〉·陳代曰不見諸侯章·揚》)總上而知，禮樂之道德意義：
禮節民性，樂導人心。射御之道德意義：射御儀容有內在正心根源，故能射
以觀德，升車則有光。書數之道德意義：格物窮理以切己，適於日用，下學
而上達。

第四章　由敬字看朱子《小學》始教義

第一節　敬字爲《小學》綱領

朱子於《小學》，主於『敬』字之工夫。

蓋朱子以爲古人自生下幼兒始，便有存養童蒙底道理，從小以敬涵養，父兄教之讀書，漸識義理。〔註1〕故既於《小學》養得一副好性情，長大自有聖賢坯模，便可就其中點化精采，加以光飾，使之成材。〔註2〕可知敬乃徹頭徹尾之工夫，自《小學》至《大學》，由個體脩身至格物致知、治國平天下〔註3〕，皆須以敬涵養其心性，從而發揚其性理；換言之，敬之工夫於《小學》——涵養心性，於《大學》——發揚性理。

然敬之工夫既爲成始成終之教，《大學》以《小學》爲基礎，《小學》以敬爲綱領，則『敬』字之義大矣。今試自『敬』字探究朱子《小學》始教之內涵，以循序進入《大學》成教之義蘊。

《小學書》卷三〈敬身篇〉，自心術、威儀、衣服、飲食之間加以養身治性；蓋衣服飲食威儀自外而內涵養身心，心術則自內而外自我誠正，外所以奉身養身，內所以治心治性，內外交修，克己復禮，故能於父子、君臣、夫婦、長幼、朋友之倫際間無施不可也。朱子云：

> 蓋吾聞之，敬之一字，聖學所以成始而成終者也；爲小學者不由乎

〔註1〕見《語類十八・大學五》，賀孫、廣二條。
〔註2〕見《語類七・小學》，賀孫條。
〔註3〕見《語類十七・大學四》，人傑條。

此，固無以涵養本源而謹夫洒掃應對進退之節，與夫六藝之教。爲大學者，不由乎此，亦無以開發聰明，進德脩業，而致夫明德新民之功也，……敬者一心之主宰，而萬事之本根也，知其所以用力之方，則知《小學》之不能無賴於此，以爲始；知《小學》之賴此以始，則夫《大學》之不能無賴乎此以爲終者，可以一以貫之而無疑矣。蓋此心既立，由是格物致知以盡事物之理，則所謂尊德性而道問學，由是誠意正心，以脩其身，則所謂先立其大者，而小者不能奪，由是齊家治國以及平天下，則所謂脩己以安百姓，篤恭而天下平，是皆未始一日而離乎敬也，然則敬之一字，豈非聖學始終之要也哉？（《大學·或問》）

蓋朱子以爲人之心常有一正念，又有旁生之雜念，兩相激擾，心自走作〔註4〕；故於心氣上注意後天經驗心之動向，而掌握心之清明靈明，向上提昇，以義理心常自持守，則心體自能端正。然心體既有經驗心、義理心，亦有已發、未發，已發之際可涵養，未發之前卻不容安排，故以爲只能於已發時存養未發氣象，而其工夫即以敬爲主〔註5〕。敬貫動靜，工夫亦通貫動靜〔註6〕，即是於已發時涵養本原，主一無適，收歛其心，常自惺惺，乃『敬』字用力之法也。總之，朱子承伊川『涵養須用敬』、『未有致知而不在敬』之觀念，而以敬爲一心之主宰，爲萬事動靜之本根。其言云：

程子曰：『敬而無失乃所以中』，此語至約，是真實下功夫處，願於日用語默動靜之間試加意焉。（《文集》四十二，〈答胡廣仲之一〉）

蓋古人之教，自其孩幼而教之以孝悌誠敬之實，及其少長，而博之以詩書禮樂之文，皆所以使之即夫一事一物之間，各有以知其義理之所在，而致涵養踐履之功也；及其十五成童，學於大學，則其灑掃應對之間，禮樂射御之際，所以涵養踐履之者，略已小成矣，於是不離乎此而教之以格物，以致其知焉……則非涵養履踐之有素，亦豈能居然以夫雜亂紛糾之心而格物以致其知哉？（《文集》四十二，〈答吳晦叔〉之九）

總之，『敬』字乃心體之自我克己復禮，《小學》之事賴敬以立虔敬恭莊之文

〔註4〕 見《語類一百四·自論爲學工夫》，德明條（記同安夜所聞鍾聲）。
〔註5〕 見〈導論·朱子學禮思想之演進〉第二目（一段艱難之摸索歷程）。
〔註6〕 見《文集四十三·答林擇之書》之二十一、二十二。

質；既文質彬彬，然後《大學》窮理始得剝開其內涵，揭明內在之天理與人欲、道心與人心之動向，掌執其道心，而誠意正心，而脩齊治平也。故《大學》既需《小學》之敬爲本，《小學》之事自當以敬爲涵養本原之綱領。

試明『敬身之事』：

> 君子之居恒當戶，寢恒東首，若有疾風迅雷甚雨，則必變，雖夜必興，衣服冠而坐。（《學禮四‧曲禮‧居處齊潔之事》，取自《玉藻》）
> 齊必有明衣布，必有寢衣，長一身有半；齋必變食，居必遷坐。（同上，取自《鄉黨》）

敬天之怒——疾風迅雷甚雨，必變必興必冠而坐；齋必致敬——齊必有明衣布必變食必遷坐以敬神之交，蓋即古人信仰之根源，有此根本信仰而後始能敬身，能敬身始能創生一切生命之學問，故《曲禮》云：「毋不敬，儼若思，安定辭，安民哉。」鄭注云：「禮主於敬」，朱注云：

> 或問敬。程子曰：「主一之謂敬」，問一，曰：「無適之謂一」，又曰：「但整齊嚴肅則心自一，一則自無非僻之干矣。」呂大臨曰：「毋不敬者，正其心也；儼若思者，正其貌也；安定辭者，正其言也。三者正矣，則無所往而非正，所謂大人正己而物正者也，以我對彼，我安則彼安，此修己以安人也。推我之所安而天下平，此修己以安百姓也。天下至大，取諸修身而無不足，故曰安民哉。」

由於中心有敬意，故誠於中形於外，而見諸容節：

> 君子之容舒遲，見所尊者齊遬，足容重，手容恭，目容端，口容止，聲容靜，頭容直，氣容肅，立容德，色容莊，坐如尸，立如齋。燕居告溫溫，凡祭，容貌顏色如見所祭者，喪容纍纍，色容顛顛，視容瞿瞿梅梅，言容繭繭，戎容暨暨，言容詻詻，色容厲肅，視容清明，立容辨卑毋諂，頭頸必中，山立，時行，盛氣顛實揚休，玉色。
>
> （《學禮四‧曲禮》，取自《玉藻》）

以上由其內在信仰——敬天之怒、齋必致敬；外在禮儀——君子之居恒當戶，寢恒東首，必有寢衣，齋必變食；至言行表露——目容端，口容止，聲容靜，色容莊，坐如尸，立如齋，種種敬之大體皆正己而物正、我安則彼安，推我之所安而天下平，修己則能安百姓也。若再深入之，則自心術、威儀、衣服、飲食皆以敬奉身。

蓋敬只是提撕此心——即此心自做主宰處，敬則光明，敬則萬理俱在，

敬則常存心性之大體，則於事之實踐上自然剛健有力。換言之，敬只是一箇
畏字，有所畏謹，不敢放縱，身心收斂，內無妄思，外無妄動，以之學藝必
專，故灑掃時加帚之禮出於敬，學詩、學樂、學舞、弦誦、射御、書數皆然。
由是，只敬則心便一，只敬便天理常明，自然人欲懲窒，遷善改過矣。〔註7〕

　　以下試自《小學書》卷三〈敬身〉析出『敬身之道德生活原則』：

心術之要：

> 君子姦聲亂色不留聰明，淫樂慝禮不接心術，惰慢邪辟之氣不設於
> 身體，使耳目鼻口，心知百體，皆由順正以行其義。（取自《樂記》）

> 孔子曰：「非禮勿視，非禮勿聽，非禮勿言，非禮勿動。」「出門如
> 見大賓，使民如承大祭，己所不欲，勿施於人。」（取自《論語・顏
> 淵》）「居處恭，執事敬，與人忠，雖之夷狄，不可棄也。」（取自《子
> 路》）「言忠信，行篤敬，雖蠻貊之邦行矣。言不忠信，行不篤敬，
> 雖州里行乎哉？」（取自《衛靈公》）「君子有九思：視思明，聽思聰，
> 色思溫，貌思恭，言思忠，事思敬，疑思問，忿思難，見得思義。」
> （取自《季氏》）

> 曾子曰：「君子所貴乎道者三：動容貌，斯遠暴慢矣。正顏色，斯近
> 信矣。出辭氣，斯遠鄙倍矣。」（取自《泰伯》）

蓋心術自動容貌、正顏色、出辭氣至視聽行事之間，皆所當慮，甚致『疑思
問，忿思難』，無時而不省察，以存心養性，此之謂『涵養操持不走作』（《語
類》卷十二，持守，僩），而其操持之道只在一禮或非禮之辨識上，能『心得
其正，方能知性之善。』（同上，祖道）

威儀之則：

> 凡人之所以為人者，禮義也，禮義之始在於正容體、齊顏色、順辭
> 令，容體正、顏色齊、辭令順而後禮義備，以正君臣、親父子、和
> 長幼，君臣正、父子親、長幼和而後禮義立。（取自《冠義》）

> 毋側聽，毋噭應，毋淫視，毋怠荒遊，毋倨立，毋跛坐，毋箕寢，
> 毋伏歛髮，毋髢冠，毋免勞，毋袒暑，毋褰裳。登城不指，城上不
> 呼，將適舍求毋固，將上堂聲必揚；戶外有二屨，言聞則入，言不

聞則不入。將入戶，視必下，入戶奉扃，視瞻毋回，戶開亦開，戶
闔亦闔，有後入者闔而勿遂。毋踐屨，毋踏席，摳衣趨隅必慎唯諾。
（取自《曲禮》）

古之君子必佩玉，右徵角、左宮羽，趨以采薺，行以肆夏，周還中
規，折還中矩，進則揖之，退則揚之，然後玉鏘鳴也。故君子在車，
則聞鸞和之聲，行則鳴佩玉，是以非僻之心無自入也。（取自《玉藻》）

蓋威儀者，內有心術之持正，外有禮義之養身也。能以心術之正為本體，則
所發之行合乎中節，自能趨以合樂，行以合節，非僻之心自然無自而入。是
故，為求威儀之合節，古人設佩玉之教——周還必中規，折還必中矩，以外
鑠之行引發暗示內在之善端，使之生發仁義之心，內外一致交脩，則心術威
儀始得其義蘊也。

衣服之制：

童子不裘不帛，不屨絢。（取自《玉藻》）

為人子者，父母存，冠衣不純素。孤子當室，冠衣不純采。（取自《曲
禮》）

士冠禮始加祝曰：「令月吉日，始加元服，棄爾幼志，順爾成德，壽
考惟祺，介爾景福。」再加曰：「吉月令辰，乃申爾服，敬爾威儀，
淑慎爾德，眉壽萬年，永受胡福。」三加曰：「以歲之正，以月之令，
咸加爾服，兄弟具在，以成厥德，黃耇無疆，受天之慶。」（取自《士
冠禮》）

孔子曰：「士志於道，而恥惡衣惡食者未足與議也。」（取自《里仁》）

蓋衣服之制乃繼威儀之則而有，威儀既求之於外，則自應尊重禮教之制——凡
童子不裘帛，父母存則不純素，父母歿則不純采，此皆合於人情以制者也。
至於長則志於道，於衣食之節惟求行乎禮，而不浮濫於虛禮美文。吾人由其
〈士冠禮〉中可察覺：『棄爾幼志，順爾成德。』乃即男子於衣服之制中成長
而成熟之痕迹，此番禮訓彌足珍貴。

飲食之節：

君無故不殺牛，大夫無故不殺羊，士無故不殺犬豕；君子遠庖廚，
凡有血氣之類弗身踐也。（取自《玉藻》，又《學禮四·曲禮·飲食
之禮·取自王制》，更言：「庶人無故不食珍。」）

《孟子》曰：「飲食之人，則人賤之矣，爲其養小以失大也。」（取自《告子》上）

共食不飽，共飯不澤手，毋摶飯，毋放飯，毋流歠，毋咤食，毋齧骨，毋反魚肉，毋投與狗骨，毋固獲，毋揚飯，飯黍毋以箸，毋嚃羹，毋絮羹，毋刺齒，毋歠醢。客絮羹，主人辭不能亨；客歠醢，主人辭以窶。濡肉齒決，乾肉不齒決，毋嘬炙。（取自《曲禮》）夫豢豕爲酒，非以爲禍也，而獄訟益繁，則酒之流生禍也。是故先王因爲酒禮，壹獻之禮，賓主百拜，終日飲酒而不得醉焉，此先王之所以備酒禍也。（取自《樂記》）

蓋酒禮之教，意在於敬，而不在酒；飲食之節，意在於養身以食志，非欲養口腹之小欲而忽略心體之大道。飲食者，人人所好，聖人與我所同，然所好有甚於口腹之欲者，則堯舜所以爲聖之理，人人本固有之而不察焉，遂誤將後天所好——飲食之欲，淹滅先天所樂——人人皆可爲堯舜，人皆有性善之理。明乎此，則自心術、威儀、衣服至飲食之際，能不敬乎？孔子云：「君子無不敬也，敬身爲大。身也者，親之枝也，敢不敬與？」（取自《哀公問》）又云：「賢哉回也，一簞食，一瓢飲，在陋巷，人不堪其憂，回也不改其樂，賢哉回也！」（卷四〈稽古〉，敬身一目，取自〈雍也〉），朱註云：

程子曰：「顏子之樂，非樂簞瓢陋巷也，不以貧窶累其心，而改其所樂也，故夫子稱其賢。」又曰：「昔受學於周茂叔，每令尋仲尼、顏子樂處，所樂何事？」愚按程子之言引而不發，蓋欲學者深思而自得之。（《集注・雍也》）

蓋顏子由敬而專一無適，中心有主，天理常明，人欲日消，則能仰見夫子之道體無窮，而鑽研彌深，其所樂者即敬體之通貫動靜，自已發涵養得本原未發氣象，此已自《小學》涵養操持工夫跳躍爲《大學》誠意正心之境地，故能克己復禮也。

第二節　幼教人格之敬身

《小學》之理論根源有三：

之一，《小學》之人格根源：朱子《小學題辭》云：「元亨利貞，天道之常，仁義禮智，人性之綱；凡此厥初，無有不善，藹然四端，隨感而見。愛

親敬兄，忠君弟長，是曰秉彝，有順無彊。」可見愛親敬兄、忠君弟長根源於人性之秉賦，人性之秉賦根源於天道之常，無有不善；換言之，人性之道德根源來自超越而內在之天道，非自外入。

之二，《小學》之工夫始教：《小學》工夫主於事，主於實踐其本然，主於涵養固有之性善，而不問其所以然。故《小學題辭》云：「《小學》之方，灑掃應對，入孝出恭，動罔或悖；行有餘力，誦詩讀書，詠歌舞蹈，思罔或逾。」由灑掃弟子職之事、應對少儀之教，益以學文，加以樂舞，循禮而動而思，以培其根，以達其支。

之三，《小學》之道德意義：《小學》原主於涵養性、實踐性，一言以蔽之：主於事上之磨練，而不主於識仁，不主於立仁體。仁體之立於朱子觀點，原是《大學》格物窮理後所致者，故《小學》之道德意義原在為《大學》立一準備工夫，立一性善之根源，《小學題辭》云：「窮理修身，斯學之大，明命赫然，罔有內外，德崇業廣，乃復其初。」由最小敬身之道（如飲食、衣服、威儀、心術等）為基礎，以為《大學》誠意正心之本——即於復初之當下，有無限『作聖之功』（《語類》七十，《易》六，蒙，淵）、無限德崇業廣之可能。

以下以《小學書》卷一〈立教〉、〈學禮〉之〈弟子職〉與〈少儀〉通修，以明朱子學禮系統中之幼教人格，而以事師事長為主幹。朱子於古籍頗有釐析改併，讀者綜合觀照，取其立意即可。

《列女傳》曰：「古者婦人妊子，寢不側，坐不邊，立不蹕，不食邪味，割不正不食，席不正不坐，目不視邪色，耳不聽淫聲，夜則令瞽誦詩道正事，如此則生子形容端正，才過人矣。」

內則曰：「凡生子，擇於諸母與可者，必求其寬裕慈惠，溫良恭敬，慎而寡言者，使為子師。子能食，食教以右手，能言，男唯女俞，男鞶革，女鞶絲。六年教之數與方名，七年男女不同席不共食，八年出入門戶及即席飲食，必後長者，始教之讓。九年，教之數日。十年，出就外傅，居宿於外，學書計，衣不帛襦袴，禮帥初，朝夕學幼儀，請肄簡諒。十有三年，學樂誦詩，舞勺；成童，舞象，學射御。（二十而冠，始學禮，可以衣裘帛，舞大夏，惇行孝弟，博學不教，內而不出。）」又曰：「女子十年不出，姆教婉娩聽從，執麻枲，治絲繭，織紝組紃，學女事，以共衣服。觀於祭祀，納酒漿籩豆菹醢，禮相助奠。十有五年而笄，二十而嫁。」（以上《小學書》

〈立教篇〉〉

人生十歲曰幼學。（二十曰弱冠）（《學禮三・少儀》，取自〈曲禮〉）

孔子曰：「弟子入則孝，出則弟，謹而信，汎愛眾，而親仁，行有餘
力，則以學文。」（《學禮》一之下，〈學義〉、〈教學之序〉，取自〈學
而〉）

以上為其幼教之大體，以下即錄其教戒之義訓，以見其敬身而涵養本原之事。
蓋人類之教訓原為初民錯誤生活之紀錄與反省，愈是錯得愈多、愈容易冒犯
者，常即是人類秉性心靈最脆弱處，聖賢訂戒條，看似是無理，實乃自果而
推求本原之舉，故其中儘有許多實踐之疑惑，卻亦是人性求善之安排。今所
錄者取其敬身之普遍意義、可永恆涵養持守者，至於戒之太過則不取。

少者之事，夜寐蚤作，既拚盥漱，執事有恪，攝衣共盥，先生乃作，
沃盥徹盥，汎拚正席，先生乃坐，出入恭敬，如見賓客，危坐鄉師，
顏色毋怍。（《學禮二・弟子職》蚤作，取自《管子・弟子職》）

氾埽曰埽，埽席前曰拚。（《學禮三・少儀・洒埽應對進退》，取自《禮
記・少儀》）

凡為長者糞之，禮必加帚於箕上，以袂拘而退，其塵不及長者，以
箕自鄉而扱之。（同上。取自《禮記・曲禮》）

先生施教，弟子是則，溫恭自虛，所受是極，見善從之，聞義則服，
溫柔孝弟，毋驕恃力。志毋虛邪，行必正直，游居有常，必就有德，
顏色整齊，中心必式，夙興夜寐，衣帶必飭，朝益暮習，小心翼翼，
一此不懈，是謂學則。（《弟子職・學則》，取自〈弟子職〉）

受業之紀，必由長始，一周則然，其餘則否。始誦必作，其次則已，
凡言與行，思中以為紀，古之將興者必由此始。

若有所疑，捧手問之，師出皆起，至於食時。（〈弟子職・受業〉）

先生將息，弟子皆起，敬奉枕席，問所何趾，俶衽則請，有常則否。
先生既息，各就其友，相切相磋，各長其儀，周則復始，是謂弟子
之紀。（〈弟子職・請衽及退息〉）

將即席，容毋怍，兩手摳衣去齊尺，衣毋撥，足毋蹶，先生書策琴
瑟在前，坐而遷之，戒勿越。虛坐盡後，食坐盡前，坐必安執爾顏，
長者不及毋儳言，正爾容，聽必恭，毋勦說，毋雷同，必則古昔稱

先王。

侍坐於先生，先生問焉，終則對，請業則起，請益則起。父召無諾，
先生召，無諾，唯而起。侍坐於所尊敬，毋餘席。（〈少儀・灑掃應
對進退〉，取自〈曲禮〉）

見父之執不謂之進，不敢進；不謂之退，不敢退。不問，不敢對，
此孝子之行也。

謀於長者，必操几杖以從之，長者問，不辭讓而對，非禮也。從於
先生，不越路而與人言，遭先生於道，趨而進，正立拱手。先生與
之言，則對，不與之言，則趨而退。從長者而上丘陵，則必鄉長者
所視。（〈少儀・灑掃應對進退〉，取自〈曲禮〉）

侍食於長者，主人親饋，則拜而食；主人不親饋，則不拜而食。（〈少
儀・侍食〉，取自〈曲禮〉）

侍飲於長者，酒進則起，拜受於尊所，長者辭，少者反席而飲，長
者舉未釂，少者不敢飲。（同上）

以上是幼教敬身之戒教，然而於幼教人格之背後，實存一隱憂，即所有戒訓
皆針對童蒙而發，童蒙爲一聖賢坯模之雛型，有無限道德責任，然則師道之
內容亦應有其遵循之理，故《學禮・少儀》又云：

幼子常視毋誑，童子不衣裘裳。立必正方，不傾聽。長者與之提攜，
則兩手奉長者之手，負劍辟咡，詔之，則掩口而對。（〈少儀・品節〉，
取自〈曲禮〉）。

張子曰：「古之小兒便能敬事長者，與之提攜，則兩手奉長者之手，
問之，掩口而對。蓋稍不敬事，便不忠信，故教小兒且先安詳恭敬。」

蓋童蒙之心性未定，知思未有所主，便當以格言至論日陳其前，使之盈耳養
心，久自安習，若固有之。又當教以正事正行，使之潛移默化，以端正之心
術威儀內外交脩。故童蒙之習性既未定，最易效法長者所言所行，長者亦應
示以端正之言行，不宜示以欺誑，否則學子人格教養上恐即有偏失也。而即
自長者示以格言至論正事正行中，童蒙習得端正之心術威儀，故能敬事長者，
回饋長者，則人倫不日而美，習俗不日而化。

幼教者，一言以蔽之：以長者身教爲誘導，導使其童蒙心知有所端正糾正
者；且又以事師事長之儀節強令其威儀之間敬遜謙恭，使知尊師長重禮教也。

第三節　倫理人格之敬身

倫理人格原應包括五倫：君臣有義、父子有親、夫婦有別、長幼有序、朋友有信，然《學禮》、《小學書》之義理建構重於事師長、事親人、事君上三環，夫婦一倫可參見《家禮》之〈內則〉、〈內治〉、〈士昏禮〉等，朋友一倫則可參見《鄉禮》之〈投壺〉、〈士相見禮〉。今以最重大人倫關係——父子有親次於幼教人格後而敘之。蓋人之有道，因其皆有秉彝之性，然無教則放逸怠惰，失之無倫，故聖人設教以導之，因其固有者——父子應有天性自然相親之理而導之，以其人性本然親愛之根源為主，而引發其天然之親情，是以有倫理一環。然倫理一環環繞父子兄弟夫婦婆媳等關係，乃人性中最相近而最易碰撞受傷之處，古人於此諸關係，一以父子之親——孝字上總攝群情，一概以孝親敬親為信仰，省略其他親情中可能相激互擾之可能〔註8〕，此於今日時風思潮或不盡然，然存古並非為復古，實為創古而開今，朱子喜言『禮，時為大。』其用心亦主於時代意義而已。《小學書·明倫》云：

> 凡為人子之禮，冬溫而夏凊，昏定而晨省；出必告，反必面，所遊必有常，所習必有業，恒言不稱老。（取自〈曲禮〉）

> 男女未冠笄者，雞初鳴，咸盥漱，櫛縰，拂髦，總角，衿纓，皆佩容臭，昧爽而朝，問何食飲矣，若已食，則退，若未食，則佐長者視具。

> 子事父母，雞初鳴，咸盥漱，櫛縰，笄總，拂髦，冠緌纓，端韠紳，搢笏，左右佩用，偪屨著綦。婦事舅姑如事父母，雞初鳴，咸盥漱，櫛縰，笄總。衣紳，左右佩用衿纓綦屨，以適父母舅姑之所；及所，下氣怡聲，問衣燠寒，疾痛苛癢，而敬抑搔之，出入，則或先或後，而敬扶持之。進盥，少者奉槃，長者奉水，請沃盥，盥卒授巾。問所欲而敬進之，柔色以溫之，父母舅姑必嘗之，而後退。

> 父母舅姑將坐，奉席，請何鄉；將衽，長者奉席，請何趾，少者執牀與坐。御者舉几，斂席與簟，縣衾篋枕，斂簟而襡之。

> 曾子曰：「孝子之養老也，樂其心不違其志，樂其耳目，安其寢處，以其飲食忠養之。」（以上皆取自〈內則〉）

> 父命呼，唯而不諾，手執業則投之，食在口則吐之，走而不趨。親

老，出不易方，復不過時。親癠，色容不盛，此孝子之疏節也。父沒而不能讀父之書，手澤存焉爾，母沒而杯圈不能飲焉，口澤之氣存焉爾。（取自〈玉藻〉）

父母有疾，冠者不櫛，行不翔，言不惰，琴瑟不御，食肉不至變味，飲酒不至變貌，笑不至矧，怒不至詈，疾止復故。（取自〈曲禮〉）

父母雖沒，將爲善，思貽父母令名，必果。將爲不善，思貽父母羞辱，必不果。（取自〈內則〉）

夫祭也者，必夫婦親之，所以備外內之官也，官備則具備。（取自〈祭統〉）

霜露既降，君子履之，必有悽愴之心，非其寒之謂也；春雨露既濡，君子履之，必有怵惕之心，如將見之。

齋之日，思其居處，思其笑語，思其志意，思其所樂，思其所耆；齋三日，乃見其所爲齋者。祭之日，入室，優然必有見乎其位，周還出戶，肅然必有聞乎其容聲，出戶而聽，愾然必有聞乎其歎息之聲。是故先王之孝也，色不忘乎目，聲不絕乎耳，心志嗜欲不忘乎心，致愛則存，致慤則著，著存不忘乎心，夫安得不敬乎？（取自〈祭義〉）

蓋倫理人格由生到病至歿，至祭；生，事之以禮，死，祭之以禮，無一不敬。雞初鳴，問父母舅姑寒煖安適，敬事敬退，敬坐敬臥，敬袵敬趾。父母飲食之器、杖履之物，敬之勿近；父之書母之杯圈，存其手澤口澤；有疾不敢怠色，憂懼而不忍食不忍樂不忍酒，不忍縱情。父母之歿，則思貽父母令名。祭之前致齋於內心，不苟慮；散齋於外，不酒不葷；齋三日，彷彿見親人。祭之日，思之如同見之，處處敬聞其來其往，其彷彿有聲息有交感，有精魂之感格。至於平素之時，霜露春雨之感切人心，感發思親之情，致喪三年，而後親情之義終始圓滿，歸於圓善，敬之義大矣！

倫理人格由孝而推至其他四倫，以孝移作忠，且以孝移至昏禮之事，故父命子之辭云：「往迎爾相，承我宗事，勗帥以敬，先妣之嗣，若則有常。」父送女之辭云：「戒之敬之，夙夜無違命。」母送女之辭云：「勉之敬之，夙夜無違宮事。」昏禮之意義即繫於宗事之敬、事奉舅姑如父母之孝上。更以孝順之心情，於兄友弟恭上克盡其情義，且以尊敬父兄之心敬事長者，於此誠身之道——君臣有義、父子有親、夫婦有別、長幼有序已完成，再以此自

我個體忠孝兩全之名取信於友，而有朋友有信，可見五倫之核心實以事親爲重。朱子云：

> 天地之間，人物之眾，其理本一，而分未嘗不殊也。以其理一，故推己可以及人；以其分殊，故立愛必自親始。爲天下者誠能以其心而不失其序，則雖天下之大，而親疎遠邇無一物不得其所焉，其治豈不易哉？（《孟子・或問》卷一）

既以事親人格爲重，其敬亦自生始至卒終一以貫之，故曾子有疾，召門弟子曰：「啓予足，啓予手。詩曰：『戰戰兢兢，如臨深淵，如履薄冰』，而今而後，吾知免夫，小子！」（《小學》卷四〈稽古・明倫〉一目，取自〈泰伯〉）

　　所謂『孝』，身體髮膚受之父母，不敢毀傷，孝之始；立身行道，揚名於後世，以顯父母，孝之終。以孝事君，則忠；以敬事長，則順，忠順不失，守其祭祀，則孝之圓善。然孝既無終始，原是自生至死至祭一貫之至善，不應有『患不及者』（《孝經》語）之現象，只是既有此疑，實有此患，家庭倫理實於今日面臨衝激，此即由於父子倫理之價值於傳統觀念凌跨其他四倫，而爲其他四倫之超越依據；實則其他四倫於今日已開出其獨立客觀之原則，早非親情一脈所能全盤統攝，吾人於此新舊之間，有轉以客觀原則批判主觀親情者，亦有以主觀持守至孝之理而觀照客觀之原則者，二者之間實已顯出孝有『患不及者』之現象。於此疑慮之際，抉發父子之親最天然之純情，以此點『純孝』樂於天倫，而人人各有本份責任與客觀價值、社會地位，則『孝』始得再創其道統意義也。〔註9〕

第四節　政治人格之敬身

　　所謂政治人格之敬身，實則政治教育。然政治教育於古之學禮屬於大學之事——學君臣之義、朝廷之禮，而非《小學》之事。只是朱子似乎以君臣之禮歸諸《小學》之事，與事親事長同等學習，故《小學書》〈明倫〉特列君臣之義一項以明之。其言云：

> 《小學》是事，如事君、事父、事兄、處友等事，只是教他依此規矩做去；《大學》是發明此事之理。（《語類七・小學・銖》）

即由此論，故《學禮五・臣禮》乃緊接著〈弟子職〉、〈少儀〉、〈曲禮〉而有，

朱子序題云：

> 古無此篇，今按事親事長隆師親友治家居室之法各有成篇，獨臣
> 事君，三綱之大，其法尤嚴，乃獨無所聚，而散出於諸書，學者
> 無所考焉，今掇其語創爲此篇。（《儀禮經傳通解》之《儀禮經傳
> 目錄》）

可知〈臣禮〉一篇之大意，在於自政治教育上培育政教人才，而其培育之道
又在於自《小學》學臣禮至《大學》學治平之一貫體系，其用意首尾呼應，
非橫截斷裂爲二，故〈臣禮〉須與《大學》之教首尾互相觀照。今自《小學
書》卷二〈明倫〉之〈君臣之義〉，及《學禮四‧曲禮》之〈言語之禮〉，及
《學禮五》之〈臣禮〉，可見其政治教育之原則與通禮。

> 將朝：將適公所，宿齋戒，居外寢，沐浴，史進象笏，書思對命；
> 既服，習容，觀玉聲，乃出，揖私朝煇如也，登車則有光矣。（取自
> 〈玉藻〉）
>
> 始見：始見于君，執摯至下，容彌蹙。（取自〈士相見〉，蓋摯者贄
> 也，贄者質也，質己之誠致己之悃愊也。王者因臣之心以爲之制，
> 差其尊卑，以副其意。）
>
> 朝禮：入公門，鞠躬如也，如不容，立不中門，行不履閾，過位，
> 色勃如也，足躩如也，其言似不足者，攝齊升堂，鞠躬如也，屏氣
> 似不息者，出降一等，逞顏色怡怡如也，沒階趨翼如也，復其位踧
> 踖如也。（取自〈鄉黨〉）
>
> 侍坐：凡侍於君，紳垂足如履齊，頤霤垂拱，視下而聽上，視帶以
> 及袷，聽鄉任左。（取自〈玉藻〉）
>
> 賜食：君賜食，必正席先嘗之；君賜腥，必熟而薦之；君賜生，必
> 畜之。（取自〈鄉黨〉）
>
> 君賜車馬，乘以拜；賜衣服，服以拜。（取自〈玉藻〉）
>
> 君子之飲酒也，受一爵而色洒如也，二爵而言言斯，禮已三爵而油
> 油，以退。（同上）
>
> 廣敬：凡爲君使者，已受命，君言不宿於家。君言至，則主人出拜
> 君言之辱；使者歸，則必拜送于門外。若使人於君所，則必朝服而
> 命之，使者反，則必下堂而受命。（取自〈曲禮〉）

疾，君視之，東首，加朝服，拖紳。（取自〈鄉黨〉）

以上為〈臣禮〉關於進退應對於君主之前者，自將朝、始見、朝禮、侍坐、賜食、廣敬諸項禮節中，見其臣容之敬：『登車則有光』一句，饒寓臣子心境之婉柔曲折，其描寫自齋戒始，既而沐浴習容、觀玉聲，全是客觀之寫景，而皆是主觀心事之透露。

諫諍：責難於君謂之恭，陳善閉邪謂之敬，吾君不能謂之賊。（取自《孟子·離婁上》）進思盡忠，退思補過，將順其美，匡救其惡，故上下能相親。（取自《孝經》）

死節：國君死社稷，大夫死眾，士死制。（取自〈曲禮〉）

復讎：君之讎，視父。（取自《周禮·調人》。按：〈曲禮〉云：「父之讎，弗與共戴天。」）

以上為〈臣禮〉關於諫諍、死節、復讎之大義，然君父之讎同共其意義，則於古之男子其責任義務已甚顯明，所謂五倫者，實際只是二倫之運作，一為君臣之義、一為父子之親，其他三倫蓋為君父之附庸而已，男子只於此二倫上戮力以赴，便能兼顧其他倫常。此種盡親情、君臣之倫理結構，於中國社會歷時久遠，影響甚深，今日君臣之義一環得民主政治之福澤，而開出客觀體系，此種臣子盡忠死節之道義，早已化為對家國民族之大愛。

以下述臣子言語之禮：

凡自稱於君，士大夫則曰：「下臣宅者」，在邦則曰：「市井之臣」，在野則曰：「草茅之臣」，庶人則曰：「刺草之臣」，他國之人則曰：「外臣」。（〈臣禮·廣敬〉，取自〈士相見禮〉）

問天子之年，對曰：「聞之始服衣若干尺矣」。

問國君之年，長曰：「能從宗廟社稷之事矣。」幼曰：「未能從宗廟社稷之事也。」

問大夫之子，長曰：「能御矣。」幼曰：「未能御也。」

問士之子，長曰：「能典謁矣。」幼曰：「未能典謁也。」

問庶人之子，長曰：「能負薪矣。」幼曰：「未能負薪也。」（〈曲禮·言語之禮〉，取自〈少儀〉）

君使士射，不能，則辭以疾，言曰：「某有負薪之憂。」

問國君之富，數地以對，山澤之所出。

問大夫之富，曰：「有宰，食力，祭器衣服不假。」

問士之富，以車數對。

問庶人之富，數畜以對。

國君去其國，止之曰：「奈何去社稷也！」

大夫，曰：「奈何去宗廟也！」

士，曰：「奈何去墳墓也！」（〈曲禮・言語之禮〉，取自〈曲禮〉）

蓋〈臣禮〉重心置於本朝之臣，凡外邦異國之臣禮不論，而君臣之義即已內蘊於其中。至於『言語之禮』實乃本朝與異國交往間之辭氣應對，或者本國政治上不同階層之進退言詞皆是。總之，政治之禮原是兩敵體之以誠信溝通之管道，其重要性關乎一國之存亡，或個人之榮辱，朱子於其中之信念仍一本誠信敬身之道，讀者自其中即可體會其用意。換言之，〈臣禮〉為其政治人格基本教育，而『言語之禮』為其縱橫進退之術，其禮以誠敬為本，而以文辭為節奏鏗鏘，想見其臣德之美、臣容之敬。所謂政治教育者，自登車則有光養出好情性始，至守節死義，其義理建構似是為大學之道——治平之旨作準備，人格上先自惕勵，而外有言語之美為進退，遙遙呼應博學從政之政教系統。

第五節　《小學》之理據：童蒙貴養正

朱子〈童蒙貴養正〉詩云：

童蒙貴養正，孫弟乃其方，雞鳴咸盥櫛，問訊謹暄涼，奉水勤播灑，
擁篲周室堂，進趨極虔恭，退息常端莊，劬書劇嗜炙，見惡逾探湯，
庸言戒龐誕，時行必安詳，聖途雖云遠，發軔且勿忙，十五志于學，
及時起高翔。（《文集四・齋居感興二十首》之十八）

按：此詩可析出幾點理論：

朱子首先提出『蒙以養正』（易蒙卦）之觀點，乃因人於童蒙之時，身心發展未臻成熟，而教育需順其發展之程序進行，使幼學者立一善教，使其定型於善行孝悌之中，涵養於規矩正當之間，以為志學之基，此種理論可說為一準備工夫論。〔註10〕此其一。

〔註10〕此處思想曾參考林清山・張春興《教育心理學》七章〈道德與品格的陶冶〉。

朱子由一切小學之事中處處指點一虔敬之舉止——孫弟、謹暄涼、勤播灑、極虔恭、常端莊，可見幼年之養正乃養其虔敬也。此其二。

童蒙何以需養正？此顯然已涉及人性待教育而有道德氣質之理論。此其三。以下即試著自此三點綜括觀察朱子由『蒙以養正』理論中，提撕幼學者之道德心靈，及其道德氣質，從而於《小學》灑掃之事中，爲《大學》之道定一基礎人格。朱子云：

> 蒙以養正，聖功也。蓋言蒙昧之時先自養教正當了，到那開發時便有作聖之功。若蒙昧之中已自不正，他日何由得會有聖功？（《語類七十·易六·蒙·淵》）
>
> 推捍其外誘，以全其眞純。（《周易本義·蒙卦》）
>
> 古人設教，自洒掃應對進退之節，禮樂射御書數之文，必皆使之抑心下首以從事於其間，而不敢忽，然後可以消磨其飛揚倔強之氣，而爲入德之階。（《文集六十三·答孫仁甫之二》）

蓋蒙昧之時需人引導，正如一座兀立之山，山下被引接出一道清泉，象人性本善；然其流有清有濁，則因流程中有塵土滲入，氣習染其污而色濁，故須加澄治之功；朱子將童蒙視爲一具體而微之聖人雛型，故而自卦象悟入道德本體，而開展出幼年之道德教育理論——『蒙以養正』，以聖人之人格期待童蒙。人性須從蒙昧之時教養其正當習性，以便《大學》之道中可開發擴充爲作聖之功。

此理據之深處，實可見朱子深懼人之英氣易放而不易收，易蕩而不易敬，故洒掃應對禮樂之節，正所以抑其心氣，自小時便凝歛其道德心智，將一切可能有之飛揚倔強之氣性減而又減，直至伏其心性於孫弟與播灑之中，此中多少含有強制性質，童蒙之自我實無自體〔註11〕，而只屬有聖賢之無限可能之體。

自表層結構觀之，生命之銳氣與創造力全幅平息於一正常教育之下，實則乃是自正常教育中使其遜志於學，爲未來成長後之發展作最完滿之準備，待準備程度大而且美，美而盡善，則《大學》之道中其作聖之功便有最全盡

及，吳鼎《儒家教學原理研究》。

〔註11〕 牟先生曾言及朱子小學涵養工夫，實則乃是一空頭涵養，爲一不自覺的好習慣，非一自覺之道德實踐，此是混教育程序與自覺作道德實踐工夫爲一體，而不知其有別也。見《心體與性體》三冊三章〈中和新說下之浸潤與議論〉。吾由是論朱子小學實是以教育改造人性，以教育引導尊德性之學，童蒙之自我實無自體。

豐富之內涵。此中實牽涉一問題：即待其成長之後，其生命銳氣與創造力是否因小學中強恕而行之後減至為零？不再有創發作聖之功之道德勇氣？甚且因喪失創造力，而亦喪失格物窮理致道德知之能力？

　　蓋朱子既言人性本善，待教而明善，便可見人之最初蒙昧之時之善底清泉乃一不夠充份有力之條件，因流程中有善染惡染並不可預知，故於最初未受外誘時，便須捍其外誘以全其真純；然而最初若能善教之，往下之發展便能多作善底掌握。至於其抑心下首中之收歛心氣，其實收歛者乃一表面層次之人性浮燥之氣，並非根源底道德創造力。故相反相成——收歛其表面浮燥之氣，正為培育其根源底貞定與威重，使之內在根源得以順遂自長也。故由是朱子云：「古者小學已自養得小兒子這裏定已自是聖賢坯璞了，但未有聖賢許多知見；及其長也，令入《大學》，使之格物致知，長許多知見。」（《語類七・小學・節》）

　　因由『蒙以養正』之見解，朱子故於《小學》階段只許以實然之經驗——重涵養性、實踐性，而不許以抽象深奧高遠之理，於《論語集注・子張篇》〈子夏教門人章〉贊同洒掃應對進退當為小子之學，其言云：「但學者所至自有淺深，如草木之有大小，其類固有別矣，若不量其淺深，不問其生熟，而概以高且遠者強而語之，則是誣之而已，君子之道豈可如此？若夫始終本末一以貫之，則惟聖人為然！」所謂始終本末一貫即指小子之學通貫大學之道，以既有之善良性格窮格性命天道之理，以貫通天理之在吾道心者，此即朱子所主教人之道應有循序漸進之義。故又云：「天命非所以教小兒，教小兒只說箇義理大概，只眼前事，或以灑掃應對之類作段子亦可。每嘗疑〈曲禮〉：『衣毋撥，足毋蹶；將上堂，聲必揚；將入戶，視必下。』等叶韻處，皆是古人初教小兒語。《列女傳》孟母又添兩句，曰：『將入門，問孰存。』」（《語類七・淳》）

　　又《論語集注・憲問篇》〈子曰莫我知也夫章〉，朱子引程子之言：「凡下學人事，便是上達天理。」則朱子之所以於《小學》之道中力言作聖之功，實因自孔子自言下學而上達之理路中尋得《小學》之道之理據；蓋《小學》之事正為《大學》正心誠意作一番外在客觀之培養工夫，有其威儀之準則，必能由淺近之身體力行中進入深刻之主體覺悟，以求外在儀節與內在主體合一，然後精義入神，豁然貫通，至其時內外交流，人性則純是天理之善矣。

第五章　由心字[註1]看朱子《大學》成教義

第一節　經驗心與義理心

　　人性於朱子之觀照，似是一由隱至顯，化暗爲明，曲折曲成之歷程；一漸教工夫，由暗示而逼顯之存在活動，其言云：

> 人性如一團火，熅在灰裏，撥開便明。(《語類四·人物之性氣質之性·椿》)

人性如灰中之火，有象徵之意味，有光熱之內涵，然若隱沒於無明之中，則無光熱；而所謂撥開之功即『學』之事，故能撥便明。又云：

> 理者天之體，命者理之用，性是人之所受，情是性之用。
>
> 天所賦爲命，物所受爲性；賦者命也，所賦者氣也，受者性也，所受者氣也。
>
> 性即理也，在心喚做性，在事喚做理。(同見《語類五·性情心意等名義》，道夫、寓、燾三條)

性既是受之天賦，則性只是理體；理體既是當然之理，無有不善，則性亦純是善，是合當之理。然性理既爲善，卻須有氣質之性以承載發用，故云：

> 天命之性若無氣質，卻無安頓處；且如一勺水，非有物盛之，則水無歸著。

[註1] 錢穆先生《朱子新學案》以爲朱子善於言心（一冊《朱子學提綱》八目），而劉述先先生則以爲朱子思想樞紐點在於心之關鍵上（《朱子哲學思想的發展與完成》二部五章第四目），吾是以以心字爲《大學》成教之中心思想，而討論之。至於「存在」之義，則用曾師《中國義理學研究講義》中之說法。又參徐復觀先生《中國人性論史·先秦篇》的第五、六、八、九章。

> 性非氣質則無所寄，氣非天性則無所成。(《語類四》·賀孫、道夫二
> 條)

然則人性既自氣質之性始有發用，則人性若如日光，氣質便如一隙之通孔，人性必受限於通孔之限制而光照有異，故氣質之性雖可成全日光之光熱，卻必有道德實踐經由通孔所形成之困限，其言云：

> 理在氣中，如一箇明珠在水裏。理在清底氣中，如珠在那清底水裏
> 面，透底都明；理在濁底氣中，如珠在那濁底水裏面，外面更不見
> 光明處。(《語類四·胡泳》)

人性既有氣質之有限，性理之美勢必先打通此困限，方能撥開便明，大學之教即為此而開展，以下試探入朱子對人性窮理盡性工夫之內涵。

朱子對於心之體會自少時即精察入微，自云：

> 嘗記少年時在同安 (約紹興二十六年，二十七歲時)，夜聞鍾鼓聲，
> 聽其一聲未絕，而此心已自走作，因此警懼，乃知為學須是專心致
> 志。

又言：

> 人有一正念自是分曉，又從旁別生一小念，漸漸放闊去，不可不察。
> (《語類一百四·自論為學工夫》，德明)

蓋夜聞鍾鼓聲而隨聲動心，心動而走作，乃一經驗地現象，而自此經驗現象上分析其正念與小念則是超越此現象之分析，是一超越經驗之分析。然而超越之分析畢竟不能令朱子心安，故又察其始末，自事後之追省中發現當時自鍾鼓聲一聲未絕時，心已自走作，心氣已動；而心氣動時，從旁別生一小念，與原先理智上聽鍾鼓聲前之正念成一對峙，兩相為因，二者反覆，是有不同之念果，由是已生二念之當下，朱子方警懼其不可妄念，乃知專心致志之要。可見其由超越之分析至最後時，始知回轉人行為之當頭，以作一如實之存在分析 [註2]，以決定下一步之動向。而此種生命體會令朱子特重心氣之動、氣稟之雜，由是其一生言性理特重道心與人心之不同，道心即義理心，人心即經驗心也。朱子警懼蓋有因由，此因經驗心若不隨時提撕，則漸漸放闊，支衍泛濫，將窮本無歸，故不如於最始端心未動時涵養道心，以義理自提昇，明其心氣走向，而漸漸剝開人欲，向核心之道心逼近，則人心可復其初，而

〔註 2〕此方法參考自曾師《中國義理學研究講義·存在的分析》，及唐君毅先生的《中國哲學原論·原道篇卷二》的第二十章。

爲道心之全矣。

《尙書‧大禹謨》云：「人心惟危，道心惟微，惟精惟一，允執厥中。」朱子注云：

> 心者，人之知覺，主於身而應事物者也，指其生於形氣之私者而言，則謂之人心；指其發於義理之公者而言，則謂之道心。人心易動而難反，故危而不安。義理難明而易昧，故微而不顯。惟能省察於二者公私之間，以致其精，而不使其有毫釐之雜；持守於道心微妙之本以致其一，而不使其有頃刻之離，則其日用之間，思慮動作自無過不及之差，而信能執其中矣。（《文集六十五，雜著‧尙書》。按：〈中庸章句序〉與此大同小異）

即由於人心與道心之異，經驗心與義理心之二極，朱子乃自《樂記》所云『人生而靜，天之性也，感於物而動，性之欲也。』之理路中推析人心與道心、經驗心與義理心之始末因由，從而論斷其反躬自省克己復禮之道，云：

> 此言性情之妙，人之所生而有者也。蓋人受天地之中以生，其未感也純粹至善，萬理具焉，所謂性也。然人有是性則即有是形，有是形則即有是心，而不能無感於物，感於物而動，則性之欲者出焉，而善惡於是乎分矣，性之欲即所謂情也……物至而知，知之者心之感也，好之惡之者情也，形焉者其動也，所以好惡而有自然之節者性也……惟其不自覺，『知』無所涵養，而大本不立，是以天則不明於內，外物又從而誘之，此所以流濫放逸而不自知也。苟能於此覺其所以然者而反躬以求之，則其流也庶乎其可制矣；不能如是，而惟情是狗，則人欲熾盛，而天理滅息尚何難之有哉？此一節正天理人欲之機間不容息處，惟其反躬自省，念念不忘，則天理益明，存養自固，而外誘不能奪矣。（《文集六十七‧樂記動靜說》）

蓋人性有此天理——道心、義理心，與人欲——人心、經驗心之拉扯與掙扎，主觀之本體既不易明，而客觀之經驗現象、物欲交纏又從而導引，故主觀之體不自覺隨客觀之欲而流濫放逸——其實物欲非僅客觀外來所有，人心之根源中自有惟情是狗之處，所謂感物而動應指內在之無明見現象之觀感而乘機興起，朱子於此點明性之欲者蓋有深意也。此性之欲者即氣稟之雜，即人性經由氣質之通孔而顯發之『氣質之性』——雖有天理無限可能之本體，亦有本於氣質或氣稟之有限發用。由此一論斷，朱子乃指出其解惑之道——惟其

不自知覺，道德知因而流濫放逸，若能自『知』上涵養，則庶幾可進于有所
自覺而建立道心。故於此，朱子接上《大學》明明德之教，以明明德盡性明
理，以致知窮理而復其初，其言云：

> 天道流行，發育萬物，其所以爲造化者，陰陽五行而已，而所謂陰
> 陽五行者，又必有是理，而後有是氣。及其生物，則又必因是氣之
> 聚而後有是形，故人物之生，必得是理，然後有以爲健順仁義禮智
> 之性，必得是氣，然後有以爲魂魄五臟百骸之身……然以其理而言
> 之，則萬物一原，固無人物貴賤之殊，以其氣而言之，則得其正且
> 通者爲人，得其偏且塞者爲物，是以或貴或賤，而不能齊也。彼賤
> 而爲物者，既梏於形氣之偏塞，而無以充其本體之全矣，唯人之生
> 乃得其氣之正且通者，而其性爲最貴，故其方寸之間虛靈洞徹萬理
> 咸備，蓋其所以異於禽獸者正在於此，而其所以可爲堯舜而能參天
> 地以贊化育者亦不外焉，是則所謂明德者也，然其通也或不能無清
> 濁之異，其正也或不能無美惡之殊，故其所賦之質，清者智，而濁
> 者愚，美者賢，而惡者不肖。又有不能同者，必其上智大賢之資，
> 乃能全其本體，而無少不明；其有不及乎此，則其所謂明德者已不
> 能無蔽，而失其全矣，況乎又以氣質有蔽之心接乎事物無窮之變，
> 則其目之欲色，耳之欲聲，口之欲味，鼻之欲臭，四肢之欲安佚，
> 所以害乎其德者又豈可勝言也哉！二者相因，反覆深固，是以此德
> 之明日益昏昧，而此心之靈其所知者不過情欲利害之私而已。是則
> 雖曰有人之形，而實何以遠於禽獸，雖曰可以爲堯舜，而參天地，
> 而亦不能有以自充矣。然而本明之體得之於天，終有不可得而昧
> 者，是以雖其昏蔽之極，而介然之頃一有覺焉，則即此空隙之中而
> 其本體已洞然矣，是以聖人施教，既已養之於《小學》之中，而復
> 開之以《大學》之道，其必先之以格物致知之說者，所以使之即其
> 所養之中，而因其所發以啓其明之之端也，繼之以誠意正心脩身之
> 目者，則又所以使之因其已明之端而反之於身，以致其明之之實
> 也。夫既有以啓其明之之端，而又有以致其明之之實，則吾之所得
> 於天而未嘗不明者，豈不超然無有氣質物欲之累，而復得其本體之
> 全哉？是則所謂明明德者，而非有所作爲於性分之外也。(《大學‧
> 或問》)

蓋《大學》之教承於《小學》之教而發展，《小學》之教養其善性情，使人性立一基礎之型，而於《大學》階段開發之，使自渾然涵容之體中開顯一道『知』、一道自覺之光，而即此空隙之中洞見本體，即此通孔之中知覺性理之善。此其基礎固已豫養於《小學》之教，而充其極於《大學》之教。明德既非性分之外之事，乃切己之事，則《大學》之教乃一致己於心性之眞知，以及乎盡性復初之事。爾後自明其德至新其民，又指出明明德於天下——主觀修身與客觀道業一體呈顯之功，此其教義之基本理論。朱子又自此基本理論展演至本原之事，以中庸所言——由已發處涵養未發氣象，以致性理中和之境界，抉發心之本原——道德心創造宇宙萬物，此爲其終極理想。此二目標爲朱子大學成教義之大本，有此大本，方能開出明明德於天下之治道也。

第二節　心之愼獨：必自慊〔註3〕

　　《大學》之教既由心字之考慮而開展，以下試自心之種種層次叩敲朱子《大學》之教義。所謂《大學》之教有三事爲綱領：一者，《大學》因《小學》之成功，以著其規模；教以窮理正心修己治人之道，爲學禮之成教。二者，《大學》最終目的爲明明德於天下，止於至善；故其始爲個體之修身，其終爲政治系統治平之發用，故《大學》者，大人之學也。三者，『《大學》爲《中庸》之戶庭，《中庸》則《大學》之閫奧』（《學禮十二·中庸序題》引朱松語，渾括其義）『《大學》是通言學之初終，《中庸》是直指本原極致處，巨細相涵，精粗相貫，皆不可闕。』（《文義四十六·答黃商伯之四》），可知《大學》言一個體自始至終之脩爲，《中庸》則立心體之誠正，以究本原終極，參贊化育。《大學》與《中庸》合而觀之，正可自極初處察心體之本原，自終極處察道德心創造道德天地之奧義。

　　朱子由存在的感受悟入道德心靈，由性理之道體望見人性之明德，故云：
　　　　明德者，人之所得乎天，而虛靈不昧以具眾理，而應萬事者也；但
　　　　爲氣稟所拘，人欲所蔽，則有時而昏，然其本體之明則有未嘗息者，
　　　　故學者當因其所發而遂明之，以復其初也。（《集注·大學章句》經

〔註3〕此部份觀念由曾師《朱子格物之再省察》（鵝湖一百二十三期）一文而引發，主要探究其行爲發用背後心之指導居於何種地位。及唐君毅先生《中國哲學原論·導論篇》的第九、十章。

－89－

> 一章註文，以下皆用集注本註文。按：今集注本經一章註文據江永、
> 錢穆二氏考正，成於晚年，而《學禮》此段註文則成於稍早，故依
> 朱子晚年所訂者為主）

既由明德建立道德本體，則由道德本體上指點本心；然其指點本心之過程顯然是一曲折之暗示：

> 如孩提之童無不知愛其親，及其長也，無不知敬其兄，此良心也，
> 良心便是明德。（《語類十四・德明》）

朱子由孩提之童上指點本心，故本心之表現亦在倫理人格中流露，由倫理人格之流露而反省是是非非：

> 凡自家身心上皆須體驗得一箇是非。（《語類十五・德明》）

> 禮，父母之喪，既殯，食粥，麤衰；既葬，疏食，水飲，受以成布；
> 期而小祥，始食菜菓，練冠源緣，要絰不除，無食稻衣錦之理。夫
> 子欲宰我反求諸心，自得其所以不忍者，故問之以此（食夫稻，衣
> 夫錦，於女安乎？）而宰我不察也。……宰我既出，夫子懼其真以
> 為可安而遂行之，故深探其本而斥之……又言君子所以不忍於親而
> 喪必三年之故，使之聞之或能反求，而終得其本心也。（《陽貨集注，
> 宰我問三年之喪章》）

> 此處聖人責之至嚴，所謂予之不仁者，便謂他之良心已死了也。（《語
> 類四十七，宰我問三年之喪章・時舉》）

> 言父母之喪，固人子之心所自盡者，蓋悲哀之情，痛疾之意非自外
> 至。（《滕文公上集注・滕定公薨章》）

即因朱子於倫理人格上言本心、良心，故只許以人之最單純本能自發處——孩提之童愛親敬兄與為父母守喪三年此中心點顯發明德，故心存明德則安，心不存明德則於人安乎？換言之，所謂三年之喪中見良心，乃一赤子心也，一自倫理人格上由隱至顯之線索——近乎對於生我者父母之歉疚感，一儒者對人心透視後精察人性不足處之自我責備自我擔當，所有天下人心之無明皆曾關乎朱子道德心之自我省問自我罪感。然人性固可自赤子心上問其根源求其本心，只是『赤子之心固無巧偽，但於理義未能知覺，渾然赤子之心而已；大人則有知覺擴充之功，而無巧偽安排之鑿，故曰不失赤子之心。』（《文集四十六・答胡伯逢之一》）赤子心於現象界之道德實踐畢竟不足，故須加以大

學之教以撥開人性火上之灰，使之光明也。故朱子又言：

> 孟子激發人說放心良心諸處，說得人都汗流。（《語類五十九・牛山之木章》）

由上證知，朱子學術底蘊實有本心良心之發用，故能於仁體上問安心、於惻隱之心上慊然汗流，凡此皆是其學術中漸教之暗示：人於事機當下體驗之回頭、反省之、改過之、琢磨之，以契合道德；即因其性格爲漸教，故不直接指點善端即本體，而竟由赤子心之觀照及於善行之不足，自負面上考慮道德實踐之條件：

> 然以事理考之……蓋氣質所稟雖有不善，而不害性之本善；性雖本善，而不可以無省察矯揉之功，學者所當深玩也。（《告子上集注・公都子問善章》）

朱子純自負面意義上觀照心靈本體，注意道德可能之失落，及其困限之種種問題；由負面意義而指點安心指點汗流，再由孩提之童單純之本能上指點良心，顯出正面之價值；有其正面意義，再回至存在面——三年之喪之哀戚中見得本心本在自我。此番指點本心之過程是一曲折、漸教、由負面至正面之線索，一由負面至本體之反省。故又云：

> 深自省察以致其知，痛加剪落以誠其意。（《語類十五・升卿》）

此言可見朱子《大學》之窮理致知誠意脩身之內涵，原是一致道德之知，一強烈內省生活。又云：

> 致知誠意乃學者兩箇關：致知乃夢與覺之關，誠意乃惡與善之關；透得致知之關則覺，不然則夢；透得誠意之關則善，不然則惡。（《語類十五・人傑》）

朱子致道德之知乃以一道問學態度與方法處理道德客觀化之學，自客觀立場察其是與非，明其善與惡，而見自體是夢抑是覺？故其本心之指點常落於事後之討論，再回到下一回事機所發當下實踐之，此即因其重視反省之性格所致，其亦曾察覺此點，故云：『某一日看曾子三省處，《集注》說亦有病。』（《語類二十一・學而曾子三省章・節》）『曾子三省看來是當下便省得，才有不是處便改，不是事過後方始去改，省了卻又休也，只是合下省得便與它改。』（同上・銖）然而事實上，於事機當下省得已是慢了一著，只有於當體立現己之本心方是足夠有力之道德心，而『省』字已遲了那最刹那仁之發用之機。即因朱子學術當機不夠有力，故於當下反省處竟是『他（曾子）自見得身分上

有欠闕處』（同上・恪），而不能隨機立指仁心之完滿，故其《大學章句》與《中庸章句》由始至終討論者即是心之安不安、自不自慊之問題，因要求必自慊〔註4〕，故格外謹於愼獨之工夫。以下試從《大學章句》、《中庸章句》二解析出其致知誠意如何進行，而能達至自慊、愼獨之道德境地。整體而言，朱子之建立道德心是一憂患之自慊心、愼獨心，決非樂天知命之反身而誠。

試論『致道德之知』，朱子云：

> 蓋人心之靈莫不有知，而天下之物莫不有理，惟於理有未窮，故其知有不盡也。是以《大學》始教，必使學者即凡天下之物莫不因其已知之理而益窮之，以求至乎其極，至於用力之久，而一旦豁然貫通焉，則眾物之表裏精粗無不到，而吾心之全體大用無不明矣。（《大學章句傳之五章・釋格物致知義》）

表面而觀，朱子欲以推極知識，而『知』無不盡，窮至事物之理之極處，而得理體之全部內容；然事實上，『知』既從心體而識其理，欲心體大用，欲使心誠而『實其心之所發，欲其必自慊而無自欺也。』（《大學章句經一章注》），則致知實爲致道德之知，而非泛泛之客觀知識。故云：

> 表者，人物之所共由；裏者，吾心之所獨得。（《語類十六・夔孫》）
> 表便是外面理會得底，裏便是就自家身上至親至切至隱至密貼骨貼肉處。（同上，義剛）

所謂表、粗，顯然指物之形構之理，裏、精指物之道德之理；前者與人之道德生活無涉，後者正因由人之實踐而呈現道德價值。可見此種格物致知乃一積靡工夫，由認知、積靡，至豁然貫通，由道德知識至道德觀念，再落實爲道德實踐。人心憑其認知之作用，漸磨漸修，以使自我由道德知中逐漸蛻化爲道德心，將外在道德知識內化爲內在道德判斷，同時將與我原本相違之外物充分引入吾人道德生活中，而由自然物成爲道德物（曾師語，見《朱子格物之再省察》），則內在外在純是一道德世界。而在道德知成爲道德心時，道德觀念——仁、義、禮、智即是吾心與外物貫通融浹之通路，經由道德觀念之不斷認知與實踐，道德判斷日趨成熟，內外貫通日漸篤實，則致知之眞知爲誠意之基，誠意即是致知之後更進一步之內外相融。

〔註4〕 《大學章句》與《中庸章句》注文於《禮書》與《集注》有異處，採《集注》注文爲說，其注文異同參見導論註14。而『必自慊』一句乃朱子臨終所改（原作一於善），可參見錢穆先生之書關於《朱子論誠》（二冊）部份。

說許多病痛都在誠意章。(《語類十六・泳》)

知至而后意誠，須是真知了方能誠意；知苟未至，雖欲誠意固不得
其門而入矣。惟其胸中了然，知得路逕如此，知善之當好，惡之當
惡，然後自然意不得不誠，心不得不正。如點一條蠟燭在中間，光
明洞達無處不照，雖欲將不好物事來亦沒安頓處，自然著它不得；
若是知未至，譬如一盞燈用罩子蓋住，則光之所及者固可見，光之
所不及處則皆黑暗無所見，雖有不好物事安頓在後面，固不得而知
也。(《語類十五》)

朱子於《大學章句》注明『誠意』章(傳六章)乃『誠身之本』，蓋心體之明
有所未盡，則其所發必有不能實用其力，而苟焉以自欺者，故須於所發之前
致其真知，實用其力，則所發之意方能誠實。

誠其意者，自修之首也……自欺云者，知為善以去惡，而心之所發
有未實也。……小人陰為不善，而陽欲揜之，則是非不知善之當為，
與惡之當去也，但不能實用其力以至此耳。(《大學章句傳六章注》)

人之為善須是十分真實為善方是自慊，若有六七分為善，又有兩三
分為惡底意思在裏面相牽，便不是自慊，須是如惡惡臭，好好色方
是。(《語類十六・卓》)

所謂自欺，蓋是人之正念為善，又一小念在內阻隔住，不教心之表裏如一，
而致使事機之當下不能實用其力，流於私欲，意不得而誠也。然而自欺之心
並非全然不自知覺，仍可自我覺察己心之不誠，故云：『只今有一豪不快于心，
便是自欺也。』(《語類十六・道夫》)即由於自欺之心有所自覺，可予澄治之
功以提掇之，故於心之隱微間謹獨，使無豪髮妄馳，表裏隱顯無一不實而自
慊也，其言慎獨謹獨之功云：

獨者，人所不知，而己所獨知之地也。(《大學章句傳六章注》)

這獨也，又不是恁地獨時，如與眾人對坐，自心中發一念，或正或
不正，此亦是獨處。(《語類六十二・中庸一・椿》)

所謂慎獨，即是慎察心中之我，擱置外界；此心中之我即前之良心義，良心
對所為之事安或不安，即可自獨知之地反省而得，朱子於此特有強烈之道德
意識：『須知即此念慮之間，便當審其自欺自慊之向背，以存誠而去偽。』(《文
集六十三・答孫敬甫之六》)此即於事機所發之時審其是非善惡，實用其誠以
致善境，故能知至而后意誠，『但當致知分別善惡了，然後致其謹獨之功，而

力割去物欲之雜，而后意可得其誠也。』（《語類十六·壯祖》）

　　誠意方能保護得那心之全體。（《語類十五》）

　　意誠後，推盪得查滓靈利，心盡是義理。（同上·閎祖）

由是，君子必慎其獨，此謂『誠於中，形於外。』（《大學傳六章》），心體若能護持，滿心義理，以義理心引導私利心、經驗心，自能『用力之久，而一旦豁然貫通焉，則眾物之表裏精粗無不到，而吾心之全體大用無不明矣。』（《傳五章·釋格物致知之義》）此為《大學章句》之慎獨義，立意於個體之不自欺，以求自慊於心──『心者，身之所主也；誠，實也；意者，心之所發也。實其心之所發，欲其必自慊而無自欺也。』（《大學章句經一章注》）再論《中庸章句》之論慎獨謹獨，《中庸》第一章云：

　　君子戒慎乎其所不睹，恐懼乎其所不聞，莫見乎隱，莫顯乎微，故
　　君子慎其獨也。

朱子注云：

　　君子之心常存敬畏，雖不見聞，亦不敢忽，所以存天理之本然，而
　　不使離於須臾之頃也。隱，暗處也；微，細事也；獨者人所不知而
　　己所獨知之地也，言幽暗之中，細微之事跡雖未形，而幾則已動，
　　人雖不知，而己獨知之，則是天下之事無有著見明顯而過於此者，
　　是以君子既常戒懼，而於此尤加謹焉，所以遏人欲於將萌，而不使
　　其潛滋暗長於隱微之中以至離道之遠也。

蓋朱子所言《中庸》之謹獨，仍自大學之慎獨義發展而來，故云：『《中庸》徹頭徹尾說箇謹獨工夫，即所謂敬而無失平日涵養之意。』（《文集四十三·答林擇之》之二十）『謹獨修省亦只是誠意』（《語類六十二·胡泳》）謹獨其實仍是自《小學》敬字工夫一貫修持而來，只是因有《小學》持敬之基礎，而更能致真知、明其所以然之理，故能常存敬畏。

　　誠意以敬為先。（《語類十五·泳》）

然工夫雖為持敬，其敬畏之深實非只是工夫義，實更有本質處之考慮，亦即於本質處做工夫以達至毋自欺，此乃《大學》之教進于《小學》之教者。

　　凡萬事皆未萌芽，自家便恁地戒謹恐懼，常要提起此心常在這裏，
　　便是防於未然不見是圖底意思。（《語類六十二·淳》）

　　謹獨是已思慮已有些小事，已接物了；戒謹乎其所不睹，恐懼乎其
　　所不聞，是未有事時在相在爾室，尚不愧于屋漏，不動而敬，不言

而信之時。謹獨便已有形迹了，潛雖伏矣，亦孔之昭。（《語類六十二·寓》）

蓋中庸之謹獨乃於心之已發上言工夫，於人所不知己所獨知上持敬；而戒懼不睹不聞則又於未發之時、自家未有所知之時涵養敬之本原——此未知非《小學》渾然未知之涵養，而是自《小學》之教基礎上進于《大學》致知誠意之教後，自我知覺以存養未發氣象，以達于無所勉知而自能中節之境地。朱子云：

> 存養與窮理工夫皆要到，然存養中便有窮理工夫，窮理中便有存養工夫；窮理便是窮那存得底，存養便是養那窮得底。（《語類六十三·廣》）

由致真知至誠其意、慎其獨，而於已發之際求毋自欺，以必自慊，實其全善之理，以止于至善；而後再由已發之際涵養未發氣象——不睹不聞不愧于屋漏，則由窮理中涵養本原，存養中窮其善理，二者交相為用，存養窮理工夫皆到，則心之大體方能明，故心之慎獨實是保護住心體進入全體大用，滿心義理，內省不疚，則此時道心——義理心便挺立矣。

第三節　心之本原：致中和〔註5〕

朱子之建立道德心，蓋欲以道心創造一切，亦即以道德心創造道德天地，此是儒家一貫之終極目標，將自然物之世界提昇至道德物之天地，其言云：

> 其始之所發端，終之所至極皆不外於吾心也。蓋天命之性萬理具焉，喜怒哀樂各有攸當，方其未發，渾然在中，無所偏倚，故謂之中；及其發而皆得其當，無所乖戾，故謂之和。謂之中者，所以狀性之德，道之體也，以其天地萬物之理無所不該，故曰天下之大本；謂之和者，所以著情之正，道之用也；以其古今人物之所共由，故曰天下之達道。蓋天命之性純粹至善，而具於人心者，其體用之全本皆如此，不以聖愚而有加損也，然靜而不知所以存之，則天理昧而大本有所不立矣，動而不知所以節之，則人欲肆而達道有所不行矣，惟君子自其不睹不聞之前，而所以戒謹恐懼者愈嚴愈敬，以至於無一豪之偏倚，而守之常不失焉，則為有以致其中，而大本之立日以

〔註5〕《中庸章句》注文採集注本為是。此節思想參考自唐君毅先生《中國哲學原論·原道篇卷二》的第二十一章，及《導論篇》第四章。

益固矣。尤於隱微幽獨之際，而所以謹其善惡之幾者愈精愈密，以至於無一豪之差謬，而行之每不違焉，則為有以致其和，而達道之行日以益廣矣。致者，用力推致而極其至之謂，致焉而極其至，至於靜而無一息之不中，則吾心正，而天地之心亦正，故陰陽動靜各止其所，而天地於此乎位矣；動而無一事之不和，則吾氣順而天地之氣亦順，故充塞無間，驩欣交通，而萬物於此乎育矣；此萬化之本原，一心之妙用，聖神之能事，學問之極功。（《中庸·或問》）

朱子對於道體——道德心創造萬物，似有一德慧天地之構想，一者肯認道之本原出於天不可易，人性受之天道，人性即可有同於天理之可能；二者肯定人性既受之天賦，則事實上人性即天理，天理之道體皆備於己，人有道德創造一切之無限可能，亦即人可自人之立場參贊化育，等同於天，而此種道德創造之可能卻正因人之本原出於道之本原；故道之本原既於人之本原上見，則人之價值意義正如天理一般尊嚴。再往下推論，人之整個道德活動皆以心為樞紐；性但為性理具於人之本體者，心則為人之本體之發用，故心之本原正可見道體之涵藏未發、本體之無限可能，由心之道德創造，一切天地萬物始有已發、發而中節和平之可能；即因心為一切創造之始終，心之正與不正，心是否如性理如天理如理順常而發，成為朱子最看重之問題：心正則萬物和氣，四時行焉，百物育焉；心不正則歷史之苦難、家國之憂患、五穀不作、民人流徙、邪說充塞、父子不親，世道人心將何所止？如人心不正，何草不黃，何草不玄，何人不矜？然而正因自道之本原考察至心之本原，既得其情，既知事理之因由，則哀矜而勿喜，當從當下戒謹始，以得心之中和，以奉天時順天理。

《中庸》第一章云：

天命之謂性，率性之謂道，修道之謂教。道也者，不可須臾離也；可離，非道也。是故君子戒慎乎其所不睹，恐懼乎其所不聞，莫見乎隱，莫顯乎微，故君子慎其獨也。喜怒哀樂之未發謂之中，發而皆中節謂之和。中也者，天下之大本也；和也者，天下之達道也。致中和，天地位焉，萬物育焉。（《學禮》十二）

所謂〈天命之謂性〉，指道體渾然全體無所不該，人性秉之以為性理，朱子注（採集注本之注文，下同）云：「命猶令也，性即理也。天以陰陽五行化生萬物，氣以成形，而理亦賦焉，猶命令也，於是人物之生因各得其所賦之理，

以爲健順五常之德，所謂性也。」健者陽剛之氣，順者陰柔之象，因而人物之生各有氣稟之異、男女之別、自得之性理也。

所謂〈率性之謂道〉，指大化流行各有條貫，朱子注云：「率，循也；道猶路也。人物各循其性之自然，則其日用事物之間莫不各有當行之路，是則所謂道也。」人之當行之路即道之條貫，道之條貫與性之自然，名異而實同一根源，即皆同來自於天命。

所謂〈修道之謂教〉，則自道體落實爲人間百功，聖人以人氣稟之異而各各品節，制禮作樂，因而有禮樂刑政之屬，朱子注云：「修，品節之也。性道雖同而氣稟或異，故不能無過不及之差，聖人因人物之所當行者而品節之，以爲法於天下，則謂之教，若禮樂刑政之屬是也。」此可見禮樂文化根源於道體，根源於天命，故朱子繼之言：「蓋人知己之有性，而不知其出於天；知事之有道，而不知其由於性；知聖人之有教，而不知其因吾之所固有者裁之也。」所謂『固有者』正指明天命、性理、道體、設教之一貫，設教不過因其天命本然之體爲天下修道而已，故不可須臾離，而爲日用事物當行之理。君子之心於此則常存敬畏，於己所獨知之地特加謹獨之功，遏人欲於隱微之間，存天理之本然，使天命之體照見氣稟之雜，凸顯其潔淨空闊之道德本質，則能於人所知人所見之地誠中形外矣。

至此，由天理下貫人心，由道之本原落於心之本原，鋪展爲禮樂文化，整個是一大的禮體。既是禮樂文化之建構根源於天理本原，則天理有禮樂文化之美之實現而實現其道德創造，而禮樂文化亦因有道心之本原，更見證其本體之來自超越之內在，非自外而來；禮之本體既非外鑠，則禮之本體——天道之日新又新，禮樂文化亦日新又新。朱子已爲『禮體』省察一道德根源，亦即是對『學禮』心之本原有一說明：『學禮』心之本原根於道體根於天理，而開展出其教育結構，以教育之事引導尊德性之學，復以尊德性極高明之理想引導教育目標，《小學》爲其基礎，《大學》爲其開展，以《中庸》之〈禮體〉致廣大盡精微，所有立教之理皆有意義。

至於已發、未發之問題，朱子云：

> 未發之前萬理備具，纔涉思，即是已發，動而應事接物。雖萬變不同，能省察得皆合於理處，蓋是吾心本具此理，皆是合做底事，不容外面旋安排也。今說爲臣必忠，爲子必孝之類，皆是已發，然所以合做此事，實具此理，乃未發也。（《語類六十二‧人傑》）

喜怒哀樂情也，其未發則性也，無所偏倚故謂之中，發皆中節，情
之正也，無所乖戾故謂之和。大本者，天命之性，天下之理皆由此
出，道之體也。達道者，循性之謂，天下古今之所共由，道之用也，
此言性情之德以明道不可離之意。（《中庸章句》首章）

蓋已發者、未發者之問題，實際上只是指心之觀感。未有事時便是未發，有
事有所感即是已發，朱子云『卻不要泥著』（《語類六十二·炎》）而心雖未發，
事實上性理早具，故不容尋覓，亦不必尋覓；然已發之心雖爲喜怒哀樂之情
顯，有所中節不中節，亦不容安排，不可刻意安排，原此已發乃根源於未發
而有正有不正也，故朱子力主於平日莊敬涵養，無人欲之私以擾之，則『其
未發也鏡明水止，而其發也無不中節矣。』（《文集六十四·與湖南諸公論中
和第一書》）至此，所謂未發、已發之問題已轉爲日用工夫之問題，故朱子於
《中庸首章說》（《文集六十七》）中以爲修道之教即是：『克己復禮日用工夫』，
所謂克己復禮即是於心之未發已發處涵養省察：

大抵未發已發只是一項工夫，未發固要存養，已發亦要審察，遇事
時時復提起，不可自怠，生放過底心；無時不存養，無事不省察。（《語
類六十二·人傑》）

大本用涵養，中節則須窮理之功。（同上·方）

蓋心之全德莫非天理，而亦不能不壞於人欲，故爲仁者必有以勝私
欲而復於禮（天理之節文），則事皆天理，而本心之德復全於我矣。
（《顏淵問仁集注》）

蓋於已發時涵養未發氣象——克私欲復於禮，窮天理與人欲之精微惻隱，而
於已發時發而中節，使前之窮理有力，前之涵養落實，待其不斷克己，則天
理日明，人欲日消，則漸復禮歸仁。至於涵養未發、省察已發仍是敬而無失
之工夫，故云「喜怒哀樂未發，程子敬而無失之說甚好。」（《語類六十二·
閎祖》）以爲未發謂之中固當敬而無失，即已發時亦當持敬涵養，可見無時無
地涵養省察一致用力。至此，朱子云：

自戒懼而約之以至於至靜之中，無少偏倚，而其守不失，則極其中
而天地位矣。自謹獨而精之以至於應物之處無所差謬，而無適不然，
則極其和而萬物育焉。蓋天地萬物本吾一體，吾之心正，則天地之
心亦正矣。吾之氣順，則天地之氣亦順矣，故其效驗至於如此，此
學問之極功，聖人之能事，初非有待於外，而修道之教亦在其中矣，

是其一體一用雖有動靜之殊，然必其體立而後用有以行，則其實亦
非有兩事也。(《中庸章句》首章)

自未發、已發之問題，至日用工夫之克己復禮，再至戒懼於慎獨至靜之時，
謹獨於精微隱顯之處，以是道德心創造德慧天地，朱子於心之本原特有精警
之言，振德之功。復次，所謂涵養省察以致中和，以正心而正天地，以道德
心創造道德物，即是一種氣象：

誠者，天之道也；誠之者，人之道也。誠者不勉而中，不思而得，
從容中道，聖人也。誠之者，擇善而固執之者也：博學之，審問之，
慎思之，明辨之，篤行之。(《中庸》二十章)

自誠明，謂之性；自明誠，謂之教；誠則明矣，明則誠矣。(《中庸》
二十一章)

蓋聖人之德渾然天理，真實無妄，至善至誠，不待思勉自能從容中道，法天
之道而修道設教；而凡人未至於聖，不能無人欲之私，其所為德不能皆實，
故未能不思而得，必待博學、審問、慎思、明辨、篤行以自明誠，以擇善固
執，然後可以誠身，此即聖人修道設教以待眾人興起也。換言之，聖人，天
道也，德無不實而明無不照；眾人則先明乎善而後能實其善，由教而入德，
人道也。學禮由道之本原、心之本原、禮之本體，推展至立教之本體：根於
天理根於心性而誠之，先明善擇善而後實其善，由教而入於人道之極，最後
貫通天道誠道，則：

唯天下至誠為能盡其性，能盡其性，則能盡人之性；能盡人之性，
則能盡物之性；能盡物之性，則可以贊天地之化育；可以贊天地之
化育，則可以與天地參矣。(《中庸》二十二章)

朱子於誠道有一段透徹感切之發揮，其言云：

所謂誠者，物之終始……以理言之，天地之理至實而無一息之妄，
故自古至今無一物之不實，而一物之中自始至終皆實理之所為也。
以心言之，則聖人之心亦至實而無一息之妄，故從生至死，無一事
之不實，而一事之中自始至終皆實心之所為也，此所謂誠者物之終
始者然也……故凡物之出於心者，必有是心之實，乃有物之實，
未有無其心之實而能有其物之實者也。(《中庸‧或問》)

既由誠道涵攝一切人道，則一切禮之本體、禮樂文化勢必因天之時序，順地
之節度而制定，一切禮樂之秩序即天道誠道之運行，一切規律亦必根源於誠

理而正心，然後天地始爲道德天地。故《中庸》二十七章云：

> 大哉聖人之道，洋洋乎發育萬物，峻極于天，優優大哉，禮儀三百，威儀三千，待其人而後行，故曰：苟不至德，至道不凝焉。故君子尊德性而道問學，致廣大而盡精微，極高明而道中庸，溫故而知新，敦厚以崇禮。

蓋禮儀者，經禮也，如儀禮；威儀者，曲禮也，如曲禮。道之極固至大無外，其小亦入於至微，故經禮法天理之節文，導民情性，曲禮法經禮而克己復禮，自細微小節應對進退以固民習性。總之，〈禮體〉有所發用，必本於天理而節文，必發於人情而設教。朱子由是爲極小之道德實踐，與極高明之參贊化育之功提出一入德之方，其言云：

> 尊德性所以存心而極乎道體之大也，道問學所以致知而盡乎道體之細也，二者修德凝道之大端也。不以一毫私意自蔽，不以一毫私欲自累，涵泳乎其所已知，敦篤乎其所已能，此皆存心之屬也。析理則不使有毫釐之差，處事則不使有過不及之謬，理義則日知其所未知，節文則日謹其所未謹，此皆致知之屬也。蓋非存心無以致知，而存心者又不可以不致知。（《中庸章句》二十七章）

由道之本原推至於人道，人道如同天道般制定參贊化育天地之層次，以禮之大體——經體（如吉、凶、軍、賓、嘉）爲五倫之綱，統整倫理秩序，再以其間細禮暢通進退之則——威儀三千，可見道之由大至小皆有至德也。亦因朱子由道之本原推至禮之本體，又於禮之本體推求禮樂文化之內容，更於禮樂文化中求道之法，而云：

> 熹聞之學者：博學乎先王六藝之文，誦焉以識其辭，講焉以通其意，而無以約之，則非學也，故曰：「博學而詳說之，將以反說約也。」何謂約？禮是也。禮者履也，謂昔之誦而說者至是可踐而履也，故夫子曰：「君子博學於文，約之以禮。」……易曰：「知崇禮卑」，禮以極卑爲事，故自飲食居處洒掃欬唾之間皆有儀節，聞之若可厭，行之若瑣碎，而不綱；然唯愈卑，故愈約，與所謂極崇之智殆未可以差殊觀也。夫如是，故成性存存而道義出矣，此造約之極功也。（《文集七十四·講禮記序說》）

明乎此，則可知何以朱子必於《學禮》中將人落實於敬身之人格、踐德行禮之倫常，自《小學》至《大學》皆有大小之禮樂制則，人行於禮之本體中，

由禮之踐履領會禮背後之天理，故博學於文必約之以禮。正從此博文（學問思辨）約禮（行）之求道中，存其心——尊德性，致其道德知——道問學，正是一敦厚崇禮廣大精微之德性之學。然而，由心之本原致中和而參贊化育，而至於至誠無息之道體，再至由道體制禮作樂，修道立教，自明而誠，一切人道之可能皆有天道之可能，而此天道之無限潛能，則以『中庸』名之，其莊嚴性經朱子詮釋如下：

> 《中庸》者，不偏不倚無過不及而平常之理，乃天命所當然精微之極致也。（《中庸章句》二章）

> 惟其平常，故不可易；若非常，則不得久矣。譬如飲食，如五穀是常，自不可易，若是珍羞異味不常得之物；則暫一食之可也，焉能久乎？（《語類六十二・廣》）

> 所謂平常，亦曰事理之當然，而無所詭異云爾，是固非有甚高難行之事，而亦豈同流合汙之謂哉？既曰當然，則自君臣父子日用之常，推而至於堯舜之禪授，湯武之放伐，其變無窮，亦無適而非平常矣。（《中庸・或問》）

第四節　心之治道：明明德於天下

朱子自紹興十七年丁卯，十八歲，秋，舉建州鄉貢之時，三篇策論皆欲為朝廷措置大事，一種經綸天下之氣概已煥發彰顯。三十二年壬午，三十三歲，六月，高宗內禪，孝宗即位，秋八月應詔上封事，倡言帝王之學必先格物致知，以極夫事物之變，使義理所存纖悉畢照，則自然意誠心正，而可以應天下之務，次言修攘夷狄之計。（見《文集十一・壬午應詔封事》）孝宗隆興元年癸未，三十四歲，十一月六日奏事垂拱殿，又言大學之道在乎格物以致其知，末言古先聖王制御夷狄之道，其本不在於威強，而在於德業；其備不在於邊境，而在於朝廷；其具不在於號令，而在於紀綱。（見《文集十三・癸未垂拱奏箚》一、二、三）淳熙七年庚子，五十一歲，夏，應詔上封事，倡言人主之心術公平正大無偏私，然後綱紀有所繫，蓋因天下之本在是，一有不正則天下萬事將無一物得其正者，故不得不謹於心之治道。（見《文集十一・庚子應詔封事》）八年辛丑，五十二歲，冬十一月己亥，奏事延和殿。（見《文集十三・延和奏箚》）及十五年戊申，五十九歲，六月壬申，再奏事延和

殿。（見《文集十四・戊申延和奏劄》）皆願人主之心於一念之萌，謹而察之，敬以克之，使聖心洞然。而戊申封事（《文集十一》）復云：『蓋天下之大本者，陛下之心也。』『大舜所以有惟精惟一之戒，孔子所以有克己復禮之云，皆所以正吾此心，而爲天下萬事之本也……雖以天下之大，而無一人不歸吾之仁者。』凡此皆可見其大學之道之精神。

淳熙十六年己酉，六十歲，二月，孝宗內禪，光宗即位。於其間有《己酉擬上封事》（《文集十二》）一文，將帝王之學擬出一具體原則（按：〈臣禮〉歸諸《小學》之教，而帝王之學歸諸《大學》之教。至於君臣大義，《小學書》中僅列一二敬君之禮、復讎之道，此是朱子《學禮》之一疑，讀者存疑闕疑可也。），凡十事如下：

> 深爲陛下籌之，則若講學以正心，若脩身以齊家，若遠便嬖以近忠直，若抑私恩以抗公道，若明義理以絕神姦，若擇師傅以輔皇儲，若精選任以明體統，若振綱紀以厲風俗，若節財用以固邦本，若脩政事以攘夷狄，凡是十者皆陛下所當警動自新而不可一有闕焉者也。

紹熙五年甲寅，六十五歲，秋七月，光宗內禪，寧宗即位，冬，辛卯奏事行宮便殿（見《文集十四・行宮便殿奏劄》），倡言天下之事，自君臣父子五倫始，莫不有理，而爲學之道莫先於窮理，而窮理又在讀書，進而言致精之本在心，學問之道求其放心而已。戊午上《乞進德劄子》（見《文集十四》），願寧宗日用之間語默靜動必求放心，以立心體之本。而自辛丑受詔進講《大學》，乙巳晚講，戊午朔晚講，庚申早講，辛酉晚講，其議論見於《經筵講義》（見《文集十五》），仍是一本君主心之治道關乎天下安危，而君主一心之明德若明，則自能明明德於天下。朱子云：

> 天下事有大根本，有小根本，正君心是大本。（《語類一百八・論治道》）

> 天之明命，有主之所同得，非有我之得私也，是以君子之心豁然大公，其視天下無一物而非吾心之所當愛，無一事而非吾職之所當爲，雖或勢在匹夫之賤，而所以堯舜其君、堯舜其民者，亦未嘗不在其分內也。又況《大學》之教，乃爲天子之元子眾子、公侯卿大夫士之適子，與國之俊選而設，是皆將有天下國家之責，而不可辭者，則其所以素教而預養之者，安得不以天下國家爲己事之當然，而預

求有以正其本清其源哉？後世教學不明，爲人君父者慮不足以及
此，而苟徇於目前，是以天下之治日常少，亂日常多，而敗國之君
亡家之主常接迹於當世，亦可悲矣！（《大學·或問》）

是書（《大學》）之規模雖大，然其首尾該備，而綱領可尋，節目分
明，而工夫有序，無非切於學者之日用。（同上）

以下試自明明德、新民、明明德於天下三觀念以述朱子心之治道，其如
何經由此三綱領以完成其『道德天下』之理想，將『學禮』之結構自修身推
至國治天下平之格局：

所謂『明明德』，鄭注原作：『顯明其至德也』（《禮記·大學注》），『至德』
二字太簡易，朱子爲之建構一形上根源，以推之於天理，極於高明——「明
德者，人之所得乎天，而虛靈不昧以具眾理，而應萬事者也，但爲氣稟所拘、
人欲所蔽，則有時而昏，然其本體之明則有未嘗息者，故學者當因其所發而
遂明之，以復其初也。」（《大學章句·經一章》）朱子以爲人性秉賦於天，若
不得其正，則天理成爲人欲，成爲困陷，故須於人性所發處明其本體。朱子
以『復其初』之『初』字形容人之得乎天理之最根源處，因有此道德根源，
故須明明德。然則本體爲何物？朱子形容爲『虛靈不昧』、『以具眾理而應萬
事』，即是一『清明之智慧』義。

所謂『新民』者，於古本大學原作『親民』，乃一政治上推愛及人之舉，程
伊川進而將政治之活動背後原理揭示：『親當作新』，〈親民〉作〈新民〉正是一
將政治活動道德化之新結構，朱子云：「今吾既幸有以自明矣，則視彼眾人之同
得乎此而不能自明者，方且甘心迷惑沒溺於卑污苟賤之中，而不自知也，豈不
爲之惻然而思有以救之哉？故必推吾之所自明者以及之，始於齊家，中於治國，
而終及於平天下，使彼有是明德而不能自明者亦皆有以自明，而去其舊染之污
焉。」（《大學·或問》）然則新民之中，其中推以及人之新民意實寓親民意；蓋
由自我之明明德而推及他人，使他人亦由明德根源裏獲得新生，則人我交流，
政治活動既上道德軌道，民生之親愛慈惠眷顧乃自然而然之勢。故新民之政治
意念裏，實是可包涵親民之政治原則。亦即由此新民之政治意念活躍下，天下
方可明其明德，共成一明明德於天下之道德世界。由此論知，新民即是一自覺
以覺人，使人我皆復其初之謂。止於至善便是因此階段之發展而再往更高層次
推擴，人我同至於事理之極，天理盡其極，而無一毫人欲之私之境界。朱子顯
然將原有之自處於至德、自處於親民愛人之善底襟懷推展至全宇宙之安身立

命，無非欲於具體之人我關係上得其道德原則，以爲人性安排一永恆之殿堂。

至於『明明德於天下』之體系，朱子云：

> 所謂明明德於天下者，自明其明德而推以新民，使天下之人皆有以明
> 其明德也。人皆有以明其明德，則各誠其意各正其心各脩其身各親其
> 親各長其長，而天下無不平矣。然天下之本在國，故欲平天下者，必
> 先有以治其國，國之本在家，故欲治國者必先有以齊其家；家之本在
> 身，故欲齊家者必先有以脩其身；至於身之主則心也，一有不得其本
> 然之正，則身無所主，雖欲勉強以脩之亦不可得而脩矣，故欲脩身者，
> 必先有以正其心，而心之發則意也，一有私欲雜乎其中，而爲善去惡
> 或有未實，則心爲所累，雖欲勉強以正之，亦不可得而正矣，故欲正
> 心者，必先有以誠其意。若夫知，則心之神明，妙眾理而宰萬物者也，
> 人莫不有，而或不能使其表裏洞然無所不盡，則隱微之間，眞妄錯雜，
> 雖欲勉強以誠之，亦不可得而誠矣。故欲誠意者，必先有以致其知，
> 致者推致之謂，如喪致乎哀之致，言推之而至於盡也，至於天下之物，
> 則必各有所以然之故，與其所當然之則；所謂理也，人莫不知，而或
> 不能使其精粗隱顯究極無餘，則理所未窮，知必有蔽，雖欲勉強以致
> 之，亦不可得而致矣。故致知之道在乎即事觀理以格夫物……物格
> 者，事物之理各有以詣其極而無餘之謂也。理之在物者既詣其極而無
> 餘，則知之在我者亦隨所詣而無不盡矣。知無不盡則心之所發能一於
> 理而無自欺矣。意不自欺，則心之本體物不能動，而無不正矣。心得
> 其正，則身之所處不至陷於所偏，而無不脩矣。身無不脩，則推之天
> 下國家亦舉而措之耳。（《大學·或問》）

蓋朱子自《康誥》（《周書》）所云『克明德』，《堯典》（《虞書》）所云『克明
峻德』，察知明其明德爲人主根本之處，有其自我心之治道，則天下方可存乎
一本，方可明明德於天下，而能日新又新，其命維新，以作新民，以止於至
善。此中有二義堪思：一者，君主之心如同天心，價值崇高，此爲其正面之
肯定；二者，天心成就一切，道德創造所有萬事萬物，君主之心既等同於天
心，則責任巨大，不容輕忽開脫，此種主觀之政治體系雖不足以開出政體之
客觀制度，然君心之於天理須有絕對『善聽』之耳、『善知』之心，察覺民意
之趨向，爲民造福，始可當天命也，此爲其正反二極互成之價值。

第五節　王者之心：政治責任之講明〔註6〕

　　所謂王者之心，乃政治人格之極致。而王者之政治人格重於其心正之關乎天下安危，故其政治責任特講明其憂患意識，其使命感、其對整個歷史文化、政治文化之擔當與認識。《大學章句傳二章》〈釋新民〉云：

　　湯之《盤銘》曰：「苟日新，日日新，又日新。」《康誥》曰：「作新民」。《詩》曰：「周雖舊邦，其命維新。」是故君子無所不用其極。

朱子於《經筵講義》（《文集十五》）為此段文字詮釋其政治意念云：

　　蓋沐浴之盤者，常用之器，而銘者自警之辭也。古之聖賢兢兢業業固無時而不戒謹恐懼，然猶恐其意有所息而忽忘之也，是以於其常用之器各因其事而刻銘以致戒焉，欲其常接乎目，每警乎心，而不至於忽忘也，其辭所苟日新，日日新，又日新者，則取沐浴之事而言之，蓋人之有是德，猶其有是身也，德之本明猶其身之本潔也；德之明而利欲昏之，猶身之潔而塵垢汙之也，一旦存養省察之功真有以去其前日利欲之昏，而日新焉，則亦猶其疏瀹澡雪而有以去其前日塵垢之汙也，然既新矣而所以新之之功不繼，則利欲之交將復有如前日之昏，猶既潔矣，而所以潔之之功不繼，則塵垢之集將復有如前日之汙也，故必因其已新而日日新之，又日新之，使其存養省察之功無少間斷，則明德常明，而不復為利欲之昏，亦如人之一日沐浴，而日日沐浴，又無日而不沐浴，使其疏瀹澡雪之功無少間斷，則身常潔清，而不復為舊染之汙也。昔成湯所以反之而至於聖者，正惟學於伊尹而有得於此，故有感乎沐浴之事而刻銘於盤以自戒焉……至周武王踐祚之初，受師尚父丹書之戒，而於几席觴豆刀劍戶牖盤槃莫不銘焉，則亦聞湯之風而興起者，皆可以為萬世帝王之法矣……其曰作新民者，武王之封康叔，以商之餘民染紂汙俗而失其本心也，故作《康誥》之書而告之，以此欲其有以鼓舞而作興之，使之振奮踴躍以去其惡而遷於善，舍其舊而進乎新也……其曰周雖舊邦，其命維新者，言周之有邦自后稷以來千有餘年，至於文

〔註6〕　此部份觀念之引發由宋師鼎宗《春秋宋學發微》四章一節，所云：『凡所奏聞，皆正心、誠意、修齊、治平之道。』引發吾向朱子《大學》之道所言之政治意念探究之。及唐君毅先生《中國哲學原論・原道篇卷二》的第二十章、二十一章。

王聖德日新，而民亦丕變，故天命之以有天下，是其邦雖舊而命則新也。蓋民之視效在君，而天之視聽在民，若君之德昏蔽穢濁，而無以日新，則民德隨之亦爲昏蔽穢濁而日入於亂，民俗既壞，則天命去之，而國勢衰弊無復光華，……若其有以自新，而推以及民，使民之德亦無不新，則天命之新將不旋日而至矣，其曰君子無所不用其極者……極即至善之云也，用其極者，求其止於是而已矣。

由於日新又新之戒懼，其政治意念必由一己心正而使民視效，天由民之自新而視聽，王者之天命方能繫於不墜，《學禮》至於王者政治人格處亦有此意念：

武王踐阼三日，召士大夫而問焉，曰：「惡有藏之約行之行，萬世可以爲子孫恒者乎？」……師尚父西面道書之言曰：「敬勝怠者吉，怠勝敬者滅，義勝欲者從，欲勝義者凶；凡事不強則枉，弗敬則不正，枉者滅廢，敬者萬世藏之約行之行，可以爲子孫恒者，此言之謂也。」王聞書之言，惕若恐懼，而爲戒書，於席之四端爲銘焉，於几爲銘焉，於鑑爲銘焉，於盥槃爲銘焉，於楹爲銘焉，於杖爲銘焉，於帶爲銘焉，於履屨爲銘焉，於觴豆爲銘焉，於戶爲銘焉，於牖爲銘焉，於劍爲銘焉，於弓爲銘焉，於矛爲銘焉。（《學禮十四・踐阼》，取自《大戴》）

由於心之戒懼所生之政治意念，其間已有政治責任之自責自克，由此生憂患意識，由憂患意識生敬意，對待人民如同敬天之怒，因爲一切民人之意念去向即天命之軌道去留。故而處處爲銘，處處敬事治道之生機，其虔敬正是一由歷史文化延伸到現實政治之寄意，由前代之興衰看察到當下之政局，朱子之深意蓋寄於宋代，而自託於古罷了。

然而武王爲銘猶是一興衰之前的預爲之防，一切事理尚未發將發，至於《學禮》之〈臣禮〉中曾錄自〈曲禮〉一言云：

國君死社稷。（〈臣禮・死節〉）

又於《學禮》踐阼一文觸及於政治文化、歷史文化衰亡之結局之悲涼，而云：

魯哀公問於孔子曰：「寡人生於深宮之中，長於婦人之手，未嘗知哀也，未嘗知憂也，未嘗知勞也，未嘗知懼也，未嘗知危也。」……孔子曰：「君入廟門而右登自胙階，仰視榱棟，俯見几筵，其器存，其人亡，君以思哀則哀將焉不至矣！君昧爽而櫛冠，平明而聽朝，一物不應，亂之端也，君以此思憂則憂將焉不至矣！君平明而聽朝，

日昃而退，諸侯之子孫必有在君之末庭者，君以此思勞則勞將焉不
至矣！君出魯之四門，以望魯之四郊，亡國之虛列必有數焉，君以
此思懼則懼將焉不至矣！且丘聞之，君者舟也，庶人者水也，水則
載舟，水則覆舟，君以此思危則危將焉不至矣！」（《學禮十四・踐
阼》，取自《荀子・哀公篇》、《家語》、《新序》通修而成）

亦即由政治哀、憂、勞、懼、危之考慮，而引生君主對政治責任之講明，使
其上下四方皆有以平治，故朱子言及《大學》絜矩之道而云：

蓋絜，度也；矩所以為方也。以己之心度人之心，知人之所惡者不
異乎己，則不敢以己之所惡者施之於人，使吾之身一處乎此，則上
下四方，物我之際，各得其分，不相侵越，而各就其中校其所占之
地，則其廣狹長短，又皆平均如一，截然方正，而無有餘不足之處，
是則所謂絜矩者也。夫為天下國家而所以處心制事者一出於此，則
天地之間將無一物不得其所，而凡天下之欲為孝弟不倍者，皆得以
自盡其心，而無不均之嘆矣。（《大學・或問》）

所以君子須用推絜矩之心以平天下。（《語類十六・大學三・間》）

能使人興起者，聖人之心也；能遂其人之興起者，聖人之政事也。（同
上・廣）

蓋朱子以為上行下效，乃政治上心之治道之運用，故政治責任必先能自明其明
德，方能明明德於天下；先自興起善心，則下自隨之行善。故《大學傳十章》
乃云：「所謂平天下在治其國者，上老老而民興孝，上長長而民興弟，上恤孤而
民不倍，是以君子有絜矩之道也。」亦由此政治責任關乎天下安危憂患，故帝
王之學成為講明政治責任之必要條件，以《小學》、《大學》之教使帝王之政治
人格健全，而便於他日政治責任運作時能如民之仰望，故《經筵講義》又云：

治古之世，天下無不學之人，而王者之子弟其教之為尤密，蓋自其
為赤子之時而教已行矣，及其出就外傅，則又有《小學》之學；及
其齒於冑子，則又有《大學》之學。凡所以涵養其本原，開導其知
識之具，已先熟於為臣為子之時，故其內外凝肅思慮通明之效，有
以見於君臨天下之日，所以能秉本執要，醻酢從容，取是舍非，賞
善罰惡，而姦言邪說無足以亂其心術也。降及後世，教化不脩，天
下之人例不知學，而尊且貴者為尤甚。蓋幼而不知小學之教，故其
長也無以進乎大學之道，凡平日所以涵養其本原，開導其知識者既

已一切鹵莽而無法，則其一旦居尊而臨下，決無所恃以應事物之變，而制其可否之命，至此而後始欲學於《小學》以爲《大學》之基，則已過時而不暇矣。夫手握天下之圖，身據兆民之上，可謂安且榮矣，而其心乃茫然不知所以御之之術，使中外小大之臣皆得以肆其欺蔽眩惑於前，騁其擬議窺覦於後，是則豈不反爲大危大累而深可畏哉？

宋代自開國以來，無一日不與外患爲伍，而內憂時生，故朱子於《學禮》深層結構處實寓對宋代歷史文化、現實政治之憂患意識，亦由此憂患意識中而生帝王之學對於一國之重要，一國之君主之學又必先講明其政治責任所在，使之知所哀、憂、勞、懼、危之理，而致眞知——政治責任之道德知，由是格其理、誠其意，以推於心之治道，國治而後天下平。故清秦蕙田云：

> 案經筵之禮，始于宋代，所以講明正學，涵養德性，預防非幾之萌，沈潛道義之奧，故論者謂經筵之重與宰相等。（《五禮通考》卷一百七十二，〈經筵日講〉）

蓋朱子於《學禮》政治意念，正從《經筵講義》之講明而來，寄意深矣。自君主個體脩身——明明德，推擴至自覺覺人——新民，至道德心創造天下之事——明明德於天下，所言皆誠意、正心、脩身、齊家、治國、平天下之旨，以是心而處理政事——君心即天心，天心普潤萬物，君心普潤萬民，如草上之風，風起草偃，氣象歡騰。然此中政治責任至大，哀公所問孔子之事，寓意甚深，朱子處於南宋外患內憂而朝野仍歌舞昇平之時，心中之悲涼一概付諸《學禮》十一卷之教育結構，以期教育之事改造人性，以人性之自明明德改造社會人心，以社會人心扭轉君心，庶幾影響時局，扭轉政潮；然朱子歷仕高、孝、光、寧四朝，所言非一，而不獲見用，書生痛哭終無濟，惟將餘日付殘篇！

第六節　《大學》之理據：十五志於學

自八歲入《小學》，至十五入《大學》，這其間共有八年學習的時間，《學記》（《學禮十》）云：

> 一年視離經辨志，三年視敬業樂群，五年視博習親師，七年視論學取友，謂之小成；九年知類通達，強立而不反，謂之大成。夫然後足以化民易俗，近者說服，而遠者懷之，此《大學》之道也。

朱子注云：

> 辨志者，自能分別其心所趨向，如爲善爲利，爲君子，爲小人也。
> 敬業者，專心致志以事其業也。樂群者，樂於取益以輔其仁也。博
> 習者，積累精專次第該徧也。親師者，道同德合愛敬兼盡也。論學
> 者，知言而能論學之是非；取友者，知人而能識人之賢否也，知類
> 通達，聞一知十而觸類貫通也。強立不反，知止有定而物不能移也。
> 蓋考較之法，逐節之中先觀其學業之淺深，徐察其志行之虛實，讀
> 者宜深味之，乃見進學之驗。（按：離經者，離析經之章句。）

朱子言《學記》教學之原則乃通大、小學而言，小成之時正是《小學》之成功；而九年大成正是《大學》之格物窮理，以道德知作道德判斷，舉一反三，觸類旁通，聞一知十，故能知止有定，有定有靜，則安則能慮能得，外物不能移，故強立而不反。此處正與『立於禮』一般需有強固之心志與外在之禮節以內外交修，明於此，則《大學》之教必能學至於立，而自強不息以至于聖境。

此外，《大學》之教以《小雅》三篇詩章——〈鹿鳴〉、〈四牡〉、〈皇皇者華〉，爲其樂樂之曲。蓋此三詩皆君臣宴樂相勞苦之詩，爲其教曲正是勸之以官，取君臣上下相和厚之意以勉其爲政治系統作貢獻也。由此而知，《大學》之教充份說明了政教合一，政治影響教育，教育回饋政治之作法，更可強烈流露出其學政一體之特色。

復次，《大學》之教之心理教學有其原則：

> 大學之法，禁於未發之謂豫，當其可之謂時。

鄭注云：

> 未發，情慾未生，謂年十五時。可謂年二十成人時。

朱子則云：

> 今按此（禁於未發）但謂預爲之防，其事不一，不必皆謂十五時
> 也。……當其可謂適當其可告之時，事亦不一，不當以年爲斷。

蓋朱子以爲人之童蒙時知思未有所主，便當以正言正行日陳於其前，使之習與心成，習慣成自然，自然能漸合於天理之節文——禮之本體，而於《大學》之時有所表章其內外交修之美。故所謂預爲之防，一方面是指《小學》涵養本原之事，另一方面則指將入《大學》，必先於其身心發展歷程有所了解，以『興於詩』之手法引導其自我開導一己之情性，將情性引導爲興發人心向善

之動力，以詩以樂以禮誘使人之感性，由情動始，卻以天理節文、人性眞善提昇其心境，將人所不知己所獨知——心中之我轉化爲祥和的道德心靈，則能於戒愼謹獨之處自慊自足。有此了解，則於其進入《大學》後：興於詩——感發興起其唯美的道德心靈；立於禮——內在之道德知、道德心，使外在之道德判斷、道德實踐更爲落實；成於樂——內在之道德心靈，外在之道德實踐，漸趨於合一，小時候順著樂節而行趨之習慣，至此時竟能自然而然的隨心中之樂樂而生節奏，行以肆夏，趨以環珮，週旋中禮，步履極美極盈極健極止於至善。

待學子之心性已臻於強固而立，強立而不反，《大學》之教所有內容無施不可，則將有興發感動強立大成之潛能，故以願爲聖賢之志爲進學之標的，亦即一切教育尊德性之事皆爲了培護一完美的道德心靈，以使其有志於法先聖先王，有志於博學爲政。至於年十五，乃一渾括之詞，不必拘泥；然朱子《大學》之理論根據卻從孔子『十五志於學』（《論語·爲政》）所發，以『志於學』爲基石，經由『三十而立』、『四十不惑』、『五十知天命』、『六十耳順』、至『從心所欲，不踰矩』，一共六個層次，步步開展，塑造一完整人格，呈顯聖心。此中有其一貫性，即『從心所欲，不踰矩』，有賴於『耳順』之完成，而『耳順』又有賴於『知天命』之完成，『知天命』又有賴於『不惑』之完成，『不惑』又有賴於『立』之完成，而『立』又須有『志於學』之基礎，始能完成其全幅聖境，可知『志於學』爲一切聖賢境界之起點，故爲《大學》之教之理據。〔註7〕

以下試述朱子自『十五志於學』中所析出之觀念，復論其《大學》之教經由追求聖賢人格之無限價值，所呈現之『理體』——潔淨空闊之道德世界：

關於『十五志於學』，乃朱子尊德性之教之關鍵處，朱子以爲此章乃『聖人亦大約將平生爲學進德處分許多段說』（《語類二十三·吾十有五而志於學章》，賀孫）。蓋孔子之生命歷程曾深深惻動朱子之心靈，而影響其尊德性一學之理念：即將聖人十五志於學帶出兩個主題，一者爲進德之歷程，一者即結合聖人進德心路歷程與進學之次序而成爲尊德性之教育學，教育底尊德性之學。十五之前，朱子衍生小學涵養本原之事，十五開始則有大學窮理致知之道。即因此故，故云：

〔註 7〕 參見宋師鼎宗《從十五志於學談起》，成功思潮二十六期，及徐復觀先生《中國人性論史先秦篇》九章。

古者十五而入大學……此所謂學,即《大學》之道也。(《爲政集注》)

又云:

吾十有五而志于學;古人於十五以前皆少習父兄之教,已從事小學
之中以習幼儀,舞象舞勺,無所不習,到此時節,他便自會發心去
做,自去尋這道理。(《語類二十三・子蒙》)

朱子所指,即是十五以前從事《小學》之事,涵養持守良好之生活習性,由
外鑠的他律的父兄之教中,爲將來大學之道作準備工夫;而十五以後即從小
學之事中尋出道理,而窮理盡性,啓發自律之道德意識,以立,以不惑,以
知天命,以耳順,以從心所欲不踰矩,此則《大學》之道所開發之事。〔註8〕

又云:

十五志學一章全在志於學上,當思自家是志於學與否?學是學箇
甚?如此存心念念不放,自然有所得也。(《語類二十三・季札》)

志學便是一箇骨子,後來許多節目只就這上進工夫。(同上,文蔚)

看志字最要緊。(同上,炎)

即因以『志於學』爲基石而進德爲學,整個孔子的生命歷程在朱子的透視下,
乃是一窮理盡性的層次,而云:

窮理只自十五,至四十不惑時已自不大段要窮了;三十而立時便是
箇鋪模定了,不惑時便是見得理明也;知天命時又知得理之所自出;
耳順時見得理熟;從心所欲不踰矩時又是爛熟也。(《語類二十三・
幹》)

爾後以『志於學』爲基石,而以『窮理』爲綱領,開展了盡性全性之歷程,
而云:

世間千岐萬路,聖人爲甚不向別路去,只向這一路來,志是心之深
處。(《語類二十三・廣》)所謂志,心之所之謂之志,志乎此,則念
念在此,而爲之不厭。(《集注・爲政》)自志乎學,積十五年進修持
守之功,而其所立之地確然堅固,物莫能搖也。(《或問・爲政》)三
十守得定。(《語類二十三・節》)既立矣,加以十年玩索涵養之功,
而知見明徹,無所滯礙也;蓋於事物之理幾微之際毫釐之辨,無不
判然於胸中。(《或問》)四十見得精詳無疑。(《語類・節》)則見得

<hr>

〔註8〕此部份曾參考林清山《教育心理學》言道德教育部份。

事自如此，更不用守。(《語類‧明作》) 無所疑惑而充積十年，所知益精，所見益徹。(《或問》) 蓋天道運行，賦與萬物，莫非至善無妄之理而不已焉，是則所謂天命者也。物之所得是之謂性，性之所具是之謂理，其名雖殊，其實則一而已，故學至於不惑，而又進焉，則理無不窮，性無不盡，而有以知此矣。(《或問》) 天之所以命我者無不知也。(《語類‧植》) 則自知天命，有加十年，若用力若不用力，而自至于此 (六十耳順)，蓋其德盛仁熟，而幾於化也。(《或問》) 聲入心通，無所違逆，知之之至，不思而得。(《集注》) 十年之間，無所用力，而從容自到，如春融凍釋，蓋有莫知其所以然而然者。(《或問》) 此聖人大而化之，心與理一，渾然無私欲之間而然也。(《或問》) 隨其心之所欲，而自不過於法度，安而行之，不勉而中也。(《集注‧七十從心》)

所謂《大學》之道：窮理即是窮天所賦與之人性，人性所獨得之明德。以明德充份自覺覺人，心與理一，大而化之，即是盡性。換言之，所謂春融凍釋，乃窮理通達後所到之境界，非只涵養持守所能到達，故必從《小學》之事至《大學》之窮理後始能完成整個理之圓融完滿。〔註9〕

朱子實際上是以道問學之路數重新詮釋孔子，以窮理為綱領，引導盡性之心路歷程。進而言之，其以古人大學之道解釋孔子十五志於學的意義——以教育之事詮釋德性之學；以孔子進德歷程詮釋古人大學之教之內容——以尊德性之學表彰教育之意義；又以朱子個人窮理致知之哲學帶入孔子生命進展各個階段之意義——以道問學引領了尊德性之學。總上而言，朱子不但以教育之事引導德性之學之義蘊，且又以後人之哲學觀念：窮理盡性，道問析理之方法詮釋了古人之學禮與孔子生命之歷程。〔註10〕

朱子將孔子之十五志於學點出了《小學》之事、《大學》之道兩個階段，已將『學』這一樁生命層次展演為教育歷程，將德性之學以教育方式帶出而推展，以教育歷程引導德性之學，成為朱子重新詮釋下孔子之生命進德為學意義。亦即由此路數前進，順道問學之方法，乃至將孔子人格成長歷程整個化為窮理之心智歷程，隨歲月增長，生命成長之疊進，而化其知識之外貌，

〔註9〕 參見錢先生書二冊《朱子論涵養與省察》部份。

〔註10〕 參見牟先生《心體與性體》三冊言朱子小學涵養，與徐先生《中國人性論史》言大學之道者。

熟而又熟，直探萬理內在而超越之原則，直探天理與人欲的關係，道問學至是化爲尊德性之學，從前之理想——『尊德性』更加篤實，現在之實踐——『尊德性』更爲具體得理，然後不斷做去，復人心最初渾然無私欲之天理，不見痕跡，大而化之，聖而神之，心智之大清明於焉成功。此是一種人格成長以心智成長爲進路之方法，一種橫攝向前疊進之漸教，一種智慧之長進，由有痕迹到大而化之，由粗開之本質磨礪爲渾然圓潤之本體。其方法即是由見聞之知與德性之知互相消融中，見理之在我天性中，而見本體，遍攝萬理；換言之，朱子所見孔子之成長乃是一龐大精微之理體，由理體省悟生命之意義，而省察得致一道德心，爲行事之主宰。今試爲一圖以示朱子對孔子生命歷程之涵義：

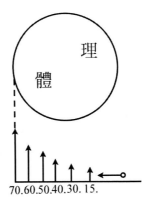

70.60.50.40.30.15.

朱子既以孔子十五志於學爲《大學》之道之理據，由是開展其《大學》之教之內容，其《大學》始教以志於學爲基石，而終教即是無限窮理盡性之潛能——立，不惑，知天命，耳順，不踰矩；雖然《大學》教育本身無成聖之效果，但其價值上是包涵成聖之可能，故自其始其終一體而觀照，《大學》實爲一個個體人格進德上之成德之教、全德之教，是一始終相攝小大飽滿之成教。亦由此重新詮釋聖人之進德爲學，結合古代《大學》、《小學》之學禮思想，成爲朱子特有之《學禮》架構——一個具有尊德性爲始終之理想，道問學爲始終工夫之教育哲學，一個教育之尊德性之學，一個尊德性之教育學；朱子一生學術精義集中於此建構上，而此建構又環繞著其《大學》之教義而運行，以是『繼天立極』，爲天下後世設教脩道。

第六章　結　論

第一節　引　言

　　朱子《學禮》之可貴，在於落實道德於平凡之生活；然道德之可貴在於自平凡中見核心見簡易之體，而不在其理論之高深，朱子似偏重於理體之建構、道德觀念之分析，而於基本處立大本之體則有不足，故道德能力儘管恢宏，其學生卻始終於大學之規模終無入德處，此非其理論無道德心之發用，只因其理論重於道問學之工夫，體系矯揉萬方，非一般學子所可企及；然朱子之學正於道問學工夫極其致時方可入於尊德性之門，其殿堂之內又有三十而立、四十不惑、五十知天命、六十耳順、七十從心不踰矩之層次，步步深入，方可契悟道德生命，其始終皆於平凡生活中開展，平凡而莊嚴，似易實難也。本文試綜論其《學禮》於道德實踐、於道德教育二者之工夫，以爲結論。

　　朱子於『學而時習之，不亦說乎？』句下註云：

　　　　學之爲言效也；人性皆善，而覺有先後，後覺者必效先覺者之所爲，

　　　　乃可以明善而復其初也。（《集注・學而》）

又於『有教無類』句下註云：

　　　　人性皆善，而其類有善惡之殊者，氣習之染也。故君子有教，則人

　　　　皆可以復於善，而不當復論其類之惡矣。（《集注・衛靈公》）

　　吾人可自此二段文字疏解出幾個觀念：

　　之一，朱子『學』之目的，爲復其初——性善作準備，顯然是一道德教育。

　　之二，朱子何以不能自人性之開端即肯認人性善，即具有為善之可能，而必藉『學』以『覺』，以『覺』而『明善』？善之完成於其思想中似是一『學』之工夫所歸趨，而不可能一發即成；換言之，由『學』至『明善』，再漸進至聖賢人格境界，此中之歷程顯然是一曲折的、漸進的、漸修的、曲成的工夫。

　　之三，此中之歷程顯然暗示：人性本善，而其類有善惡之殊者則因『氣習之染』──後天環境之殊成為必然之命限。是故須『有教』以成德。蓋人須從學習中學到『成法』──過去聖賢人格典範之啓迪，從『成法』中得善之教訓與啓示，窮其理而熟悉價值趨向，以護住心性。經過教育，經過客觀外來之外鑠，向內在之善源逼近，由此引導誘出心靈深處對於生命之感動，感動即是『覺』，以此感動點化整個心靈為至善。所以朱子力言：『學問是自家合做底，不知學問，則是欠闕了自家底，知學問則方無所欠闕，今人把學問來做外面添底事看了。』（《語類八・學二・廣》）可見朱子本意將尊德性之事以教育手法帶出以復其初，一切學問皆為了完成自家份內事，一切知識之教育、窮理之層次皆為了成就道德教育，以道德教育培育人性之外力，即為了──讓人性之自覺能自力自動效法先覺者，而自我明善。總之，朱子是先教善，然後再復初。

　　之四，朱子所謂人性皆善之善，乃是一種性理之善，是超越於人之物質世界之上者。性理之善固人所具有，然無絕對保證必被實踐或完成。至於朱子又言善人之善乃是『質善』（〈鄉黨〉，子張問善人之道），所謂氣質之善乃人才性氣質中較清明者，人可以此踐性知天，即此為學以成德。而所謂『氣習之染』之善，則是善之第三義，此為不自覺地於客觀環境中受遷移之善，乃外在所加諸人而造就者，而於學力足夠時或能轉成自覺之善。亦即謂人先天本具有善理，而於後天教育環境中始被教育力量引出善性情，此種善乃一不自覺的道德行為、良好習慣，此中之善實無自體。凡此善之三義，綜合為一『學禮』，以先天本具之性善揭明教義，而以氣質之性善勉人受教，且以氣習所染之善性栽培童蒙，使之性情平正以待大學之教。

第二節　朱子《學禮》之道德實踐

　　由於先教善，再復初，朱子之教必導致一道德生活之實踐，並力求建立一個釐定人際關係中是非真假之倫常，其言云：

> 學者工夫只求一箇是，天下之理不過是與非兩端而已，從其是則爲
> 善，狥其非則爲惡，事親須是孝，不然則非事親之道，事君須是忠，
> 不然則非事君之道。凡事皆用審箇是非，擇其是而行之。聖人教人
> 諄諄不已，只是發明此理：十五志學，所志只在此；三十而立，所
> 立只在此；四十而不惑，又不是別有一般道理，只是見得明、行得
> 到，爲賢爲聖皆只在此。(《語類十三‧謨》)

所有道德生活之內容經其分析，只以是與非兩個觀念引導，而這是是、非非
之琢磨，正是教育學中道德教育之內容——明辨是非、貫徹善良之行爲與習
慣。然而，朱子之道德教育實只是尊德性一學中一段工夫歷程，只爲達成一
個道德理念，而不惑於外物之搖撼。過此不惑，仍待自心之化理於無形，理
明而理熟，而爛熟，而見全德。可見道德教育乃中間之轉關，非終點。一旦
道德教育自教育環境中學習而得、復初而明善，則須靠已復初之自我自己作
主，挺立自我，始能知天之命我者。以下試述其道德實踐與道德教育之內涵：

一、博文約禮以達天理之節文

所謂博文，即朱子格物致知之義；而約禮，即克己復禮之義，此二者爲
朱子學中下學上達之工夫，徹上徹下，極始極終者。其言云：

> 禮者，天理之節文也，爲仁者所以全其心之德也。蓋心之全德莫非
> 天理，而亦不能不壞於人欲，故爲仁者必有以勝私欲，而復於禮，
> 則事皆天理，而本心之德復全於我矣。(《顏淵問仁集注》)

> 博我以文是要四方八面都見得周匝無遺，是之謂表。至於約我以禮
> 又要逼向身己上來，無一豪之不盡，是之謂裏。(《語類十六‧木之》)

> 窮究天下萬物之理，而致其知識，使之周徧精切而無不盡。(《經筵
> 講義》)

> 格那物，致吾之知，也便是會有諸己。(《語類三十六‧顏淵喟然嘆
> 章‧賀孫》)

> 格物須是從切己處理會。(《語類十五‧道夫》)

> 禮以極卑爲事，故自飲食居處洒掃欼唾之間皆有儀節，聞之若可厭，
> 行之若瑣碎，而不綱；然唯愈卑，故愈約，與所謂極崇之智殆未可
> 以差殊觀也。夫如是，故成性存存而道義出矣，此造約之極功也。(《文

集七十四·講禮記序說》）

　　以下試從此數條爲綱領以探究博文約禮之工夫：

1. 道德知之形成與道德判斷之條件

　　蓋朱子所言格物窮理以致知之『知』字，乃一『致道德知』之義，一由人之道德內省而知是知非之心體之用。

　　知者，心之神明，妙眾理而宰萬物，如不能推而致之，使其內外昭融無所不盡，則隱蔽之際，私欲一萌，則心體不得而誠。〔註1〕即因『知』關涉人之心體誠意善惡，故『知』是一『道德知』，而所窮之理亦是自萬事萬物自然生態之形構之理之表面，探入萬物生成之理、道德創造之意義。由其所窮之理是一由自然物至道德物之故，乃致其窮理之中必關涉心體之誠與不誠。朱子爲使心體之知無所不知——必上下四方宇宙萬物一切之理在所必格，又爲使所發之知一如天理之明，而無人欲之蔽，亦必於心知上用力誠意正心，兩相夾輔，則心體之知無所不盡正爲心體之明，心體之明正來自於對天地萬物之透徹了解，對宇宙萬象之道德同情，而有一道德之感以關懷人群，此其道德知之形成也。

　　蓋『道德知』之產生源於人之形軀有限，常限於有限之形軀，不能極盡宇宙之所賦與之理，不能因居宇宙之中樞而頂天立地繼往開來，是故朱子欲人打破人我界限，以人之有限參贊天之無限，唯有以道德創造參入宇宙之生生不息，以生生不已背後生生之德看待萬有，由是一切自然物皆爲道德物，一切萬象皆道德創造，乃一道德天地。既是道德天地，則人固當盡其所知以極盡人之本份；既是道德之知，則一切窮理但爲反躬自省——自我惻隱仁義四端是否如理發用？而作一準備罷了！亦因此故，故窮盡天地之理鬼神之變皆爲獲得道德之知，以應『道德判斷』之所需。可見道德之知爲誠意正心，道德之判斷爲道德知之如理發用。若『道德知』能如理作『道德判斷』，『道德判斷』能如理發用其『道德知』，則心體之全體大用方無不明矣。故『道德判斷』之條件在於：

　　　　吾聞之也，天道流行，造化發育，凡有聲色貌象而盈於天地之間者，
　　　　皆物也，既有是物，則其所以爲是物者莫不各有當然之則，而自不
　　　　容已，是皆得於天之所賦，而非人之所能爲也。今且以其至切而近

─────────────

〔註 1〕參見《文集十五·經筵講義》。以下的推理部份，則參考曾師《朱子格物之再
　　　　省察》一文，《鵝湖》一百二十三期。

者言之，則心之爲物實主於身，其體則有仁義禮智之性，其用則有惻隱羞惡恭敬是非之情，渾然在中，隨感而應，各有攸主，而不可亂也。次而及於身之所具，則有口鼻耳目四支之用，又次而及於身之所接，則有君臣父子夫婦長幼朋友之常，是皆必有當然之則，而自不容已。所謂理也，外而至於人，則人之理不異於己也，遠而至於物，則物之理不異於人也。極其大，則天地之運，古今之變不能外也；盡於小則一塵之微、一息之頃不能遺也……以其理之同，故以一人之心而於天下萬物之理無不能知；以其稟之異，故於其理或有所不能窮也。理有未窮，故其知有不盡，知有不盡，則其心之所發必不能純於義理，而無雜乎物欲之私，此其所以意有不誠，心有不正，身有不脩，而天下國家不可得而治也。昔者聖人蓋有憂之，是以於其始教，爲之《小學》，而使之習於誠敬，則所以收其放心，養其德性者已無所不用其至矣，及其進乎大學，則又使之即夫事物之中，因其所知之理，推而究之，以各到乎其極，則吾之知識亦得以周遍精切，而無不盡也。若其用力之方，則或考之事爲之著，或察之念慮之微，或求之文字之中，或索之講論之際，使於—— 身心性情之德，人倫日用之常，以至天地鬼神之變，鳥獸草木之宜，自其一物之中，莫不有以見其所當然而不容已，與其所以然而不可易者，必其表裏精粗無所不盡，而又益推其類以通之，至於一日脫然而貫通焉，則於天下之物皆有以究其義理精微之所極，而吾之聰明睿智亦皆有以極其心之本體，而無不盡矣。（《大學·或問》）

2. 格物自五倫始，格物即格心

蓋明德如一把火，格物致知如火充份燃燒之條件，而誠意正心脩身則燃燒時充份照察隱微巨細之光熱；然則格物致知誠意正心脩身皆爲人之明德必明之工夫也。故格物者，格心也。朱子云：

> 人之一心本自光明，常提撕他起莫爲物欲所蔽，便將這箇做本領，然後去格物致知，如《大學》中條目便是材料，聖人教人將許多材料來脩治此心，令常常光明耳。（《語類十五·驤》）

> 蓋所謂明德者，只是一箇光明底物事，如人與我一把火，將此火照物，則無不燭，自家若滅息著，便是暗了明德，能吹得著時又是明其明德。所謂明之者，致知格物誠意正心脩身皆明之之事，五者不

可闕一，若闕一則德有所不明，蓋致知格物是要知得分明，誠意正
心脩身是要行得分明。（《語類十四‧燾》）

格物致知既爲格心之事，則《中庸》所云『學』、『問』、『思』、『辨』正是格
之方法，而篤行之事即誠意正心脩身之謂也。蓋學問思辨正爲培養作『道德
判斷』之工夫，篤行則是實際下『道德判斷』，乃實際作『道德知』之發用也。
格物既自格心而有，則格物必自人身切己之事上先做起。朱子云：

格物須是從切己處理會。（《語類十五‧道夫》）

格物莫先於五品。（同上，方子）

世間之物無不有理，皆須格過，古人自幼便識其具，且如事親事君
之禮，鍾鼓鏗鏘之節，進退揖遜之儀皆目熟其事，躬親其禮，及其
長也不過只是窮此理，因而漸及於天地鬼神日月陰陽草木鳥獸之
理，所以用工也易，今人皆無此等禮數可以講習，只靠先聖遺經自
去推究，所以要人格物主敬，便將此心去體會古人道理，循而行之，
如事親孝，自家既知所以孝，便將此孝心依古禮而行之；事君敬，
便將此敬心依聖經所說之禮而行之，一一須要窮過，自然浹洽貫通。

（《語類十五‧僴》）

蓋君臣有義、父子有親、夫婦有別、長幼有序、朋友有信，朱子《學禮》自
《小學》之倫理人格敬事始，至《大學》之脩身齊家，皆是格物自五倫始而
格心之誠正也。由此格心即格物，格物自五倫始，故爲人君止於仁，爲人臣
止於敬，爲人子止於孝，爲人父止於慈，夫婦之道止於和順。一家仁而一國
興仁，一國興仁則天下歸仁。

《中庸》十五章云：

君子之道，辟如行遠必自邇，辟如登高必自卑，《詩》曰：「妻子好
合，如鼓瑟琴；兄弟既翕，和樂且耽；宜爾室家，樂而妻帑。」子
曰：「父母其順矣乎！」

《中庸》第十二章云：

君子之道費而隱，夫婦之愚可以與知焉，及其至也雖聖人亦有所不
知焉；夫婦之不肖可以能行焉，及其至也雖聖人亦有所不能焉。天
地之大也，人猶有所憾，故君子語大，天下莫能載焉，語小，天下
莫能破焉，詩云：「鳶飛戾天，魚躍于淵。」言其上下察也。君子之
道，造端乎夫婦，及其至也察乎天地。

《大學傳之三章》〈釋止於至善〉云：

爲人君止於仁，爲人臣止於敬，爲人子止於孝，爲人父止於慈，與
國人交，止於信。

《大學傳之十章》〈釋治國平天下〉云：

所謂平天下在治其國者，上老老而民興孝，上長長而民興弟，上恤
孤而民不倍，是以君子有絜矩之道也。所惡於上，毋以使下；所惡
於下，毋以事上；所惡於前，毋以先後；所惡於後，毋以從前；所
惡於右，毋以交於左；所惡於左，毋以交於右，此之謂絜矩之道。

朱子《集注》對此格物自五品始之詮釋，簡別如下：

之一，朱子以爲孔子引《詩・小雅・常棣》之篇乃因：『人能和於妻子，
宜於兄弟，如此則父母其安樂矣。』此爲人道之最基礎工夫，故又云：『費，
用之廣也。隱，體之微也。君子之道近自夫婦居室之間，遠而至於聖人天地
之所不能盡，其大無外，其小無內，可謂費矣，然其理之所以然，則隱而莫
之見也。蓋可知可能者，道中之一事，及其至，而聖人不知不能，則舉全體
而言，聖人固有所不能盡也。』此則爲人道之終極，以陽健陰順化育五倫完
美之人間也。

之二，至於人君之仁，人臣之敬，人子之孝，人父之慈，國人之信，則朱
子云：『聖人之止無非至善，五者乃其目之大者也，學者於此究其精微之蘊，而
又推類以盡其餘，則於天下之事，皆有以知其所止而無疑矣。』此則爲個體與
團體間之道德：仁、敬、孝、慈、信，五者乃倫常於政教體系中至善之標準。

之三，至於平天下在治其國，上老老而民興孝，上長長而民興弟，上恤
孤而民不倍，朱子云：『言此三者，上行下效，捷於影響，所謂家齊而國治也，
亦可見人心之所同而不可使有一夫之不獲矣，是以君子必當因其所同推以度
物，使彼我之間各得分願，則上下四旁均齊方正，而天下平矣。』蓋君子不
出家而成教於國，孝以事君，弟以事長，慈以使眾，有諸已而後求諸人，己
身堪爲『皇極』，則民法之，平天下之基自是而始焉。

3. 秉一顆憂患的自慊心以參贊化育

朱子於臨終前修改《大學・誠意》章（年譜慶元六年三月）〔註2〕，將經
一章之注文，原作『一於善』改作『必自慊』，此因：『一於善』乃誠意正心

〔註2〕參見錢先生《朱子新學案》〈朱子論誠〉部份。

之實理，誠者則能一於善；然則實理之誠畢竟止於抽象之原理，六十五歲之《經筵講義》（《文集》十五）所云：「理之在物者，既詣其極而無餘，則知之在我者亦隨所詣而無不盡矣。知無不盡，則心之所發可一於善而無不實矣。」其所言之誠理乃以萬物本然之誠爲其理體，以博萬物之物理，以得其道德之知，以察心知之明與不明、正與不正，其中之境界只是『誠者，實有此理』（《語類六・仁義禮智等名義》）至於『必自慊』之誠，則較近於平凡之生活，平凡而莊嚴，其言云：

> 誠，實理也，亦誠慤也，由漢以來專以誠慤言誠，至程子乃以實理
> 言，後學皆棄誠慤之說不觀，《中庸》亦有言實理爲誠處，亦有言誠
> 慤爲誠處，不可只以實爲誠，而以誠慤爲非誠也。（《語類六・砥》）

所謂『必自慊』之誠，乃心有誠慤，心有安不安之自省，是一眞實落實於生活間之誠意，較之實理之誠更爲平易入實，故朱子寧可棄程子之理，而歸於道德生活之誠慤自省，其言云：『誠，實也；意者，心之所發也，實其心之所發，欲其必自慊而無自欺也。』（《集注・大學誠意章注》），由是其所謂『深自省察以致其知，痛加剪落以誠其意。』（《語類十五・升卿》）方有其意義。蓋唯有經過主體心之道德知之省察，以覺照其是非，是非的當方能『必自慊』，而於自欺之處隨時去之，以致其『道德判斷』，行其道德實踐，則意方可誠；換言之，必由『必自慊』之誠慤，始可進於『一於善』之實理之誠。

　　所謂誠慤之誠——必不自欺必自慊之誠，點明人性最卑瑣不足之處，以其至卑之處見道德實踐之不易，故朱子之誠慤乃一憂患的自慊心，而非一樂天知命反身而誠之自足心。蓋朱子由生命不足處、易缺憾處、易陷於負面處悟入道德本體，與先秦儒家順天命知本體之義大有不同，由是而特重學問思辨篤行之功，以達於天理之節文，故《學禮》之價值亦應自此而觀。明乎此，則可知何以朱子於《大學》、《中庸》之注文中處處言愼獨、言謹思、言涵養於不睹不聞之際，其來有自也。其欲秉誠慤之自慊心，以時時愼獨謹思，以期於不睹不聞之際涵養出一番自然中節氣象，自然合於天理之節文，則自然『一於善』，止於至善之誠理矣。

　　亦即由此一深刻自省，朱子《學禮》每於謙卑虔誠之性情中自我誠善，故而以自我之無限的虔敬循禮而行。『禮以極卑爲事』，而極卑之中成性存存，原於天理之秩序而節文；而人性者，原於天理之本原而致中和；則〈禮體〉之本原實來自人性之本原，人性之本體實與禮之節文度數相合；換言之，禮

根本來源於人性，禮之導情節性不自外來，實根於人性內在之需求而條理。然而人有私欲之妄作，故爲仁者必有以勝己之私欲，而復於禮，則行事間皆天理，本心之德始能全於己也，故克己復禮者，『克己是大做工夫，復禮是事事皆落腔窠，克己便能復禮。』（《語類四十一・顏淵問仁章・南升》），所謂大做工夫，乃是克私欲之謂──『且從易見底克去，又卻理會難見底，如剝百合，須去了一重，方始去那第二重。』（同上・雉），而事事落實，則是『父子自是父子之禮，君臣自是君臣之禮。』（同上・時舉）。

　　克己復禮既合於天理之節文，故《中庸章句》自天命之謂性，下貫人性，率性之謂道，至聖人修道設教，其理路甚明，乃一由天之本原至人之本原，至禮樂文化刑政法制之本原，無一不本之天理節文，朱子於《禮書》本之注文中，只是儱侗地描述禮之文化，云：『人之所以爲人，道之所以爲道，聖人之所以爲教，原其所自無一不本於天而備於我。』，乃一抽象之天理節文，爲六十七歲時之思想，至于今本集注（七十一歲後通行本）之注文，則由誠愨之自省返於實理之誠道，而云：『蓋人知己之有性，而不知其出於天；知事之有道，而不知其由於性；知聖人之有教，而不知其因吾之所固有者裁之也。』則由己之有性推本其原於天道，由人事儀則、禮樂文化推本其原於天理之節文，由聖人之教推本於人性之本原，至此，天道、人道、禮道原是一體運行，秉一顆憂患的自慊心自極卑之禮事中建立人道，上達天道也。

　　蓋朱子之自慊心乃天理節文之正與不正、誠與不誠之交關，關係至大，心體正則萬事萬物遍潤己之誠意，得所興發有其生意；若心體不誠，則一念之微動及一物，一切皆籠罩於一模糊的儱侗的非誠的心靈之下，所謂生機何所興發？故萬物之化育既關乎心體之誠正，則君子涵養其心體之誠正，以及物潤物，乃一道德創造、道德參贊也。由此處特見朱子學術直是一自慊心的心學，捨此無由以入其殿堂。

二、明德必經教育而完成〔註3〕

　　朱子自《小學》始教至大學成教，全圍繞著一完美之人性而下工夫，其中心思想乃一『明德』，一光明之火，存於人性之內層，須靠教育之功以撥開

〔註3〕此部份曾參考張春興、林清山《教育心理學》論道德教育部份。及曾師《中國義理學研究》講義論朱子漸修曲成之工夫部份，與《朱子格物之再省察》（鵝湖 123 期）一文。

其人欲，復其天理，《學禮》之結構自首至尾雖言尊德性之事，其實所指涉之意涵已入於教育之事，若直謂之『教育的尊德性之學』，或稱『尊德性的教育學』，並無不可。

即由其結構本身乃一教育的，故其工夫是一漸教的、積靡的，而非直覺直證的。亦由其求聖之途由學問思辨行所致，非由自體自我興發，故其切己之學亦是積數十年教養之功內外交修，以致於自我天理之心之呈顯，內外合一。其性格全然是一漸教的道德教育。由是，吾人本可自其《白鹿洞學規》(《文集七十四・白鹿洞書院揭示》) 以探其明德之教如何經由生活教育以成道德之建立。蓋『學規』一文為早期之思想（五十一歲），而相應於後期《小學書》（五十八歲）、《學禮》（六十七歲）之教育哲學，甚致較二書更貼近存在之當下。以下試析出《白鹿洞學規》可能涵藏之《大學》、《小學》教育原理。

1. 《白鹿洞學規》之敬身綱領

之一，道德實踐自五倫始，故其五教之目：父子有親，君臣有義，夫婦有別，長幼有序，朋友有信。

之二，道德實踐即篤行之工夫，自修身、處事、接物各有要則，即是一敬身之學而已。試述修身之要：

> 言忠信，行篤敬；懲忿窒慾，遷善改過。

『言忠信，行篤敬。』語出《論語・衛靈公》〈子張問行章〉，而載於《小學書》卷三〈敬身篇〉。而『懲忿窒欲』，，出自《易損卦象辭》。『遷善改過』出自《易益卦象辭》。其中心仍是一番圍繞道心 —— 天理，人心 —— 私欲以措思之精神：從外在敬身之言忠信行篤敬始，至內在之節欲流 —— 忿念與慾念，而至內外交修之見善則遷，有過則改，此為個體基本修身工夫。

之三，試述處事之要：

> 正其義不謀其利，明其道不計其功。

此二語出自《漢書・董仲舒傳》，蓋『義』是各個事上之磨練，只求『義』之當否，不問其可趨利與否；而『道』是『義』之本原。既能明其『義』之本原，自能趨善，不計其功業成就多少。人於此中明道義蓋有不能自已者，此因大義必能興天下大利，非私欲之功利可比擬，明計此中之隱微，則正義何嘗不利？明道何嘗無功？此一大本大原之處事，正為清明人心之私欲，善導世風之流向也。此二語亦同見於《小學書卷五・嘉言篇》〈廣敬身〉。

之四，試述接物之要：

　　己所不欲，勿施於人；行有不得，反求諸己。

『己所不欲，勿施於人。』出自《論語・衛靈公》〈子貢問一言終身行之章〉。
而『行有不得，反求諸己。』出自《孟子・離婁篇》〈愛人不親反其仁章〉。
蓋接物之際，自慊心必有所省察，心之所發誠正與否立察便知，己所不欲勿
施於人，即是一由己心推他人之情，由道德知以判斷他人之感受，而反躬自
省，故一切行為之得與不得皆當反求諸己，以心體明德之照察，知其事理，
明一己所行之事何以有逆反之情。

　　總之，修身、處事、接物乃人之三大生活行為，修身者為己而發，處事
者為公理而發，接物者為他人而發；由切己之修身、道義之揭示至人我之交
流，朱子明白提示一敬身綱領，俾使人欲日消，天理日進；而其中之中心精
神仍一本其對心體之照察，於修身、處事、接物之際謹獨戒慎，故修身之心、
處事之心、接物之心三者為《學規》之樞紐，明其心則自能篤行其事。

2. 《白鹿洞學規》之窮理原則

　　博學之，審問之，謹思之，明辨之，篤行之。

此為《為學》之序，學問思辨四者所以窮理，而篤行之事則前所言敬身綱領
（修身、處事、接物）皆是。此《為學》之序出自《中庸》二十章，而將『慎
思』改『謹思』，朱子強調：『思之不謹，便有枉用工夫處。』（《語類六十四・
人傑》），又云：『思之粗後，不及，固是不謹，到思之過時，亦是不謹，所以
他聖人不說深思，不說別樣思，卻說箇謹思。』（同上・道夫）如非朱子刻意
強調『謹思』之重要，便是其時中庸之版本異於今本。

　　此《為學》之序乃《中庸》所言『誠之』之道，欲使學者擇善固執，以
達於誠道也。故學、問、思、辨乍看似是道問學，實是尊德性——以道問學
之法尊德性，以知識論講明義理，使之明理而固執脩德，而誠身有道。朱子
云：

> 學之博然後有以備事物之理，故能參伍之以得所疑，而有問，問之
> 審然後有以盡師友之情，故能反復之以發其端，而可思，思之謹，
> 則精而不雜，故能有所自得而可以施其辨，辨之明則斷而不差，故
> 能無所疑惑，而可以見於行，行之篤則凡所學問思辨而得之者，又
> 皆必踐其實而不為空言矣，此五者之序也。（《中庸・或問》）

而所有講明義理之法之基礎皆在博學一事上，其言云：

> 博學謂天地萬物之理，修己治人之方，皆所當學，然亦各有次序，

當以其大而急者爲先，不可雜而無統也。(《語類六十四‧中庸二十
章》)

博學者，將一切知識與經驗還原爲理，從其中發掘人性之天理與人欲之關係，
此時之知識已是道德知識，經驗也是道德經驗，朱子便以此種道德知識講明
是非，先以外鑠他律之知識力量喚醒學子之心智。而審問，便是將所有道德
知識尋問其根由，爲什麼此爲什麼彼，尋致其發生之因與發展之脈與發成之
果，此時個體漸有道德觀念，乃由他律之道德知中漸萌道德意識。而謹思，
即是於道德觀念一旦成形後，個體便會考慮自我曾有之行爲是非，與未發生
之行爲動機，兩相激盪，從其中獲得自我之行爲準則，此時自律之道德感呼
之欲出，而猶未能剛健而行，故成就者乃一種道德氣質。至明辨時，道德氣
象一躍而出，漸認清自我人生之方向，完成自律之道德心，道德知識與觀念
已完全內化爲其道德人格。而後篤行，自律之道德心熟而又熟，道德器度之
恢宏，自有道德勇氣欲重新以道德心靈面對自我之未來，故而此時之篤行方
是真正之道德實踐，從前之力行其實乃由他律力量造成，此刻之實踐方有自
我立法自我反省自我踐德之能力。此種由道德知識、道德觀念，至道德實踐
之方法，於《大學章句》成爲致『道德知』，行『道德判斷』之教。

第三節 結語——朱子《學禮》之檢討

朱子將尊德性一學析爲《小學》、《大學》二過程，以教育手法引領一渾
然未知之人，使臻於完整之人格，其中之學理分析如下：

童蒙之人無辨知能力，只有感官之主觀接受與排斥，而不能自覺作善惡
之抉擇，故只能以涵養與下學使之抑心下首，遜志於學，且又以外在環境之
薰陶烘托優良之氣氛，使之習與性成，化與心一，以善之環境養成其根深柢
固之道德習性。

朱子亦言孟子性善之理——童蒙之良知，知愛親敬長，然朱子不以爲童
蒙時即須教他致良知，而只要將此良知蘊涵於週遭善良之學習環境即可，使
之自環境中學習自我最美之德行楷模，以是內化爲自我內在道德形象，以自
我惕勵。

至於《小學》之教其所用之工夫，一是自孝親事師之具體節文中行禮合
理，二是自其內外生活行動思慮之始即加以主敬之戒條，使之專一沈潛於禮

之節文。三是自其性情之發處教以六藝中之小藝小道，使之涵泳藝教之美，人格教育俾得美育、德育之陶冶。

當一切生活都有了規律法則，習性已美，使之進入《大學》，將孩提時曾有之生活經驗，藉讀書窮理漸次析離其中之文理，使曾經整體渾融涵養之童年剔開一線天窗，讓眞理之光線透視進來，展現紋路與意義；此時一切皆有了詮釋，有了成長之滿足與欣悅，爾後加以格物致知窮理貫通、誠意正心脩身、家齊國治平天下之工夫，以使人格教育全體完成。當然，六藝之陶冶仍一本興發游習之原則進行。

而所有《大學》之教之工夫，只爲了克己復禮——克己欲以復天理之節文，以復初，而能盡性知命。所謂格物窮理致知之工夫亦是將人之外在一層層剝開，探向內在，知其心之動向，而以聖賢言語治吾心術；聖賢言語即天理之層次，以讀書窮理做心地工夫，以克己欲而復天理，直至眞正之自我全然展現，與天理爲一。

《大學》之教既是以格物窮理始，其終亦只爲達成心體之挺立，一方面致其中和，以達本原；一方面自內省生活中養出一顆憂患的自慊心，以時時愼獨，處處做心地工夫。整個說來，朱子之《學禮》乃一種由外在向內在逼近，由不知不覺至有知有覺，再至明德脩身（個人），再往外推擴（新民），己覺覺人，人人自覺，止於至善，明明德於天下。其中之具體原則：

之一，先涵養後窮理，下學即上達。

之二，格物自人倫始，讀書即是心地工夫。

之三，敬是徹上徹下之工夫，而人格教育之目的在於涵養出一顆自慊心，以知眞是眞非，以誠其意正其心，挺立爲一個君子仁人。

之四，六藝之美育、德育爲其人格教育中一甚重要之內容，由小藝至大藝，以興發其善心善性。

之五，朱子格物即明明德三字之實踐方法，而其歷程以禮之實踐爲進路，將人德性之建立演繹爲一種漫長之道德實踐歷程。換言之，格物即爲明明德，而明明德須以格物法究極；亦即爲明明德而窮理，非爲博學而窮理。然而人之道德實踐須有主觀之自證與客觀之對證，始能內外合一，理始能普遍化，故朱子於主觀明明德外又格物致知，統攝德性之知與見聞之知爲一，此方是有力之『道德知』。其中所用手法全襲自荀子《勸學篇》所言『積靡』之法，由每一椿小小的經驗所得之概念漸漸積累，積習多後，發現其定理，再將此

定理之公式抽出其形上原理，歸於孟子性善之理，而揚棄先前對積習法之依賴，以一嶄新面貌表達對生命之虔誠——父慈子孝君仁臣義等倫理之實踐。然而此中自證之主體是否眞能自始至終一貫挺立，小學之涵養是否果能於大學窮理之時如理發揚，令人不能無疑。蓋唯有經本體仁心之自覺後，禮之行事始能成其天理之節文；若仁心未識，於小學涵養誠敬，則恐學子於不見大本之前已疑其戒之太過，反而棄其禮數，揚其生命之英氣。甚且至《大學》之教，其規模雖大雖有條理，然本體仁心未指明，『諸生多無入處』（《文集四十六・答黃直卿之六》），客觀道業無主觀道德心之開發，終難有成。總之，朱子格物義下之《學禮》以認知、積靡、至豁然貫通教示學子，教義雖意態懇切，然仍令人不免有一間之疑也。

然而朱子畢竟於教育的尊德性之學持一樂觀看法，其言云：

> 凡人須以聖賢爲己任；世人多以聖賢爲高，而自視爲卑，故不肯進，抑不知使聖賢本自高而已，別是一樣……聖賢稟性與常人一同，既與常人一同，又安得不以聖賢爲己任？……中庸曰：「尊德性而道問學，極高明而道中庸。」此數句乃是徹首徹尾；人性本善，只爲嗜慾所迷，利害所逐，一齊昏了，聖賢能盡其性，故耳極天下之聰，目極天下之明，爲子極孝，爲臣極其忠……大抵爲己之學，於他人無一豪干預，聖賢千言萬語只是使人反其固有而復其性耳。（《語類卷八・可學》）

然則吾人亦唯當尊重朱子之樂觀意願與誠篤意態，而勉存其學以爲吾人修身之助可也。

重要參考書目

壹

1. 《尚書正義》,十三經注疏本,東昇。
2. 《禮記正義》,十三經注疏本,東昇。
3. 《儀禮注疏》,十三經注疏本,東昇。
4. 《周禮注疏》,十三經注疏本,東昇。
5. 《春秋公羊傳注疏》,十三經注疏本,東昇。
6. 《孟子注疏》,十三經注疏本,東昇。
7. 《尚書大傳四卷補遺一卷》,漢・伏勝撰、清・孫之騄輯,商務(四庫縮影本第六十八冊)。
8. 《大戴禮記》,漢・戴德撰,龍泉(珍本十六經)。
9. 《白虎通義》,漢・班固撰、清・陳立疏證,商務(國學基本叢書)。
10. 《漢書補注》,漢・班固撰、清・王先謙補注,商務(國學基本叢書)。
11. 《新書》,漢・賈誼撰,文文(子書四十種)。
12. 《荀子集解》,清・王先謙,世界。

貳

1. 《周易本義》,宋・朱子撰,華正。
2. 《詩集傳》,宋・朱子撰,啟明。
3. 《儀禮經傳通解》,宋・朱子編撰(黃榦、楊復續修),商務(四庫縮影本第一百三十一冊)。
4. 《論孟精義》,宋・朱子編,中文(近世漢籍叢刊)。
5. 《四書或問》,宋・朱子撰,中文(近世漢籍叢刊)。

6. 《四書集注》，宋・朱子編撰，世界。

7. 《近思錄》（附朱子世家），宋・朱子編、清・江永集注，廣文。

8. 《小學集注》，宋・朱子編、明・陳選集註，商務（四庫縮影本第六百九十九冊）。

9. 《朱子大全》，宋・朱子撰，中華（四部備要）。

10. 《朱子語類》（附朱子年譜），宋，黎靖德編（清・王懋竑撰），漢京（四部善本新刊）。

參

1. 《六藝綱目》，元・舒天民編撰，商務（四庫縮影本第二百四十二冊）。

2. 《大學翼真》，清・胡渭撰，商務（四庫縮影本第二百零八冊）。

3. 《禮書綱目》，清・江永，台聯國風，中文。

4. 《五禮通考》，清・秦蕙田，商務（四庫縮影本第一百三十五冊）。

5. 《經義考》，清・朱彝尊，中華。

6. 《四庫全書總目提要》，清・紀昀等撰，藝文。

7. 《宋元學案》，清・黃宗羲原著，全祖望修訂，中華。

8. 《顏氏學記》，戴望，商務。

9. 《中國哲學原論・原道篇卷二》，唐君毅，學生。

10. 《中國哲學原論・導論篇》，唐君毅，學生。

11. 《朱子新學案》，錢穆，三民。

12. 《心體與性體》，牟宗三，正中。

13. 《中國人性論史先秦篇》，徐復觀，東海大學。

14. 《朱子哲學思想的發展與完成》，劉述先，學生。

15. 《理學治要》，張文治，中華。

16. 《大學論文資料彙編》，高師國文系編，復文。

17. 《中國義理學研究講義》，曾師昭旭一九八五年《中國義理學研究》理程講義。

18. 《道德與道德實踐》，曾師昭旭，漢光。

19. 《大學研究》，趙澤厚，中華。

20. 《春秋宋學發微》，宋師鼎宗，友寧。

21. 《六藝通論》，劉伯驥，中華。

22. 《儒家教學原理研究》，吳鼎，成達。

23. 《中國教育史》，陳青之，商務。

24. 《教育心理學》，張春興、林清山，東華。

25. 《教育概論》，孫邦正，商務。

26. 《教育學論集》，華岡。

27. 《文字學講義》，謝師一民，1977 年《文字學》課程講義。

28. 《三禮論文集》，李曰剛等，黎明。

29. 《高明孔學論叢》，高明，黎明。

30. 《梅園論學集》，戴君仁，開明。

肆

1. 〈朱子的禮學〉，高明，《輔仁學誌》11 期。

2. 〈朱子儀禮經傳通解與修門人及修書年歲考〉，戴君仁，《文史哲學報》16 期。

3. 〈書朱子儀禮經傳通解後〉，戴君仁，《孔孟學報》14 期。

4. 〈朱子的教育興趣與詩集傳〉，戴君仁，《文史季刊》一卷 3 期及二卷 2 期。

5. 〈朱子格物之再省察〉，曾師昭旭，《鵝湖》123 期。

6. 〈禮經哲學研究之發凡〉，李翊灼，《文哲月刊》一卷 1 期。

7. 〈禮記學禮義述〉，卓師秀巖，《成大學報》10 期。

8. 〈禮記的道德哲學〉，魏元珪，《中國文化月刊》54 期。

9. 〈詩樂在儒家教化上的功用和價值〉，魏元珪，《中國文化月刊》56 期。

10. 〈儒家政治思想的禮樂精義〉，文文，《中國儒聲》97 期。

11. 〈從詩經二南看修齊治平之道〉，黃永武，《孔孟月刊》十六卷 4 期。

12. 〈從十五志於學談起〉，宋師鼎宗，《成功思潮》26 期。

13. 〈儒家的教育哲學〉，傅佩榮，《中國文化月刊》73 期。

14. 〈宋元書院講學制〉，盛朗西，《史地學報》三卷 6 期。

15. 〈孟子與宋儒〉，夏長樸，《幼獅學誌》十八卷 3 期。

16. 〈荀學與宋儒〉，戴君仁，《大陸雜誌》三十九卷 4 期。

17. 〈荀子與大學中庸〉，戴君仁，《孔孟學報》15 期。

18. 〈荀學與宋代道學之儒〉，戴君仁，《孔孟學報》23 期。

19. 〈認清五倫的關係與連繫〉，曾師昭旭，《聯合報》75.4.5 特刊。

附錄一：論朱子小學與大學思想之義理根源

　　朱子曾經有過一個夢想——那便是以一個創新的禮教，一種倫理的呼喚，引出人性內在中存在的懿德；此禮教由外而內，漸漸逼近人心根源處之天理；再由內向外，走出一條道德生活的永恆之路。然而這個夢想困惑了朱子一生，「白鹿洞學規」（五十歲至五十一歲間）便是一個雛議，想以教育改造人的平凡，已略具道德生活的理念，最終於其儀禮經傳通解一書（六十七歲前後）之學禮，才完成了他的理念，建構了一「尊德性之教」，也正是他一生學術之精蘊。

　　「學禮」原是古代教育理念與制度的總名，包括小學學室家長幼之節，與大學學朝廷經籍之禮，是一經由習禮設教而導致德行建立的教育結構；而朱子正是將古代禮教制度作一理學性格的安排，以小學工夫培護童蒙最初的禮義觀念，於灑掃應對進退之間涵養出一副好性情，再繼之大學教義——以道問學工夫探入萬象，追究萬事萬物道德存在之因、開拓萬事萬物之理，此工夫格之既久，則萬象道德存在之理一躍而出，內在而超越為吾人道德理念，對萬象之變化便能作一道德判斷，躍升為一道德人，而適立於身修家齊國治天下平的政教格局中。於是，理學有一道德實踐的依託，而禮學有一道德生命的彰顯。以下即試為朱子此思想作一義理根源的探討：

壹、人性原是在氣質之性中成長

　　朱子原是一個存在的感受者，對於生命，似乎常有一種「艱難愧深情」（借用杜甫姜村詩語）的感觸，人性原是善良的，可是世界卻並不完美，生命似乎有可追尋的至理，但人當下卻沒有可能圓頓此理，人生註定是一種十字架式的擔當與踐行，其言云：

人性如一團火，煨在灰裏，撥開便明。(《語類四‧椿》)

人物之生，天賦之以此理未嘗不同，但人物之稟受自有異耳，如一江水，你將杓去取，只得一杓，將椀去取，只得一椀，至於一桶一缸，各自隨器量不同，故理亦隨以異。(《語類四‧僩》)

性如日光，人物所受之不同，如隙竅之受光有大小也，人物被形質局定了，也是難得開廣，如螻蟻如此小，便只知得君臣之分而已。(《語類四‧僩》)

天地間只是一箇道理，性便是理，人之所以有善有不善，只緣氣質之稟各有清濁。(《語類四‧去偽》)

性如寶珠，氣質如水，水有清有汙，故珠或全見或半見或不見。(《語類七十四‧蓋卿》)

人性如灰中之火，有文學象徵意味，灰是那常常絞痛著吾人心靈的人生之酸苦灰澀，吾人當然可以撥開，可是如何撥開？除了外在的奮鬥，還須內在的自我掙扎——性如寶珠，氣質如水；性如日光，氣質有限；性理誠善，氣質各異，理亦隨以異；撥開灰澀之形質，人自身所獨有的個體如何成全此一問題便對應性理之光而產生了，這才是真正的「煨在灰裏」，而朱子將這一切外顯內蘊的氣質之型全部內在化，化為一種純內省的思辯的氣質之性的考慮，所有生命的體驗全堆積在朱子內在的深宅大院裏等待剖析，等待天理之光的照射，而說出了這樣的話：

人之所以生，理與氣合而已，天理固浩浩不窮，然非是氣，則雖有是理而無所湊泊，故必二氣交感，凝結生聚，然後是理有所附著，凡人之能言語動作思慮營為皆氣也，而理存焉，故發而為孝弟忠信仁義禮智，皆理也；然而二氣五行交感萬變，故人物之生有精粗之不同，自一氣而言之，則人物皆受是氣而生：自精粗而言，則人得其氣之正且通者，物得其氣之偏且塞者，惟人得其正，故是理通而無所塞，物得其偏，故是理塞而無所知。且如人頭圓，象天；足方，象地，平正端直以其受天地之正氣，所以識道理、有知識。物受天地之偏氣，所以禽獸橫生，草木頭生向下，尾反在上，物之間有知者不過只通得一路，如鳥之知孝，獺之知祭，犬但能守禦，牛但能耕而已。人則無不知無不能，人所以與物異者，所爭者此耳；然就

人之所稟而言，又有昏明清濁之異，故上知生知之資，是氣清明純粹而無一毫昏濁，所以生知安行，不待學而能，如堯舜是也；其次則亞於生知，必學而後知，必行而後至；又其次者，資稟既偏，又有所蔽，須是痛加工夫，人一己百，人十己千，然後方能及，亞於生知者及進而不已，則成功一也。孟子曰：「人之所以異於禽獸者幾希」，人物之所以異只是爭這些子，若更不能存得，則與禽獸無以異矣。某年十五六時，讀中庸「人一己百，人十己千」一章，因見呂與叔解得此段痛快，讀之未嘗不竦然，警厲奮發，人若有向學之志，須是如此做工夫方得。（《語類四·僩》）

由人天生稟賦性理來說，性理既善，則人性何嘗不善？此是一由上往下直落的推理；然人既是一具體的存在，有具現的現實環境，人便不能單純地活在自我的世界裏，人一方面要照顧曲折如水流的人事變化，更要照顧人自己在這環境中自我的心境——我們常是在現實環境中費盡力氣排開境遇與習染的影響，以自力接近那原善的性理，可是人的性理原是一不可捉摸的形上的德慧，不自當體求心之自足自證，卻是自生活經驗之折磨間領會氣質如何成全，以企及理與氣合；亦即在自我衝破環境之親近形上德慧時，發覺了吾人個體存在著內憂，那與生俱來獨有的寂寞的孤絕的自我氣稟，一旦超越之性理化入此氣質之型裏，原先的性理不得不起變化，吾人勢必不易單純的表達原善，而必需藉後天許多外在的工夫來拉掉氣質之濁，使其清明，工夫之歷程是不自然的，卻是因固有之性理而起的，而最終完成為一智慧之性；可是由源頭說來，我們又不得不承認：吾人原是在氣質之性中成長者。由是，性理之呈顯根本是靠著氣質而展現，無氣質則理不得為理，有氣質方可使性理通過一氣質之性的自我成長而圓滿。換言之，即因朱子所言性理是一原則性靜穆的「但理」（借用牟先生語），氣質之性的自我實踐歷程便不得不以辯證的方式進行，路程遙遠且艱辛，不斷的剝落以剖出最初的性善。又言：

蓋自天降生民，則既莫不與之以仁義禮智之性矣，然其氣質之稟或不能齊，是以不能皆有以知其性之所有而全之也，一有聰明睿智能盡其性者出於其間，則天必命之以為億兆之君師，使之治而教之，以復其性……三代之隆，其法寖備……人生八歲，則自王公以下，至於庶人之子弟，皆入小學，而教之以灑掃應對進退之節、禮樂射御書數之文；及其十有五年，則自天子之元子眾子，以至公卿大夫

> 元士之適子，與凡民之俊秀，皆入大學，而教之以窮理正心修己治
> 人之道，此又學校之教大小之節所以分也……其學焉者無不有以知
> 其性分之所固有、職分之所當爲，而各俛焉以盡其力，此古昔盛時
> 所以治隆於上，俗美於下，而非後世之所能及也。(《大學章句序》)

從上往下推理：天理通過氣質這個通孔以呈顯其善；從下往上逆想：人通過氣
質此通孔想望天理而反省人欲，朱子於氣質之性的考慮下，提出了「治而教之，
以復其性」的構想，於五十八歲完成小學書後，六十歲序大學章句，六十七歲
那年建構了禮書學禮的教育理念，此義即：教化之禮學架構，原是以禮契接理，
假設能於人存在之當下，設定一套倫理生活、道德生活，使人性循小學學室家
長幼之節，大學窮究生命之理明明德於天下之進路，則後天之工夫必能帶引人
性回至最初，完成「仁義禮智乃天之所予我，我正恰如其份知其所有，實踐所
有之性」的終極理想，禮的架構是帶著理的性格出現，理的性格帶引人走回天
人合一、人性猶然純穆不已、日光與地平線交疊那一點大清明上。

即因人的性理是善，而人的存在卻有氣稟與人欲之不能齊，所以雖有超
越的主體，實有存在的憂患，因此朱子一轉落爲人性實質問題的討論，產生
一種質感實感的尊德性之學，將注意力集中於「氣質之性」的問題上，則引
生了一項新觀念；人生既是在氣質之性中成長，氣質成全了才能談性理之全
盡。朱子言：

> 學之爲言效也；人性皆善，而覺有先後，後覺者必效先覺者之所爲，
> 乃可以明善而復其初也。(學而時習之之集註)

又於「有教無類」(衛靈公) 句下註云：

> 人性皆善，而其類有善惡之殊者，氣習之染也。故君子有教，則人
> 皆可以復於善，而不當復論其類之惡矣。

又於「子曰性相近也」一章 (陽貨) 註云：

> 此所謂性，兼氣質而言者也。氣質之性固有美惡之不同矣，然以其
> 初而言，則皆不甚相遠也，但習於善則善，習於惡則惡，於是始相
> 遠耳。程子曰：「此言氣質之性，非言性之本也，若言其本，則性即
> 是理，理無不善，孟子之言性善是也，何相近之有哉？」

吾人可由以上文字疏解出幾個觀念：

之一，朱子「學」之目的，爲復其初——性善作準備，顯然是一道德教
育，然而朱子何以不能自人性之開端即肯認人性善，即具有爲善之可能，而

必藉「學」以「覺」，以「覺」而「明善」？善之完成於其思想中似是一「學」之工夫所歸趨，而不可能一發即成；換言之，由「學」至「明善」，再漸進至聖賢人格境界，此中之歷程顯然是一曲折的、漸進的、漸修的、曲成的工夫，至最終極那一點時，則不當復論其類之惡。

之二，此中之歷程暗示：人性本善，而其類有善惡之殊則因「氣習之染」——後天環境之殊成為必然之命限。所以，須經過「有教」以成德，從學習中學到「成法」——過去聖賢人格典範之啟迪，而自「成法」中得善之教訓與啟示，窮其理，熟悉價值取向，以護住心性。經過此一客觀外來之外鑠，向內在之善源逼近，由此引導誘出心靈深處對於生命的感動，感動即是「覺」，以此感動點化整個心靈為至善。可見一切教育之力量，皆是為了讓人性的自覺能自力自動效法先知先覺者，而自我明善。總之，朱子是先教善，然後再復初。

之三，朱子所謂人性皆善之善，是一種性理之善，是超越於人之物質世界之上者。性理之善固人所具有，然無絕對保證必被實踐或完成。至於朱子曾言善人之善則是一種「質善」（鄉黨，子張問善人之道章集註）所謂氣質之善則是人才性氣質中較清明者，人可通過此通孔以踐性知天，即此為學以成德。而所謂「氣習之染」之善，則是善之第三義，此為不自覺地於客觀環境中受遷移之善，是外在所加諸人而造就者，於人之學力足夠時或能轉成自覺之善、氣質之美，則與氣質之善同。即謂人先天本具有善理，而於後天教育環境中始被教育力量引出善性情，其初為不自覺的道德行為良好習慣，其善無自體獨立義，而朱子不放棄此種由後天學習向先天善源逼近的方法，也一併歸於氣質之善——改變氣質以最謙卑的手法來調整人性，即以荀子「勸學」、「積善」法〔註1〕夾輔人性之義理根源。凡此善之三義，朱子綜合成一「學禮」，以先天本具之性善揭明教義，而以氣質之善勉人受教，以氣習所染之善性塑造人性，而開展了一個再創人性之新觀念下的新學禮。

貳、小學之理據：童蒙貴養正

禮的架構既是帶著理的性格出現，那麼禮的實踐原是契接天理之節文，

〔註1〕《荀子‧勸學》：「學惡乎始？惡乎終？曰：其數則始乎誦經，終乎讀禮，其義則始乎為士，終乎為聖人，真積力久則入，學至乎沒而後止也。」又〈儒效〉：「積善而全盡，謂之聖人。」

朱子於「學禮」之精神上便採取如是的態度，而小學書卷一立教、卷二明倫、卷三敬身，以及學禮第二弟子職、第三少儀、第四曲禮等篇，皆是爲此禮的實踐立一倫理生活、道德生活的細節，且於學禮學義教學之序一節，爲小學之教找到了工夫根據——子曰：「弟子入則孝，出則弟，謹而信，汎愛眾，而親仁，行有餘力，則以學文。」（〈學而〉）由此工夫根據往下發展，朱子推衍出一套小學教育的哲理，其言云：

> 童蒙貴養正，孫弟乃其方，雞鳴咸盥櫛，問訊謹暄涼，奉水勤播灑，
> 擁篲周室堂，進趨極虔恭，退息常端莊，劬書劇嗜炙，見惡逾探湯，
> 庸言戒麤誕，時行必安詳，聖途雖云遠，發軔且勿忙，十五志于學，
> 及時起高翔。（《文集四·齋居感興二十首之十八》）

「蒙以養正」原是易蒙卦之義理根源，取象於一座亢立之山，山下被引接出一道清泉，象人性最初之善端；然其流有清有濁，因爲流程中塵土不斷滲入，氣習染其污而色濁，於天理之光照射下，濁者須加澄治之功，使復其初，方能清澈見底。朱子自卦象悟入道德本體，以爲童蒙是一具體而微的聖人雛型，養正之細節來自小學工夫之洒掃應對進退、事親事長的禮數，人性最初之教育需先消磨其飛揚倔強之氣，使其心性甘於服從禮節，而後開展出幼年之道德倫理生活——孫弟以事長，洒掃以養勤。此顯然涉及一個問題：何以人不能於當下見證人的性善，而必待教育以養正，始能養其德行而行其德性？換言之，人性必待教育始有道德氣質與道德實踐；所謂道德氣質，或道德實踐，一部份來自天理之光與氣質之善的期許，一部份則須就各人之氣質之性中加以氣習之養，始能成全氣質，使人於氣質之性中成長，此種理論似來自荀子「禮以養人」〔註2〕的觀念之啓示，朱子言：

> 古人設教，自洒掃應對進退之節，禮樂射御書數之文，必皆使之抑

〔註2〕 荀子理論：「禮起於何也？曰：人生而有欲，欲而不得，則不能無求，求而無度量分界，則不能爭，爭則亂，亂則窮，先王惡其亂也，故制禮義以分之，以養人之欲，給人之求，使欲必不窮乎物，物必不屈於欲，兩者相持而長，是禮之所起也，故禮者養也……君子既得其養，又好其別，曷謂別？曰：貴賤有等，長幼有差，貧富輕重皆有稱者也……孰知夫恭敬辭讓之所以養安也，孰知夫禮義大理之所以養情也。」又勸學：「故君子居必擇鄉，遊必就土，所以防邪僻而近中正也。」〈儒效〉：「習俗移志；安久移質。」所言涵養德行之事，皆是不自覺於氣習之養中所造就的美質，非自覺作道德實踐之心志，朱子從此處談童蒙教育雖有實質上之價值，然與孟子談性善原意顯然差距甚大，所以雖同言性善之理，二子之定見卻大有出入。

心下首以從事於其間，而不敢忽，然後可以消磨其飛揚倔強之氣，
而爲入德之階。(《文集六十三‧答孫仁甫之二》)

又言：

蒙以養正，聖功也。蓋言蒙昧之時先自養教正當了，到了那開發時
便有作聖之功。若蒙昧之中已自不正，他日何由得會有聖功？(《語
類七十‧淵》)

自表層結構觀之，朱子憂慮人之浮燥之氣如散騎四出，心無所主，所以必以洒
掃應對禮樂之節規約行爲，凝斂其心智，此非僵固生命，而是先教善，再復初，
將一切可能有之飛揚倔強之氣性減而又減，直至伏其心性於孫弟與播洒之中，
此中多少含有強制性質，童蒙自身實際上沒有自由意志與自由主體，只可能有
聖賢人格之雛型的意義，整個生命之銳氣與創造力全幅平息於一正常教育之
下，其中用意也只爲了自正常教育中使童蒙甘心向學，爲未來生活作準備，待
準備工夫日益美善，則大學之教便自自然然呈露它的意義它的內容。事實上，
朱子既言「人性皆善，而其類有善惡之殊者，氣習之染也。」(衛靈公有教無類
章集註) 又言「君子有教，則人皆可以復於善。」(同上) 可見人性待教而明善：
人之最初蒙昧之時之善底清泉是一不夠充份有力的條件，因流程中有善染惡染
並不可預知，所以「蒙以養正」的理論一方面是爲了積極涵養德性，消極的來
看，也是爲了「惟悍其外誘，以全其眞純。」(《周易本義‧蒙卦》) 能於最初多
作積極性的養正、消極性的悍其外誘，往下之發展便能多作善底掌握。進而言
之：所收斂者是一表面層次的人性浮燥之氣，並非根源底道德創造力。所以待
其成長後，小學中強恕而行並不會降低其大學之道中創發之能力與道德勇氣，
且相反相成——收斂其表面浮燥之氣，正爲培育其根源底貞定與威重，使其內
在根源得以排開習染 (指不善之染)，順遂自長。所以又言：

古者小學已自養得小兒子這裏定已自是聖賢坯璞了，但未有聖賢許
多知見；及其長也，令入大學，使之格物致知，長許多知見。」(《語
類七‧小學‧節》)

正因「蒙以養正」的論據，朱子於小學階段只許以實然的經驗——重涵養性、
實踐性，而不許以抽象深奧高遠之理，而帶出了另一主張：先涵養，後窮理，
其於《論語集註‧子張篇》子夏教門人章，贊同洒掃應對進退當爲小子之學，
其言云：

學者所至自有淺深，如草木之有大小，其類固有別矣，若不量其淺

深，不問其生熟，而概以高且遠者強而語之，則是誣之而已，君子
之道豈可如此？若夫始終本末一以貫之，則惟聖人爲然！（《集註子
張篇子夏教門人章》）

古人初學只是教他灑掃應對進退而已，未便說到天理處，子夏之教
門人專以此……只是要他行矣而著，習矣而察，自理會得，須是匡
之直之輔之翼之，使自得之，然後從而振德之。今教小兒若不匡不
直不輔不翼，便要振德，只是撮那尖利底教人，非教人之法。（《語
類四十九‧子夏之門人小子章‧淳》）

天命非所以教小兒，教小兒只說箇義理大概，只眼前事，或以灑掃
應對之類作段子亦可。每嘗疑曲禮：「衣毋撥，足毋蹶；將上堂，聲
必揚；將入戶，視必下。」等叶韻處，皆是古人初教小兒語。列女
傳孟母又添兩句，曰：「將入門，問熟存。」（《語類七‧小學‧淳》）

究竟朱子爲何不於最初教人即教以性善之理，而必待小學之教強固之道德行
爲基礎奠立後，方始教以天命之理？其實朱子全以人類普遍的教育程序而著
眼，是一種以教育理念引導道德成長的主張：就人單純的個體而言，人是應
先挺立性理之善，使其直貫人心之善，人才能有一深厚的性善根源可自覺；
但就人呱呱墮地到長大成人接受教育而言，人類有一段頗長而依賴父母的孩
提時代，這段年齡，也許可以告訴他人性本善的故事，使其自我啓發善性情
（如小學書善行篇），卻不能直接點覺他內在中那超越的天理（朱子以爲性善
不單是證明人性之善，而根本是整個天道人心的整體洞視，需有智慧開索之
功，及格物窮理之條件，非童蒙階段可爲之事），不是一樁生活中理智能懂的
道理，更不是實質的感官經驗所可觸及之理，我們只能憑藉一些生活裏平凡
的瑣屑的善的暗示──例如舜的大孝終身慕父母，傳達至孩童的心靈，使其
感動使其興發追求道德美的人生，此即「蒙以養正」理據的根源理由，也就
是：人性之教化需先涵養德行，再窮究其背後原理，所以又言：

古者初年入小學，只是教之以事，如禮樂射御書數及孝弟忠信之事：
自十六七入大學，然後教之以理，如致知格物，及所以爲忠信孝弟
者。（《語類七‧小學‧驤》）

灑掃應對是小學事，精義入神是大學事，精究其義以入神，正大學
用功以至于極致處也。（《語類四十九‧子夏門人章‧寓》）

如果我們撥開小學之教強制性質予人的約束感，直入「蒙以養正」的觀念裏涵泳，當可發覺：小學之教所顯發的善良性格其實是與於穆不已的天德相呼應的，天德創生一切宇宙生命既有之意義，賦予生生之德，正如同童蒙於教養正當的軌跡中亭亭秀立；如果於小學之教中能甘於禮教之莊嚴與刻苦，一經貫通其內在精神，便可發現：天理的秩序正是禮的秩序，禮教不過是天道的具體落實，於此貫通吾人之道心，不正是由小學具體之事進入大學精義入神的歷程？因為一切極卑之禮事畢竟全是「天理之節文」（顏淵問仁章集註），是以小學之涵養工夫是有天理為根據的，此根據必待大學之教始得以探悉精微，但問題即出在朱子立教之義雖有此內涵，而於教義本身之過程卻未醞釀出一個足以使小學工夫落實為自覺的作道德實踐，而非只是空頭涵養了一副善良好性情與不自覺的道德行為，即因此「蒙以養正」徹頭徹尾是一種外鑠而待內化的道德習慣，所以此種道德行為最易落入「空頭涵養」之危機。〔註3〕依朱子本意推論：小學之教原是一樁淺近的身體力行，為大學之教作一種進入深刻主體自我覺悟的預備工夫，以求外在儀節與內在主體合一，下學而上達，掌握道德理念步步為營，一步步逼出道德我。朱子言：

> 古人只從「幼子常視毋誑」以上，灑掃應對進退之間，便是做涵養底工夫了……但從此涵養中漸漸體出這端倪來，則一一便為己物，又只如平常地涵養將去，自然純熟，……蓋義理，人心之固有，苟得其養，而無物欲之昏，則自然發見明著，不待別求，格物致知亦因其明而明之爾。（《文集四十三・答林擇之書之二十一》）

> 蓋理義以養其心，聲音以養其耳，采色以養其目，舞蹈降登疾徐俯仰以養其血脈，以至於左右起居盤盂几杖，有銘有戒，皆所以養之之具可謂備至爾矣。夫如是，故學者有成材，而庠序有實用，此先王之教所以為盛也。（《文集七十四・諭諸生》）

〔註 3〕 牟先生《心體與性體》第三冊頁 186 謂：「朱子以小學教育即為『做涵養底工夫』，此即為空頭的涵養。此是混教育程序與自覺地作道德實踐之工夫而為一……人能涵養成一種好習慣，不加鑿喪，其良心得其滋養，亦自能自然生長，隨時容易表露出來，此即朱子所謂『漸漸體出這端倪來』。但此是自然的不自覺的事，但知其當然而不知其所以然，此是風俗習慣中之好人，于此並無真正的道德行為……這良心端倪只是在習氣中，在感性中混雜而流，人于此並不真能知何者是良心，何者是良心之端倪……實是混習慣與自覺而為一。」

朱子所謂「涵養工夫」，非人之主體於日用間靜心體會性善義，而是一種教育上由外鑠——禮樂射御書數、孝弟忠信之教，到內化——存養既熟根基深厚而一躍爲道德氣質的道德教育，也就是將人之日常行爲與客觀環境作一種「道德生活」的安排，使童蒙心性感受「禮」之美育與德育，而自然合於「仁」之條件。當童蒙把生活教育中一切禮節秩序，與規則，都納入自己身心之中自然而然循規蹈矩，不覺得有任何束縛感，也不勉強也不做作，宛如一種習慣，一種慣性，也就是他自身已產生了一種力量——自治力，此自治力便是社會教育之基礎，所以朱子小學書與其學禮之二、三、四卷皆有爲童蒙教育安排「道德生活」的理念，此種「道德生活」不是道德實踐的第一義，卻是通向「仁」之表現的必然條件必備條件。

綜括而言，朱子認爲童蒙自身無辨知能力，只有感官之主觀接受與排斥，不能自覺作善惡之抉擇，所以只能以涵養德行與下學工夫來使之習性優美——就是一種雕塑人格的教育手法，以外在環境的高尚烘托出一優良之氣氛，使之潛移默化，習與性成；換言之，只要將性善蘊涵於週遭善良之環境即可，他自會感受自能學習，自能內化爲楷模，自能塑造自我之典範。當一切生活都有了規律法則，習性已美，使之進入大學，將孩提時曾有的生活經驗，藉讀書窮理漸次析離其中之文理，使其曾經整體渾融涵養的童年剔開一線天窗，讓眞理之光線透視進來，展現紋路與意義；此時一切皆有了詮釋，有了成長之滿足與欣悅，再加以格物致知——求宇宙一切眞理，與求自我生命之理，以使生命有根源，人格教育與知識教育打成一片，一個道德的知識人、道德的「大學人」一躍而出。

參、大學之理據：十五志於學

朱子於學禮學義（《禮書・卷九》）教學之序一節，爲大學之道找到禮教根據——孔子曰：「興於詩，立於禮，成於樂。」（〈泰伯〉）所謂詩、禮、樂，意指某種人生境界，而興、立、成則是引發這三種境界的進路，朱子言：「此三者非小學傳授之次，乃大學終身所得之難易先後淺深也。」此中有朱子對人性成德之教的理念，以下試述之：

孔子曾經無限感動地說：「吾十有五而志於學，三十而立，四十而不惑，五十而知天命，六十而耳順，七十而從心所欲，不踰矩。」（〈爲政〉）這自述裏純是聖人於求道之歷程中個體內在的訊息，通過六個層次不斷逼近內在中

那超越的聲音——性體是一個內在而超越的生命，在內在世界裏呼喊，聖人起一種奔赴的情懷，嚮往道德境界，以一路上不斷內聚的智慧，向生命內部、生命形而上層作一開索之功；即便在這追求中，天道於人之存在裏所喚起的莊嚴感，予人一種不斷提昇自我的仰望與信念，最終天人合一，呈顯了聖心。〔註4〕而就在這一條心路歷程裏，朱子掌握了三個要領：

之一，朱子言：「古者十五而入大學……此所謂學，即大學之道也。」（爲政集註）其以爲孔子成德之歷程是經由古代學禮制度（即教育之道）而造就，爲何朱子要將聖人「志於學」這樁生命的學問解爲「志於大學之道」？事實上，孔子於論語一書從未言及大學制度，他的志學是志於學習歷史文化，建立人文理念，與學禮制度並無關係；然則朱子學禮觀念從那裏來的？

《尚書・舜典》與《孟子・滕文公篇》皆曾言及古代有司徒之官，教化人民於五倫之道秉守綱常，孟子且言：「設爲庠序學校以教之……皆所以明人倫也。人倫明於上，小民親於下。」這是第一條線索，往下到漢儒之禮記，學記言：「古之教者，家有塾，黨有庠，術有序，國有學。」王制更言：「小學在公宮南之左，大學在郊，天子曰辟廱，諸侯曰頖宮。」不但從中央到地方都有學校，且大小尊卑之制度顯然階級森嚴。至於修學程序，內則言：「六年，教之數與方名。七年，男女不同席，不共食。八年，出入門戶及即席飲食，必後長者，始教之讓。九年，教之數日。十年，出就外傅，居宿於外，學書計，衣不帛襦袴；禮帥初，朝夕學幼儀，請肄簡諒。十有三年，學樂誦詩，舞勺。成童，舞象，學射御。二十而冠，始學禮，可以衣裘帛，舞大夏，惇行孝弟，博學不教，內而不出。三十而有室……四十始仕……五十命爲大夫……七十致事。」此不特將修學程序依次開展，而且將人生全部歷程與教育程序作一結合，顯然是一種政教合一、倫理與學禮合一的思想。其中成童指十五之齡的少年，自十五至四十，中間有一段頗長的進德修業時間，至四十之時德業俱入佳境，生活經驗足夠，始可擔當政治事務。然此修學程序是一普遍教育原則，基本上，貴族教育與萬民教育的內容仍然有別，在貴族教育中，八歲入小學，學小藝，履小節，業小道，所學有六甲五方書計之事，始知室家長幼之節；〔註5〕十五入大學，學先聖禮樂，知朝廷君臣之禮，蹍

〔註4〕 此段對於孔子人格之描寫，其主調以朱子窮理盡性的境慧爲本，而開展出一種智者（方以智的性格）的聖境。

〔註5〕 見《大戴禮・保傅》、《公羊傳・僖公十年》何休注文、《白虎通義・辟雍》、《漢

大節，踐大義，業大道。〔註6〕至於萬民教育，《周禮・地官・大司徒》言：「以鄉三物教萬民，而賓興之。一曰六德：知、仁、聖、義、忠、和。二曰六行：孝、友、睦、婣、任、恤。三曰六藝：禮、樂、射、御、書、數。」六德與六行顯然是道德教育，而六藝則是謀生教育。即從以上種種古代學禮制度之史料裏，朱子掌握住了一個小學之教、一個大學之教兩個觀念，將所有史料所寓之內容分派到小學與大學之教義中消化，也就是將史料作了一項理念上的整合，但取「立法大意」〔註7〕而已。換言之，朱子有意將古代大學之道與聖人志學作一結合，造成一種孔子式的大學之道，或一種學禮式的聖人之學，以此聖人人格提撕大學之道。又言：「吾十有五而志于學；古人於十五以前皆少習父兄之教，已從小學之中以習幼儀；舞象舞勺，無所不習，到此時節，他便自會發心去做，自去尋這道理。」（《語類二十三・子蒙》）朱子所指，即是十五以前從事小學之事，將人的情性收束於道德規範裏，由外鑠的他律的父兄之教中，爲大學之道作預備工夫；而十五以後即從小學之事中尋出道德理由，自己發心作一種自律旳自我人格教育，啓發了一道德氣質、道德意識，所以又言：「十五志學一章全在志於學上，當思自家是志於學與否？學是學箇甚？如此存心念念不放，自然有所得也。」（《語類二十三・季札》）

之二，朱子以爲人生自十五開始，是一種脫離小學時代——習慣性不自覺的好行爲，進入一個自覺的智慧開索之階段（當思自家是志於學與否？學是學箇甚？請注意「當思自家」有自覺意），其開索智慧之源的方法是：對於「理」這個本體做不斷的逼近的掌握，以及疊進的認知與實踐，使吾人生命中一切接物之間全是「理」——道德生命的激揚，使吾人于自我生命時時燃生著「理」——道德生命的三省，而「窮理盡性」便是朱子對生命的最大期待了——

> 窮理只自十五，至四十不惑時已自不大段要窮了；三十而立時便是箇鋪模定了，不惑時便是見得理明也；知天命時又知得理之所自出；

書・食貨志》、《新書・容經》、《尚書大傳》。
〔註6〕同上。
〔註7〕《儀禮經傳通解・學制篇・法制名號之略》下，朱子注言：「古者教人，其立法大意皆萬世通行，不可得而變革者，學者不可不知；若其名號位置節文之詳，則自經言之外，出於諸儒之所記者，今皆無以考其實矣，然不敢有所取捨，姑悉存之，讀者亦不必深究也。」

耳順時見得理熟；從心所欲不踰矩時又是爛熟也。（《語類二十三‧幹》）

當我們仰觀天、俯看地，天地萬物生生不息，其中歷經無數寒冬大雪，終不能冰封我們想使生命抽芽璀璨的渴望，霜雪大地啓示吾人在無情天地之背後，原有等待有情天地之期望，儒者掌握的便是那一點生生之意，朱子言：「某謂天地別無勾當，只是以生物爲心，一元之氣運轉流通，略無停間，只是生出許多萬物而已。」（《語類一‧道夫》）但這一點能生生不已的道理爲何？儒者思索此宇宙生成之理，將此一生成之理還原至萬物個體上推敲，又從各個物體上還原宇宙生成之理，一個大的「理體」在宇宙生成萬物之源中，而各個小的獨立的「理體」賦生在各個形質之物體裏，理與氣質打成一片，而各自成就各自獨立的「理」，而此一各自成全的「理」事實上是根源於宇宙生成之理；換言之，萬物與吾人皆同承受此理而成長，所以朱子言：「太極只是一箇理字。」（《語類卷一‧人傑》）又言：「合天地萬物而言只是一箇理，及在人，則又各自有一箇理。」（同上‧夔孫）於是從十五志學開始，吾人便將天地萬象之表相迸裂撕開，單單探入那深層的奧秘的理體，作一智慧之旅、心靈之遊，此種默契理體之歷程，直到三十歲小有心得，而能立能守；到了四十歲，已能「於事物之理幾微之際毫釐之辨，無不判然於胸中。」（〈或問〉）至五十歲時，天道賦予吾人性命之理——這一點已能上契之，所以又言：「蓋天道運行，賦與萬物，莫非至善無妄之理而不已焉，是則所謂天命者也；物之所得是之謂性，性之所具是之謂理，其名雖殊，其實則一而已，故學至於不惑，而又進焉，則理無不窮，性無不盡，而有以知此矣。」（〈或問〉）到此時節，往下之歷程，「如春融凍釋」（〈或問〉）天理之光全然涵攝了一切生，吾心所關愛的一切遍攝吾人心中那點生生之意，萬物生生之意與吾心之愉悅互相激揚此天命之理——道德生命的互相感通，而此道德生命之照見原是天理之光的內聖而外王，世界到此沒有紛爭怨恨，只有和平，人格到此，便能「聲入心通，無所違逆」（集註六十耳順），更能「大而化之，心與理一，渾然無私欲之間而然也」（七十從心或問），且「隨其心之所欲，而自不過於法度，安而行之，不勉而中。」（集註七十從心）我們可由其中看出一點消息：朱子將人格成長以心智成長爲手法爲進路，將人格教育看待爲智慧歷練，隨歲月增長，生命成長之疊進，而化其知識之外貌，熟而又熟，直探萬理內在而超越之原則，直探天理與人欲的精微處，道問學至是化爲尊德性之學，心

智之大清明於焉成功。剛開始是苦惱、冒險的、有痕跡的，最後卻是平和的、平常心的、不見痕跡的，由粗開之本質磨礪為渾然圓潤之本體。今試為一圖以詮釋此「窮理盡性」之義涵：

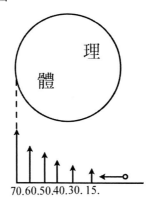

之三，天地萬物既為一個理體，則凡萬物莫不有理，莫不是理體所賦予，物物各有其生成之理，通過其氣質而成全其性理；既然萬物各有氣質之性理，各有其氣質之性的型態，則吾人為求人我、物我之感通交流，與客體生命相融而不相隔，必得要放下我的成見，打破個體表相之氣質，探入其深層結構，追究其各自的獨特的價值，而不與之相違，互能尊重契合彼此各自的生成背景，此即吾人入世第一課題——事實上朱子相當重視人在世界上自我的位置、自我行為的當否，是否足以及物潤物，也就是說是否能事事與他人之生命求得一和諧。〔註8〕而小學之教所辛苦營建的禮教系統，到此刻便需待大學之道以探悉精微，求得一道德理由；而此「求得一道德理由」的方法便是「致知在格物」——我們需求「知」，求宇宙之理、人我之理、自我生命之理、自我實踐之理，朱子言：

> 理有未窮，故其知有不盡，知有不盡，則其心之所發必不能純於義理，而無雜乎物欲之私，此其所以意有不誠，心有不正，身有不修，而天下國家不可得而治也。昔者聖人蓋有憂之，是以於其始教，為之小學，而使人習於誠敬，則所以養其德性，收其放心者，已無所不用其至矣；及其進乎大學，則所謂格物致知云者，又欲其於此有以窮究天下萬物之理而致其知識，使之周徧精切而無不盡也；若其用力之方，則或考之事為之著，或察之念慮之微，或求之文字之中，

〔註8〕參見曾師昭旭〈朱子格物之再省察〉一文，《鵝湖》123期。

> 或索之講論之際，使於身心性情之德、人倫日用之常，以至天地鬼
> 神之變、鳥獸草木之宜，莫不有以見其所當然而自不容己者，而又
> 從容反覆而日從事乎其間，以至於一日脫然而貫通焉，則於天下之
> 理皆有以究其表裏精粗之所極，而吾之聰明睿知亦皆有以極其心之
> 本體而無不盡矣。（《文集十五・經筵講義》）

此段議論延續前之二而來，「窮理盡性」是朱子對大學之教最大的期望，而欲達至「窮理盡性」的方法則是「格物致知」；而「格物致知」的目的是為求窮究天下萬物之理，以推致到事物之理的極精處，一旦理的精微能掌握，則外至天地鬼神鳥獸草木，內至身心性情人倫日用，都能知所當否，知其存在之理由，吾人以吾心對應之，則知天地萬物原有一個普遍的共通的存在之理，一個公天下的理，吾人是以不敢有私心之揣測，而必得以公心來對應之，如是吾人自然所發意念所動心慮一一皆是誠意正心。所以「格物致知」於大學教義中僅為一求知之方法，而誠意正心才是一個人最重要的主體，主體能誠正，則身既修、家可齊，方才能四十而仕，於社會國家體系中建立一個性行端正的「社會我」、「政治我」；換言之，大學教義之立足點本來就是為求一個從裏到外都乾淨的政教人才而設論，所以才會自天下國家推本，追溯到家齊、身修，再追溯到一個個體獨立的意義——正心、誠意，但問題即在：一個個體之獨立意義不只在其內在之誠正，也在其外在行為之是非，他的一意一心所發不只有個人之意念，也兼受外界給予他的影響，所以內外道德價值交相往來之下，朱子考慮到「格物致知」必需有一正本清源的交待，必需在一個個體在其十五入大學時，向外知識探索、向內自我省察之始，便要掌握其正本清源的所有「知」。也就是在此一考慮的原則下，朱子以為所格物理必關涉道德之理、所致之知必關涉道德之知，如是才能將天地萬物作一道德創造，以提昇吾人日日在庸庸碌碌的生活間所淪喪的道心，而能去人欲，發道心，使心之所發行之所止皆是義理，所以又言：「知至而后意誠，須是眞知了方能誠意；知苟未至，雖欲誠意，固不得其門而入矣。惟其胸中了然，知得路逕如此，知善之當好，惡之當惡，然後自然意不得不誠，心不得不正。」（《語類十五・大學二》）此中「眞知」二字有意別開「良知」，不與當時陸氏言論同，但事實上此「眞知」不可能僅是知識上的判斷，而隱約透露著有良知判斷意味，而朱子竟是以一種求知的態度給處理掉了，造成其學術中常有遺落大本的感覺。換言之，格物致知可以是一項往外求知探索的工夫，但此工夫

又不得不為一項本質上良知判斷的自覺工夫，因為人不可能僅靠一個單純的求知而作道德判斷，人必得要有根本的知是知非之良知，人才有可能對格物致知作一道德創造，否則必將落為知識的瞎摸。﹝註9﹞就在此點上，朱子賦予了「格物致知」必得有道德之感覺，卻又沒有正視建立良知之大本對於「格物致知」的重要性。

我們以為：朱子的「格物致知」顯然是一「致道德之知」，而非求泛泛外界的客觀知識。從求知本身而言，求知以輔助我們下道德判斷，是一輔助工夫；但從求知當下時時刻刻要求反省自身是非而言，則求知是一整合道德知識為道德觀念，輔助道德實踐，以求吾心的自慊與安定，又是一項本質工夫，所以又言：「須知即此念慮之間，便當審其自欺自慊之向背，以存誠而去偽。」（《文集六十三·答孫敬甫之六》）又言：「意誠後，推盪得查滓靈利，心盡是義理。」（《語類十五·閎祖》）又言：「誠意方能保護得那心之全體。」（同上）可見「格物致知」是一求心安的工夫，而「誠意正心」則是「知至而后意誠」的到達。一旦理體全幅意義展現於吾人生命中，知天之所賦予吾人者為何，則性理通透，行事當否全依天理之光而通達，如是吾人方可自謂——吾生可以心安矣自慊矣一於善矣。

但格物致知本身無論求內在之性理，或求外在之道德規範的知識，畢竟是一稍隔一層的本質工夫，一項主體——我，與客體——人，兩者相融的相知，而非一自體當下見證良心自立的直覺體證工夫——即因此故，朱子於認取價值觀念時常需經過一段艱辛辯證的歷程，以使價值觀念與我心相融而不相違，而格物致知有一部份力道便花費在此辯證而脫然的工夫上。此中之手法便是有一段從自然之物體證道德之理，而建構為「道德物」（曾師用語）的轉程——原來天地萬物既是由理體賦予其性理而生生不已，則此生生不已的原動力必是一生生不已的創造——此創造是天道仁覆萬物的道德創造；進而論之，天地萬物既是由生生之德所賦予其生氣，則生生之德原是天地間自然而然的一種道德化育，天地萬物即是此道德創造、道德化育之中所創生的「德體」，是以萬物自身即為道德之物——「道德物」，萬物自身於當下便有一潛在的道德理由而存在著，吾人必知其存在之道德理由，以認知之、探索之、

﹝註9﹞ 同註8。案：朱子談『真知』為別開陸子談良知談頓悟，而有心以下學即上達的層次建立一種『求知即求性理』的知識之學，所以將格物致知鞭策為大學教義中最重要之工夫，誠意正心反倒失卻原先之內涵。

進而人我或人物彼此之性理互相體知，體知彼此之價值，知道宇宙間有一公天下的理——萬物各有其理，吾人是以有一公心去對應之，是以相融而不相違，共同止于至善之相知——可見吾人求此道德物各自的理即是一種「致道德之知」「建構自然之物的道德之理而成就為道德物」的歷程，在此轉換自然物為道德物的歷程中，一種欣悅的道德生命之激盪於焉興起。另一方面，即使我們不去理會外界萬物是否有其生存上的道德理由，即使自然之物本身不是道德之物，但因一切窮理行為本身最終極處皆須將外在之知識還原為理，還原為道德知識——例如討論萬物中本具的理（《語類四》：「蜂蟻之君臣」「虎狼之父子」「鳥之知孝，獺之知祭，犬但能守禦，牛但能耕而已。」）將之凝聚為一「道德知」——萬物各有孝慈忠義之道，人之人倫則是萬物中最具慈孝忠義者，將此引入吾人生活觀念裏，結果自然之物即在吾人體知其理的當下，成為一「道德物」，此種求知中已帶有人的價值判斷，由是吾人生活中乃時時有道德經驗之觸及，此即格一物而致一真知，而產生一道德體知心，體知一切存在的意義，吾人是以在行為裏處處充滿了道德自省。由是而言，格物致知本身不得不為一道德心隨時發用的體知主體，此主體非孟子性善原義，而是必需靠許多內外道德觀的夾輔才能成就的真知心——一個依靠外界給予你反應與批判，使你慢慢自我修正行為，將自己的行為慢慢與他人一同合理，慢慢逼近本質逼近「理」——仁、義、禮、智四項標準的本質工夫。此種工夫是蛻化來的，是積漸而明的，是取了荀子「真積力久則入」（〈勸學〉）的方法，朱子言：

> 積習既多，自當脫然有貫通處，乃是零零碎碎湊合，將來不知不覺自然醒悟，其始固須用力，及其得之也，又卻不假用力，此簡事不可欲速，欲速則不達，須是慢慢做去。（《語類十八·大學五·人傑》）

由於從道德體知萬物之道德理由，在漸次積累道德經驗之間，將各個經驗之內容一一消化一一剝落原來探索歷程裏的沙石，最後脫去痕跡，蛻化出一道德知，再經此道德知自我不斷辯證，時時以此德智指點求知之行為，將德性之知與見聞之知不斷牽引到一個「理」的境地，費力的考慮與修正，成為純粹堅固的「真知」——合於仁義禮智的標準，此時「眾物之表裏精粗無不到，而吾心之全體大用無不明矣。」（大學補傳格物致知之義）

綜括而言：格物致知於知識範疇上而言，是人之智識層面認知的運作，是一種知識的力量；但於朱子所體知的——萬物為道德物、凡物之理有其道

德之理、認知萬理原是體知道德之理、體知道德之理日久積漸蛻化爲一道德知、道德知日久蛻化爲一眞知、知至而后意誠心正種種曲折的積靡的歷程看來，則求道德知本身，知識即良知即道德，心體不只是認知道德標準的工具，也是體知道德的主體——雖然這一段路走得太幽深曲迴。而此一求眞知的工夫，它的任務在於將小學之教逼顯出一個形上理由、道德根源，語類四十九有一段記載言：

> 問：「洒灑應對是其然，必有所以然，所以然者是如何？」曰：「若無誠意，如何洒灑應對？」

洒灑應對只是小學教義裏當然之事，至大學之教則指點出童蒙能甘於禮教之理由——在於吾人心中原有那一點眞良心的「誠意」，即此「誠意」是人所本有，所以大學之道中格物致知才有可能成爲一種內外雙修的道德體知心，而不致成爲純向外探索的認知道德標準心。

以上三項要領既經朱子之掌握，而後大學之教的義理根源才有一充份說明，而能有一興發於詩、立守於禮、成德於樂的三種境界爲其進路，此三境界經朱子創造，而豐富了其義涵：

> 子曰：「興於詩，立於禮，成於樂。」(〈泰伯〉)

詩本來是人類感性的昇華，本來是性情的流露，也許是偉大的莊嚴的情操，也許是卑瑣的悲憫的呼聲，本來是作者個人想自我成全此番情感，獨力承擔此莊嚴此悲劇，不涉人間煙火是非，然於儒者之心懷看來：詩人寫下這一首詩篇、或這一篇文章時，他心中最核心那一點愛，到底是同情的，還是變異的？是淚中有光，還是只是灰暗的嗚咽？因爲文學不只是個人的，也是人性的，一種立於普遍人性喜怒哀樂的基礎之藝術，所以既有讀者與觀眾接收你的訊息，你便不能不考慮文學的正面意義與負面影響，孔子曰：「詩三百，一言以蔽之，曰：思無邪。」(〈爲政〉)，朱子更爲詩的意義(也就是文學的道德意義)下了一番分析：「詩本性情，有邪有正」(〈泰伯〉興於詩集註)又言：「凡詩之言善者，可以感發人之善心，惡者可以懲創人之逸志，其用歸於使人得其情性之正而已。」(〈爲政〉思無邪集註)又言：「其言近而易曉，而從容詠嘆之間，所以漸漬感動於人者又爲易入，故學之所得必先得於此，而有以發起其仁義之良心也。」(〈泰伯〉興於詩或問)更將此番教義納入大學之教的第一步；從文學啓迪人生而言，朱子嘗試以「興發人之情性」的手法引導「大學人」自我開導一己之性情，將己心之中善的念頭、惡的情緒一一自

我剖開，悄悄的慢慢的於自我剖白裏逗出天理與人欲之辨析，吾人於當下如實的對自我作一存在的分析，進而將性情引導爲興發向善的原動力——起一種道德情懷追求完美的人格境界，那是感性的道德嚮往，是人生第一步追尋的境界。亦即在此追求歷程裏，吾人如實觸及了人所不知己所獨知——那一點「愼獨」，於此清明自我之氛圍間，朱子言：「欲其察於隱微之間，必吾所發之意由中及外，表裏如一，皆以實而無少自欺也。」（《語類十六・釋誠意・銖》）又言：「誠意者，好善如好好色，惡惡如惡惡臭，皆是眞情；既是眞情，則發見於外者亦皆可見，如種麻則生麻，種穀則生穀，此謂誠於中，形於外，又恐於獨之時有不到處，故必謹獨。」（同上・節）所以又於〈詩集傳序〉（《文集》七十六）一文言：「察之情性隱微之間，審之言行樞機之始，則修身及家平均天下之道，其亦不待他求而得之於此矣。可見「詩教」本身根本是一性情主體在一種強烈內省生活間的道德情境，此情境朱子只暗示與大學誠意之教有關，卻未直接於大學章句集註中將之貫通，吾人經由種種朱子言論之關係，而得知「興於詩」原來即是自我格物致知的進路——對自我作一存在的分析以進入自我的世界，進行自我之理的格致，所以朱子又言：「讀詩見其不美者，令人羞惡，見其美者，令人興起。」（《語類四十七・小子何莫學夫詩章・節》）文學到此已與道德生命連爲一體，通過一感性體知的心靈，文學將吾人帶離純浪漫情懷，而通向一唯美的人文理念，將道德生命至善情境與文學境界至美性靈結合爲一。復論「立於禮」——

　　禮的產生，最初只爲人性缺少孝慈之道，未將固有之親情適當表達，造成上古之時「百姓不親，五品不遜」（《尚書・舜典》）；爾後聖人制禮作樂，制定了晨昏定省，人類於此禮數下，方才通過野蠻，省得天性本有之慈孝，於是始由親情一倫繼續擴擴至長幼之序、君臣之義、朋友之信、夫婦之順——儒者便在觀察天地之理與禮教之統後發覺：原來禮的秩序正是天地之理，禮者理也，不過是天地常態的落實，違此天則，即是私意即是人欲，朱子：「禮者，天理之節文也。」（顏淵問仁集註，中引程子言「非禮處便是私意」）人文世界的理念有父子有夫婦，正如天地萬物各有反哺之道陰陽之理，更如天爲陽爲父爲男性之象徵，地爲陰爲母爲女性之象徵，而「禮」此樁教義便是要使吾人生活於常態裏，從生活教育一草一木間讓你走在一條時代的大方向中，共同爲當時之時代孕育一股整體流行的「禮氣」，古人相信此一禮的完成便可直參化育。由是，大學之教立守於禮，其中便有窮究禮教之理以格致一

人文理念，以此人文理念而建立自我於時代中之位置與角色，朱子言：

> 世間之物無不有理，皆須格過，古人自幼便識其具，且如事親事君之禮、鍾鼓鏗鏘之節、進退揖遜之儀，皆目熟其事，躬親其禮；及其長也，不過只是窮此理，因而漸及於天地鬼神日月陰陽草木鳥獸之理，所以用工也易。」（《語類十五·大學二·個》）

> 禮有節文度數之詳，其經至於三百，其儀至於三千，其初若甚難強者，故其未學詩也先已學幼儀矣。蓋禮之小者自爲童子而不可闕焉者也，至於成人，然後及其大者，又必服習之久而有得焉，然後內有以固其肌膚之會，筋骸之束，而德性之守得以堅定而不移，外有以行於鄉黨州閭之間，達於宗廟朝廷之上，而其酬酢之際，得以正固而不亂也。（〈泰伯〉立於禮或問）

十五志學之時正是人生情慾未發或初生之時，生命原始之動力此刻正蘊蓄了一股風浪，人子於此之時日日情緒糾雜起伏，爲人父母者如何導引此一顛沛時期，而使吾子提昇此浪漫心懷，孔子所言「立於禮」，朱子之觀照下——似是以禮教系統各各設置於人子之生活間，行其禮便窮究其背後人文理念，藉此穩定吾子性情，助其成長；其初可能勉強且費勁，至其探究到禮之美育與德育時，便能發揚原創生命力，予以自我突破——禮之美育與德育例如舞蹈、例如戲劇、例如射御書數，更如宗廟祭先師先聖之禮，於一藝教與禮教的雙重結合下，將吾子初發的情慾轉爲藝術的、禮教的原創力，蓬蓬勃勃地激揚；此刻，浪漫的生命便被人文理念所昇華了；爾後行之既久，所習愈艱深，所探之理愈接近「誠於中，形於外」的標準，吾子越來越能藉由禮而表達自我之情感，則內有以持守自我，外可以與人感通，杯酒交歡揖讓恭遜之際，整個人文社會便形成了一個堅定的「禮氣」，以參贊「天理之節文」矣。然則禮原不只是外在之約束，實是由外在進入內在的古典戒律，再由內在向外在煥發的宗法性情，恰好是配合著小學之教——事親事長洒掃進退，進入童蒙的心靈，成爲其價值觀念；再由「大學人」的內在自我體認此禮之理。而暗契於此古典性情，而能得一超越的「誠」，以誠於中形於外。

　　再論「成於樂」。事實上，「樂」根本是人性喜怒哀樂之情最赤悃的宣洩，似一聲春雷打醒沈眠於庸庸碌碌之生中的人心，人心方才驚夢那一刻，儒者便提出了警告：當下這音樂是樂而不淫的？哀而不傷的？抑或是亡國之音？鄭衛之風？甚致還直截了當由「樂」的表相進入人生的省察，禮記樂記曰：

「人生而靜，天之性也；感於物而動，性之欲也。物至知知，然後好惡形焉，好惡無節於內，知誘於外，不能反躬，天理滅矣。」（又見學禮八）朱子為之剖析如下：「此言性情之妙，人之所生而有者也。蓋人受天地之中以生，其未感也純粹至善，萬理具焉，所謂性也，然人有是性，則即有是形，有是形則即有是心，而不能無感於物；感於物而動，則性之欲者出焉，而善惡於是乎分矣，性之欲即所謂情也……物至而知，知之者心之感也，好之惡之者情也，形焉者其動也，所以好惡而有自然之節者性也……情之好惡本有自然之節，惟其不自覺，知無所涵養，而大本不立，是以天（案：疑少一理字）則不明於內，外物又從而誘之，此所以流濫放逸而不自知也……此一節正天理人欲之機間不容息處，惟其反躬自省，念念不忘，則天理益明，存養自固而外誘不能奪矣。（《文集六十七·樂記動靜說》）由音樂之感發人心，而直指人性之本，原來音樂這一件事情是既內在──作者與聽者以內在的喜怒哀樂之情感而交感；又是外在的──人感於音樂從外來，興起多種情愫，作者掌握聽者可能產生之情愫而將音樂更技巧化，使之更動盪人心；而就在這內外交相激盪間，儒者反省到音樂本身是可見人性中「心」、「性」、「情」這三層面：性者天理，指涉人性原來稟賦的天命之理；心者感受之主體，能辨認天理與人欲；情者人類本能反應的諸多情動。人性原來是能如理表達中節之喜怒哀樂，但由於外界之事物（諸如音樂）由感官經驗侵入你的心田，你當下感受的主體是要抉擇與外物一同喜樂呢？還是選取一條非感受的心態？或者你只是如實地感性的感受，卻又適切地吟咏，聞而和之，善者善之，惡者反躬自省？也或許你還來不及省察，你已經動容了，隨之忘我？音樂感動人心之餘，影射的是人性的幽微，而儒家照顧的便是人存在當下的危精惟一，朱子言涵養知、存養天理、及反躬自省念念不忘，以絕外誘，這個訊息即是：我們如何經由「樂教」而善導人性的情苗？換言之，如何經由正當的平衡的聽樂愛樂，使吾人聽出藝術境界中的至善，而涵養出一副好情性？朱子言：

> 古人學樂只是收斂身心，令入規矩，使心細而不麄，久久自然養得和樂出來。（《語類三十五·興於詩章·升卿》）

> 是用樂，蓋是教人朝夕從事於此，拘束得心長在這上面，蓋為樂有節奏，學他底，急也不得，慢也不得，久之都換了他一副當情性。（《語類八十六·周禮地官·植》）

此是樂教之功效，使人移情養性，最終「幾與理為一，看有甚放僻邪侈，一齊都滌盪得盡，不留些子。」（《語類三十五·賀孫》）所以樂教之成德在於：「可以養人之性情。而蕩滌其邪穢，消融其渣滓，故學者之終所以至於義精仁熟，而自和順於道德者，必於此而得之，是學之成也。」（〈泰伯〉成於樂集註）又《語類》三十五有一段記載言：

> 敬之問：「興於詩，立於禮，成於樂，覺得和悅之意多。」曰：「先王教人之法以樂官為學校之長，便是教人之本末都在這裏。」

以善的音樂教人，正如同善的文學可以興發人向善的心，於不帶半句言詮的感通裏，作者帶領聽者步入鍾鼓鏗鏘鼓舞人心的境界，人的唯美之情懷唯善之心志全幅湧現。所以「成」字有一種生命的愉悅。

然此樂教之義理核心，實需一清醒的真知，方能導引人們成德，所以朱子又言：

> 物之感人無窮，而人之好惡無節，此說得工夫極密，兩邊都有些罪過；物之誘人固無窮，然亦是自家好惡無節，所以被物誘去，若自有箇主宰，如何被他誘去？此處極好玩味，且是語意渾粹。（《語類八十七·小戴禮樂記·僴》）

此中的「主宰」正是大學之教中再三叮嚀的「知至而后意誠」的「真知」，又言：「上知字是致知之知」又言：「上知字是體，下知字是用；上知字是知覺者。」（同上，節》）當「物至」而「知知」，吾人的道德體知心相應的去感知，雖然萬象紛紜，但吾心中自有一洞悉萬理深知自我的真知主宰，外物擾擾，我自反躬自省而有餘也。在同樣是愛樂聽樂的情境下，朱子排開眾人之易感生命型態，而聽出了生命的憂歡，那一顆何處不掛心的悲情，直教人肅然起敬。又：「志於道章」也可與此章相印證，〔註10〕不贅。

〔註10〕 述而：子曰：「志於道，據於德，依於仁，游於藝。」集註：「志者心之所之之謂，道則人倫日用之間所當行者也，知此而心必之焉，則所適者正而無他歧之惑矣。據者執守之意，德則行道而有得於心者也，得之於心，而守之不失，則終始惟一，而有日新之功矣。依者不違之謂，仁則私慾盡去而心德之全也，功夫至此而無終食之違，則存養之熟無適而非天理之流行矣。游者就玩物適情之謂，藝則禮樂之文、射御書數之法皆至理所寓，而日用之不可闕者也，朝夕游焉以博其義理之趣，則應務有餘，而心亦無所放矣。」
或問：「道德仁藝，人心所當志據依游之地，而不可易者也；以先後之次言之，則志道而後德可據，據德而後仁可依，依仁而後藝可游；以疏密之等言之，則志道者未如德之可據，據德者未若仁之可依，依仁之密乎內又未盡乎游藝

通過了興發於詩、立守於禮、成德於樂三種境界，大學教義之義涵方才有了圓滿的成全，而得致一「和悅之意多」的道德生命矣。

結　論

人性原來便是飽滿至善的，但如何經由教育管道使人類有一道德情感，以創造道德生命，參贊化育而成就道德天地——此是朱子「學禮」之立意所在。「學禮」未必是歷史之事實，更可能是古典儒家一項人文理念，經由朱子之再創，導引吾人感覺人性之真善美，那份至誠的心靈在歷史大流裏徐徐穿透有限，引來天理之光，吾人拾級而上——由小學灑掃應對進退事親事長之節，至大學格物致知誠意正心身修家齊國治天下平之道，便涵養其中，以全性之所有。朱子便如是寄望通過一種克己復禮的道德生活，而以禮行仁，讓人的人性光輝透過一椿成德的程序漸次帶出渾沌未開之自然人性質，而表達人的獨特意義，成為一個文化人。

朱子以為人性雖善，但不可能處處都能表達完整且清晰，有時我們的生活中少了自我教育的機會，沒有令他人了解你的管道，結果生活中人我隔絕，私欲與天理夾雜不清，所以只有通過「學禮」之歷程，我們才能確切掌握心與性，讓性理之善落實在生活之節文間，使心體知理，如是道德生活不沈落為教條生活。換言之，真正的性善是需通過——對於人性無明一面作一番修持剝落的工夫（相當性惡論中的人性實質通過禮教之維護改善），才能到達光明峻偉的初理（與性善論中的原意已不相當），而即在此天理與人欲之交雜中，人性憑心官之清明（荀子解蔽篇所言「虛壹而靜謂之大清明」），將此斷裂的性靈世界（性善與氣質交互糾擾，最初的理與最本能的情欲兩相起伏）作一道德感的提撕，而後慘淡經營，格物窮理，致道德之知，人性才重新統一，回到了最初的理境。

此種道德教育，便是人類經由矯揉曲折的過程，才能完完全全對自我作一真切全面的了解，而不是單一的單純的個體道德實踐；而應是通過一種自我在人群各方面的道德努力，求取對自我之真知，進而達成個體社會化的歷程；如是的實踐一方面有個體人格保證，另一方面有全面社會道德生活為反省與回饋，則此種道德實踐在人群基礎而言，根基是很穩固的。但問題是：

之周於外也。詳味聖人此語，而以身體之，則其進為之序，先後疏密，皆可循序以進，而日用之間心思動作無復毫髮之隙漏矣。」

小學之教通過下學工夫以建立道德生活，待大學之教而翻越形下，上契形上之理，此中之翻越而超越，照朱子之意是以大學中的「誠意」爲背後原理〔註11〕始得有主宰之根源，但誠意究竟根源於人性何處？因爲「意」不過是「心之所發」，「心」並不等於性善，〔註12〕則朱子學術之底蘊事實上是有不足之處，此處沒有交待，而只講「眞知」，畢竟是有「大我」之格局，而少一「大本」之講明。

至於大學與小學之義理關係，朱子言：「學之大小固有不同，然其爲道則一而已，是以方其幼也，不習之於小學，則無以收其放心，養其德性，而爲大學之基本；及其長也，不進之於大學，則無以察夫義理，措諸事業，而收小學之成功。是則學之大小所以不同，特以少長所習之異宜，而有高下淺深先後緩急之殊。」（大學或問）從人性基礎而言，小學只是一個前設工夫，大學則是一個完成格局，相爲體用、互爲本末；就教育立場而言，小學至大學是一項「次第之當然」（大學或問）的道德教育歷程；而從此教育人性之成長的觀點來看，朱子學禮無疑是教導人性團體爲道德團體，興起吾人道德嚮往，以對自我作一「尊德性之教」的理想主義。

（本文原刊於《鵝湖月刊》第一五九號，1988 年 9 月）

〔註11〕《語類》四十九：問：「洒掃應對是其然，必有所以然，所以然者是如何？」曰：「若無誠意，如何洒掃應對？」（節）

〔註12〕《大學章句集註》：「心者，身之所主也。」而《語類》五（性情心意等名義）則謂：「性便是心之所有之理，心便是理之所會之地。」（升卿）又謂：「心有善惡，性無不善，若論氣質之性亦有不善。」（節）可見心在朱子學術中是一個虛靈之官，能具眾理，也能惟情是行，故有善惡，不能如性之全善也。

附錄二：論朱子倫理主義中的唯美原則

　　吾人閱讀吾國聖賢典籍時，心中常浮現一個意象：荒原裡，人性如一朵向日葵，逢陽開展，於是我們說人性本善；可是史書翻開，盡是人性的卑怯與醜惡，將人性之火煨在灰燼裡，看著最後一線慧命消亡殆絕；人的不完美是亙古以來的漫漫長夜，而這不完美事實上根源於人的氣質之性之難於成全。為了追求完美，吾人希聖希賢，肝肺皆冰雪，清操厲冰雪，只為了使存在成為一種美感，一種美學，一種可經由倫理人間而完成的大我；換言之，追求完美本身即追求道德境界，唯至善者乃唯美者，唯美者即唯至善者，此道德原則必成為一種社會性的倫理生活，必為理想的純粹化形式，現實的超越性格局，生活成為倫理的道德實踐，實踐本身即一道德生活，最終則使存在成為美學。而朱子學，便是一種存在的美學、倫理的美學也。

壹、人的不完美根源於氣質之性的難於成全

　　生命自何處來？此一問題在吾民族之哲學心靈中追尋至終極時，體悟了自家性命源於無聲無臭的天道，朱子云：「上天之載，無聲無臭，而實造化之樞紐，品彙之根柢也。」〔註1〕宇宙萬物山河大地一切盡在眼前，不知自何時何處而來，也不知基於何種生命存在之理而有，更不知何歲月而結束；儘管充滿困惑，吾人仍如實實存，如實追尋。朱子更云：「蒼蒼之謂天，運轉周流不已便是那箇。」〔註2〕天地壯闊天地偉大，但也深潛而波動，在波動的太極之中，吾人仰觀天俯看地，感受太極之美，一半是驚懼而敬畏，一半則是好

〔註1〕 朱子註釋・周濂溪原著〈太極圖〉：「無極而太極」一句之註文，中文出版社和刻影印近世漢籍叢刊。
〔註2〕 《語類》卷一・理氣上・太極天地上・僩。

奇而讚歎，朱子復云：

> 天地始初，混沌未分時，想只有水火二者，水之渣腳便成地，今登
> 高而望群山，皆為波浪之狀，便是水泛如此，只不知因甚麼時凝了，
> 初間極軟，後來方凝得硬……水之極濁便成地，火之極清便成風霆
> 雷電日星之屬。〔註3〕

> 高山無霜露，卻有雪；某嘗登雲谷；晨起，穿林薄中，並無露水沾衣，
> 但見煙霞在下，茫然如大洋海，眾山僅露峰尖，煙霧環繞往來，山如
> 移動，天下之奇觀也……上面氣漸清，風漸緊，雖微有霧氣，都吹散
> 了，所以不結，若雪則只是雨遇寒而凝，故高寒處雪先結也。〔註4〕

此中原只是由於格物窮理之興趣而及時發覺宇宙之奧秘，太極之美以一種神
秘而深邃的性格靜靜地籠罩穹蒼，在全幅地渺茫間人渺小而孤絕，但也同時
望見自性。而後朱子由太極之美更進一步探究了性道之理，其言云：

> 無極而太極，不是說有箇物事光輝輝地在那裡，只是說這裡當初
> 皆無一物只有此理而已；既有此理，便有此氣；既有此氣，便分
> 陰陽，以此生許多物事；惟其理有許多，故物亦有許多……則君
> 臣父子夫婦朋友無非是天地之事，只是這一箇道理，所以君子修
> 之吉，小人悖之凶，而今看他說這物事，這機關一下撥轉後，卒
> 乍攔他不住……所以萬物到秋冬時，各自收斂閉藏，忽然一下春
> 來，各自發越條暢，這只是一氣一箇消一箇息，只如人相似，方
> 其默時便是靜，及其語時便是動，那箇滿山青黃碧綠，無非是這
> 太極。〔註5〕

> 既有理，便有氣；既有氣，則理又在乎氣之中，周子謂五殊二實，
> 二本則一，一實萬分，萬一各正，小大有定，自下推而上去，五行
> 只是二氣，二氣又只是一理；自上推而下來，只是此一箇理，萬物
> 分之以為體，萬物之中又各具一理，所謂乾道變化各正性命，然總
> 又只是一箇理，此理處處皆渾淪，如一粒粟，生為苗，苗便生花，

〔註3〕 《語類》卷一・僩。
〔註4〕 《語類》卷二・理氣下・天地下・僩。又：《文集》卷六有詠雲谷多首詩，如
「寒雲無四時，散漫此山谷，幸乏霖雨姿，何妨媚幽獨。」又如：「風起雲氣
昏，風定天宇肅，遙邁萬里暉，炯炯穿我屋，良友共徘徊，山中詎幽獨？」
可想見當時的孤絕情境。
〔註5〕 《語類》卷九十四・周子之書・太極圖・揚。

> 花便結實，又成粟，還復本形，一穗有百粒，每粒箇箇完全，又將
> 這百粒去種，又各成百粒，生生只管不已，初間只是這一粒，分去
> 物物各有理，總只是一箇理。〔註6〕

從太極之美發現太極只是一箇理字，此全幅充實完整浩大的理體賦予萬物各
有生生之德，而人為萬物之最靈，乃從此生生之德體覺自性根源於天命，從
而由理之契悟警動吾人之形質，轉而理氣合一參贊造化。換言之，吾人由於
太極之美，觸及吾人各自之理體（根源於天而投注直貫於吾人之形質中者），
如實觸及存在之理，而後由存在之理領悟一本萬殊各正性命的自家性命之
理，此之領悟遂開啟了吾民族慧命之源，朱子復云：

> 天道流行，發育萬物，其所以為造化者，陰陽五行而已，而所謂陰
> 陽五行者，又必有是理，而後有是氣，及其生物，則又必因是氣之
> 聚而後有是形。故人物之生，必得是理，然後有以為健順仁義理智
> 之性，必得是氣，然後有以為魂魄五臟百骸之身，周子所謂無極之
> 真，二五之精，妙合而凝者，正謂是也。然以其理而言之，則萬物
> 一原，固無人物貴賤之殊；以其氣而言之，則得其正且通者為人，
> 得其偏且塞者為物，是以或貴或賤而不能齊也。彼賤而為物者，既
> 梏於形氣之偏塞，而無以充其本體之全矣，唯人之生乃得其氣之正
> 且通者，而其性為最貴，故其方寸之間，虛靈洞徹，萬理咸備，蓋
> 其所以異於禽獸者正在於此，而其所以可為堯舜，而能參天地以贊
> 化育者，亦不外焉。〔註7〕

於太極之美的原型道德世界〔註8〕中，無聲無臭，渾然天成，姑且命之曰天道，
此天道經由人賦予道德觀照與體證後，吾人省覺此為一天理，萬物成形時理
亦賦焉，此原是一存在之理的絕對完美，然「性道雖同，而氣稟或異，故不
能無過不及之差。」〔註9〕一旦探究人物之中形上與形下之道器關係時，天地
開裂，渾淪撞破，人走出了天人合一太和之境，疏離了原型道德；人不再單

〔註6〕《語類》卷九十四·淳。
〔註7〕《大學或問》首章，中文出版社和刻影印近世漢籍叢刊。
〔註8〕吾於太極之美，僅由直覺的感性的進路摸索，不涉形上理論；或者說；乃由
美之感覺始帶入朱子對太極之美的詮釋之中。請參見：田曼詩《美學》第五
章第三節〈從書法論傳統美學之理論基礎〉（三民）《美學基本原理》頁92之
彩陶紡輪圖案，與陰陽互替圖形（谷風）。
〔註9〕《中庸章句》首章註文，世界書局《四書集注》。

純而深刻，如孟子詠歎萬物皆備於我反身而誠樂莫大焉的樂天知命，而造成了理氣對揚；儘管原始的感動猶在，只是最初的理境之美即將與各自的形質稟賦當面衝擊，粉碎了最初的美，接著便是各自的氣質氣稟暴顯了她的不完美，而造成了憂患且分析性極強的哲學性靈，就如朱子。此之憂患乃相應於氣質氣稟所引發的種種性理之負面層次而有，人是否能如理地進行倫理建設美學經營？此為哲學生命於當下體察所必有的疑問。而人的生命於當下實踐後必垂直上升走回天命而攝入歷史大流，已死亡的生命仍可能有未解的答案之結，朱子論氣質之性似乎從史書中得到不少啓示，其言云：

> 唐明皇資稟英邁，只看他做詩出來是什麼氣魄？今唐百家詩首載明皇一篇，「早渡蒲津關」，多少飄逸氣概，便有帝王底氣燄；越州有名刻唐朝臣送賀知章詩，亦只有明皇一首好。有（案：應作又）曰：豈不惜賢達，其如高尚何？〔註10〕

> 氣稟所拘只通得一路極多樣，或厚於此，而薄於彼，或通於彼而塞於此，有人能盡通天下利害而不識義理，或工於百工技藝，而不解讀書，如虎豹只知父子，蜂蟻只知君臣，惟人亦然，或知孝於親，而薄於他人，如明皇友愛諸弟，長枕大被終身不變，然而為君則殺其臣，為父則殺其子，為夫則殺其妻，便是有所通，有所蔽，是他性中只通得一路，故於他處皆礙也。是氣稟，也是利害昏了。〔註11〕

人在原型道德世界裡時，隱隱默默獨立於蒼茫之中，性理純粹，純粹至無善無惡全然忘我，一旦投入各人氣質所稟此一通孔之中，慧命未斷，卻可能因有限的自覺，思欲無限，不自踐德上立腳，而轉為採強者生命型態征服所懼怕的外在的龐大的客體，自我斬絕那一脈微弱的訊息，慧命斷絕，氣質之性乃成為真正的困限；而事實上，氣質之性根本只是一個通孔，人通過各自的氣質而上契天命的一個通孔，卻影響天命之理下貫展現的張力，朱子復云：

> 人性本善，無許多不美，不知那許多不美是甚麼物事？〔註12〕

> 人之性皆善，然而有生下來善底，有生下來便惡底，此是氣稟不同，

〔註10〕《語類》卷一百四十・論文下・詩・雄。

〔註11〕《語類》卷四・問。唐明皇事見《新唐書》本紀第五，及《舊唐書》本紀第八第九。而《語類》卷一百三十六・歷代三・祖道錄，朱子道及唐朝閨門失禮之事不以為異云云。

〔註12〕《語類》卷四・性理一・人物之性氣質之性・振。

且如天地之運萬端而無窮，其可見者日月清明氣候和正之時，人生而
稟此氣，則爲清明渾厚之氣，須做箇好人；若是日月昏暗，寒暑反常，
皆是天地之戾氣，人若稟此氣，則爲不好底人，何疑？人之爲學，卻
是要變化氣稟，然極難變化，如孟子道性善，不言氣稟，只言人皆可
以爲堯舜，若勇猛直前，氣稟之偏自消，功夫自成，故不言氣稟。看
來吾性既善，何故不能爲聖賢，卻是被這氣稟害，如稟氣偏於剛，則
一向剛暴，偏於柔，則一向柔弱之類。人一向推托道氣稟不好，不向
前，又不得，一向不察氣稟之害，只昏昏地去，又不得，須知氣稟之
害要力去用功克治，裁其勝而歸於中，乃可。〔註13〕

　　事實上，氣質所稟之雜即道德實踐中必然經歷的困境，此之突破唯有至
誠盡性，以化除此一生命中的「曲」；所謂「致曲」，「曲」即氣質所隔的有限
空間，而致曲即一性命之理的「曲成」，通過此一自覺有限的反省，而不斷堅
持一無限的仰望之理念以克治之，在不同空間或時間的限制下自我貞定內心
的惶惑，則吾人必能於各自的有限了然於心平平放下，而後有限即成了無限
的伸展，「曲」者適足以「成」也。吾人若能如此踐行其事，事上磨練，人性
的不完美必可依氣質之稟而起無限的追求，而完美。即因有此一困惑此一困
境，朱子乃提出了倫理之美以再創人性——以禮教的秩序代替太極之美，而
建構了一套後天而奉天理的倫理體系。此倫理體系伸展爲五教：父子有親、
君臣有義、夫婦有別、長幼有序、朋友有信五倫。朱子爲其找到背後原理，
而云：「蓋五者之理出於人心之本然，非有強而後能者，自其拘於氣質之偏，
溺於物慾之蔽，始有昧於其理而不相親愛不相遜順者。」〔註14〕生命常常只
是習性俗氣的一再復現，既定的陋見影響吾人的眞性情與同情心，而私慾常
常便與陋見混雜而流，要剝開慾與陋此一氣習之病，朱子只提出求學以變化
氣質：格物窮理以推擴吾心之明，直至逼到本心的誠意呈現；以及下學而上
達；由小學工夫的洒掃應對進退做起，立一誠身求敬的道德生活，再通過事
上磨練所得的精義入神，而推擴出大學階段的誠意正心脩身齊家治國平天下
種種層次，求得一個誠於中形於外知識聰明的人格型態，〔註15〕使形下之氣

〔註13〕《語類》卷四．璘。
〔註14〕《文集》卷六十五．雜著．尚書舜典註文。
〔註15〕《大學或問》首章云：「今使幼學之士，必先有以自盡乎洒掃應對進退之間，
　　　　禮樂射御書數之習，俟其既長，而後進乎明德新民，以止於至善，是乃次第
　　　　之當然。」《論語集注．憲問莫我知也夫章》，引程子語：「學者須守下學上達

稟得一超越的格局；然此一格局實是一道德教育的格局，且是極其鄉土性的社會性的風格，何以鄉土？因其下學之事全是吾國民情中之忠孝節義，父母之恩、師長之愛、朋友之義、夫婦之敬、君臣之歡，鄉土之醇美，人物之懇切，展現的泥土觀，非先秦之時直貫天理逆覺體證自性的型態，而更切於一種社會學的道德世界。朱子六十七歲前後完成「禮書」（全名：儀禮經傳通解），其中探討的大半是吾國之鄉土道德觀，而一決之於先秦兩漢聖賢典籍，若旁證於其《小學書》、《四書集注》與《或問》、及其《文集》，則其由世俗道德教育層次進至倫理美學的內在意蘊，可一探其旨。

貳、不完美的人需要世俗道德教育

朱子對於社會的關懷，投射於其道德教育理論，展現出的是一經由社會的學習而得致的「社會我」，此社會我於個人誠意正心，於家庭撫恤長幼妻子，於國族則將孝道擬忠義，報以全節；即由此「社會我」入手，所以人一旦於道德度成熟狀況時，其參贊化育體悟本體之美的終極關懷，呈現的非直貫系統——人當下體證自性，良知圓滿即道德的完成，往下則自律自主，充實此一生命內容。其呈現的為：人經由社會性普遍的考慮與學習，將道德做一生活規劃，按步就班循序漸進，由小子之學洒掃應對進退做起，過一敬身如禮的道德生活，直至生活的制度與本心的動靜語默無一不合為止，再跳躍至大學階段，從事大人之學的工夫，誠意正心修身齊家治國平天下，此時已有能力從事氣質之稟「致曲以成」的修持，內在憑藉致道德知識以作道德判斷的知覺工夫，外在憑藉客觀的道德經驗以作格物窮理，內外交相存養，個體之我與社會之我統合，將人與人之間的不如禮減至最小，而一以貫之在大和諧中。此種大和諧的倫理體系，可稱為「橫攝系統」（牟先生語）。即由此一道

之語，乃學之要，蓋凡下學人事，便是上達天理。」又於〈子張・子夏之門人小子章〉引程子語：「自洒掃應對上，便可到聖人事。」又《語類》四十四・莫我知也夫章・寓記云：「下學上達雖是兩件，理會得透徹，廝合只一件；下學是事，上達是理，理在事中，事不在理外，一物之中皆具一理，就那物中見簡理，便是上達，如大而化之之謂聖，聖而不可知之之謂神，然亦不離乎人倫日用之中，但恐人不能盡所謂學耳，果能學，安有不能上達者。」《文集》十五〈經筵講義〉則云：「古之為教者，有小子之學，有大人之學；小子之學：瀟掃應對進退之節，詩書禮樂射御書數之文是也；大人之學：窮理修身齊家治國平天下之道是也。」其詳情參見拙著：〈論朱子小學與大學思想之義理根源〉（《鵝湖月刊》第 159 號）。

德教育先天上認爲人是不完美的，需於氣質之性上做一變化氣質的工夫，而此工夫又是極其卑微的小節大做，貫徹的也不過是一個倫理主義，做一個鄉里中的好人而已，乍看之下似是世俗的，然世俗之中原隱藏著至善的期許，是以村野本色原來只是一個純樸的要求罷了。朱子云：

> 蓋絜，度也；矩，所以爲方也。以己之心度人之心，知人之所惡者不異乎己，則不敢以己之所惡者施之於人，使吾之身一處乎此，則上下四方物我之際，各得其分，不相侵越，而各就其中校其所占之地，則其廣狹長短又皆平均如一，截然方正，而無有餘不足之處，是則所謂絜矩者也。夫爲天下國家而所以處心制事者一出於此，則天地之間將無一物不得其所。〔註16〕

「社會我」的理型源於大學的「絜矩之道」，人本是社會組織中的成員，彼此互相往來也互爲影響，自我與群體原是一互動的關係，是以個體之我各自的投射始匯聚爲一社會，而社會之我又必是自人同此心心同此理（人心之同然〔註17〕）的基礎上，設想他人份位揣度自己價值而成。因此，人既非孤絕的原始初民，必有現世的人間情懷及人文關愛，而產生了君臣、父子、夫婦、長幼、朋友此五倫，是謂「社會之我」，此我於社會倫常關係下，有所當行，朱子復云：「蓋天生烝民，有物有則，是以萬物庶事莫不各有當止之所；但所居之位不同，則所止之善不一，故爲人君則其所當止者，在於仁；爲人臣則其所當止者，在於敬；爲人子則其所當止者，在於孝；爲人父則其所當止者，在於慈；與國人交，則其所當止者在於信，是皆天理人倫之極致，發於人心之不容已者。」〔註18〕由此之正倫理、篤恩義，人人自知興起，推己達人，社會的大和諧即道德團體的大圓滿。

吾人進入朱子之倫理世界，依其白鹿洞書院揭示者爲序，其序爲：「父子有親，君臣有義，夫婦有別，長幼有序，朋友有信。」〔註19〕以之爲進路。於父子有親一倫，朱子理論重心不在父之慈，而在子之孝，整個五倫皆基於「孝」而開展，以父子一系推擴至其他四倫，此種思想反映至最終極的關懷時，便是以乾爲父以坤爲母，人是天地之子，以孝道奉事之（說得最徹底的

〔註16〕《大學或問》或問上章論齊家章中曰何以言絜一節。
〔註17〕《語類》卷十六・大學三・傳十章釋治國平天下・賀孫。
〔註18〕《大學或問》，此引玄鳥章中曰引文王之詩一節。
〔註19〕《文集》卷七十四〈白鹿洞書院學規〉。

是張載)。朱子於此五倫,取材自秦漢聖賢典籍,加以釐析改併,與原典未必一致,讀者取其立法大意即可。其《小學書》〔註20〕卷二明倫「父子之親」一節,與《儀禮經傳通解》(以下簡稱《禮書》)卷三〈家禮‧內則〉〔註21〕「事親事長」一節,今即採用爲父子有親一倫材料:

> 子事父母,雞初鳴,咸盥漱,櫛縰,笄總,拂髦,冠緌纓,端韠紳,搢笏,左右佩用,偪屨著綦。婦事舅姑如事父母,雞初鳴,咸盥漱,櫛縰,笄總,衣紳,左右佩用,衿纓,綦屨,以適父母舅姑之所。及所,下氣怡聲,問衣燠寒,疾痛苛癢,而敬抑搔之;出入,則或先或後,而敬扶持之。進盥,少者奉槃,長者奉水,請沃盥,盥卒,授巾;問所欲而敬進之,柔色以溫之,父母舅姑必嘗之,而後退。(取自《禮記‧內則》)

> 父母舅姑將坐,奉席,請何鄉;將衽,長者奉席請何趾,少者執床與坐,御者舉几,斂席與簟,縣衾篋枕,斂簟而襡之。(同上)

> 在父母舅姑之所,有命之,應唯敬對,進退周旋慎齊,升降出入揖遊,不敢噦噫嚏咳、欠伸跛倚睇視,不敢唾洟。寒不敢襲,癢不敢搔,不有敬事,不敢袒裼,不涉不撅褻衣,衾不見裡。父母唾洟不見,冠帶垢和灰,請漱;衣裳垢和灰,請澣;衣裳綻裂紉箴,請補綴。(同上)

> 凡爲人子之禮,冬溫而夏清,昏定而晨省。出必告,反必面,所遊必有常,所習必有業,恒言不稱老。(取自《禮記‧曲禮》)

以上所錄,雖全爲形式上的孝敬之節,然身爲人子,其生命的學問首在洒掃應對進退上,外部形式上之如禮即能恰當表達內心之敬意,吾人之養親,不惟樂其心順其志,且要能樂其耳目,安其寢處,忠養其飲食,外在的養有時更甚於內在的誠,此因人一當年老,生命之感沒有太多保障,惟有現世的價值乃能滿意自得,而吾人之養老,需別於畜養家畜,以提撕出此中的人文價值。試思個人童稚之時,父母之愛我育我出入怙我,晨時乳我,夜半顧我,

---

〔註20〕小學書由朱子策劃其思想體系,而由劉子澄整頓古籍資料而成。朱、劉二人關係亦師亦友,《文集》三十五〈答劉子澄〉諸書中,可見其成書歷程。坊間商務人人文庫有張伯行集解本,《四庫全書》六九九號有陳選注本,或中華書局四部備要三六三號亦有陳注本。

〔註21〕《儀禮經傳通解》(《四庫全書》一三一號)第一至第五卷爲家禮。

其生命之泉涓涓滴滴直貫吾身；待其年老，吾人傾我身之生命之光戰戰兢兢
照亮其最後一程，生命的莊嚴只是如此罷了——。

> 父母有疾，冠者不櫛，行不翔，言不惰，琴瑟不御，食肉不至變味，
> 飲酒不至變貌，笑不至矧，怒不至詈，疾止，復故。（取自《禮記‧
> 曲禮》）

> 父母雖沒，將爲善，思貽父母令名，必果；將爲不善，思貽父母羞
> 辱，必不果。（取自《禮記‧內則》）

> 霜露既降，君子履之，必有悽愴之心，非其寒之謂也；春雨露既濡，
> 君子履之，必有怵惕之心，如將見之。（取自《禮記‧祭義》）

生命如海，有起有落，吾人試思：父母生時一切生計營爲，皆爲如何「生」
而有，以無限生計求得下一代之「生」；然一旦吾人之生確立於天壤之間，父
母之生即跳躍至至高點，生命對之而言，乃一如何「終」的問題，是以生命
之考慮由生轉爲終，如何求得其所終，吾人應使此結束的與延續的有一完整
圓滿的格局，此即父子之親一倫該有的倫理美之經營。

復論君臣有義：

傳統裡，每將君臣關係看待爲君父關係，生時奉事死時報義，而君爲臣
綱，臣爲君僕；君臣法天，取象日月；君者羣也，羣下之所歸也；臣者牽也，
屈服之形也。〔註22〕臣子的地位是一種——不是附屬卻又從屬，不必尊貴卻
又重要的意義，有無價值一在生時政治上的表現，一則在死時以全節終身。
今從《小學書》〈明倫篇〉「君臣之義」一段，與禮書卷十二「臣禮」一篇，
取爲本節材料，以觀君臣之義：

> 將朝：將適公所，宿齊戒，居外寢，沐浴，史進象笏，書思對命；
> 既服；習容，觀玉聲，乃出，揖私朝煇如也，登車則有光矣。（取自
> 《禮記‧玉藻》）

> 始見：始見于君，執摯至下，容彌蹙。（取自《儀禮‧士相見》）

> 朝禮：入公門，鞠躬如也，如不容，立不中門，行不履閾，過位，
> 色勃如也，足躩如也，其言似不足者，攝齊升堂，鞠躬如也，屏氣
> 似不息者，出降一等，逞顏色怡怡如也，沒階，趨，翼如也，復其
> 位，踧踖如也。（取自《論語‧鄉黨》）

〔註22〕見《禮書》卷九〈學義‧人倫之義〉一段所引《白虎通義》之言。

侍坐：凡侍於君，紳垂足如履齊，頤霤垂拱，視下而聽上，視帶以及袷，聽鄉任左。（取自《禮記·玉藻》）

賜食：君賜食，必正席先嘗之；君賜腥，必熟而薦之；君賜生，必畜之。（取自《論語·鄉黨》）

君賜車馬，乘以拜；賜衣服，服以拜。（取自《禮記·玉藻》）

君子之飲酒也，受一爵而色洒如也，二爵而言言斯，禮已三爵而油油，以退。（〈玉藻〉）

廣敬：凡為君使者，已受命，君言不宿於家。君言至，則主人出拜君言之辱；使者歸，則必拜送于門外。若使人於君所，則必朝服而命之，使者反，則必下堂而受命。（取自《禮記·曲禮》）

疾，君視之，東首，加朝服，拖紳。（〈鄉黨〉）

以上臣子之禮容禮節，全是客觀之寫景透露主觀之心事，自「登車則有光」始，見君如面對天父一般，既嚴肅又愉悅，士得相知相遇，必報以忠悃，一朝侍於君前，即男兒之壯志得酬之時，是以自將朝、始見、朝禮、侍坐、賜食、廣敬諸項節數中，饒寓臣子心境之婉柔曲折，此曲折於見君前之齋戒沐浴一節，最可看出其畏且敬，悅樂且期盼的臣子性格。此為正面的臣禮，而其負面世界所顯的道義如下：

諫諍：責難於君謂之恭，陳善閉邪謂之敬，吾君不能謂之賊。（取自《孟子·離婁上》）

進思盡忠，退思補過，將順其美，匡救其惡，故上下能相親。（取自《孝經》）

死節：國君死社稷，大夫死眾，士死制。（取自《禮記·曲禮》）

復讎：君之讎，視父。（取自《周禮·調人》）

父之讎，弗與共戴天。（取自《禮記·曲禮》）

朱子云：「君子登車有光一節，養出好意思來。」〔註23〕又云：「小學是事，如事君事父事兄處友等事，只是教他依此規矩做去，大學是發明此事之理。」〔註24〕可見形式中的儀節乃屬小子之學，只是教育中的學科，其真正

〔註23〕《語類》卷八十七〈玉藻〉方。
〔註24〕《語類》卷七〈小學〉銖。

的意義或形上理則卻待大學階段，始得分析詮釋自我領悟。而臣禮中自將朝至侍坐，多屬禮節中事，賜食開始即有判斷意味，至於諫諍以下則全是政治責任之展現，自屬大人之學。以上所論全屬臣子一方而言，至於君主一方，朱子似有意自傳統君父觀念下走出，而採取一種批判君主角色於政治責任倫理中的價值之立場：

> 蓋欲治人者，不可不先於治己；欲體道者，不可不先於知道，此則天下國家之達道通義，而爲人君者尤不可以不審，是以臣愚竊願陛下深留聖意伏乞睿照……所謂明明德於天下者，自明其明德而推以新民，使天下之人皆有以其明其明德也。人皆有以明其明德，則各誠其意，各正其心，各脩其身，各親其親，各長其長，而天下無不平矣。然天下之本在國，故欲平天下者，必先有以治其國，國之本在家，故欲治國者必先有以齊其家，家之本在身，故欲齊家者必先有以脩其身，至於身之主則心也，一有不得其本然之正，則身無所主，雖欲勉彊以脩之，亦不可得而脩矣，故欲脩身者，必先有以正其心，心之發則意也，不能純一於善而不免爲自欺，則心爲所累，雖欲勉彊以正之，亦不可得而正矣，故欲正心者，必先有以誠其意；若夫知，則心之神明，妙眾理而宰萬物者也，不能推而致之，使其內外昭融無所不盡，則隱微之際，私欲萌焉，雖欲勉彊以誠之，亦不可得而誠矣，故欲誠意者必先有以致其知……知無不盡，則心之所發可一於善，而無不實矣，意不自欺，則心之本體可致其虛，而無不正矣，心得其正，則身之所處可不陷於其所偏，而無不脩矣，身無不脩，則推之天下國家亦舉而措之耳，豈外此而求之智謀功利之末哉……蓋君猶表也，民猶影也，表正則影無不正矣。君猶源也，民猶流也，源清則流無不清矣……以一身託乎兆民之上，念慮之間，一有不實，不惟天下之人皆得以議其後，而禍亂乘之，又將有不可過者，其爲可畏又不止於十目所視十手所指而已，願陛下於此深加省察，實用功夫，則天下幸甚！〔註25〕

此段文字乃朱子六十五歲受寧宗之詔，進講大學，於其理論中明顯可見兩點議論：其一，君猶表民猶影，君猶源民猶流，政治上的領袖即教化上的師尊，嚴格說來應稱爲「君師」（其文集七十六之大學章句序最爲顯豁此義），人君

〔註25〕《文集》十五·〈經筵講義〉。

之得爲人君，乃因君德堪爲「皇極」（其語類七十九中所謂尚書皇極諸條最爲顯豁此義），其身爲天下做一模範，立一個「樣子」，而爲民之精神嚮往道德追求的對象，所以「民之視效在君，而天之視聽在民」，〔註26〕君德既端本示儀於上，四方之民則瞻仰以效法之，觀而化之，君德即爲天下師法，以此德性倫理教化萬民，故君亦師，師德即君德，君師合一，政治團體即道德團體，政治家即教育家，以教化爲政治，以禮代刑，是以「欲治人者，不可不先於治己」。其二，由前一點衍伸而來的議論是——「蓋天下之大本者，陛下之心也。」〔註27〕又云：「天下事有大根本，有小根本，正君心是大本。」〔註28〕君主對於政治倫理所負的責任，一方面是客觀的天下大事、政綱清明、民生樂利、應興應革等，而一方面則是主觀上自我要求需爲天下之師，成爲「明明德于天下」的創造者，因爲天下之事於君主一身無非份內之事，一切倫理和諧關係無非君主一人爲道德標準，君主之心正則天下安，君主之心蔽則天下危，所以「念慮之間，一有不實，不惟天下之人皆得以議其後，而禍亂乘之，又將有不可遏者。」吾人若仔細觀察，當可發覺，於臣禮中，朱子只賦予臣子以「道義」二字要求之，臣子之生與死基於報答知遇之恩而已；然君主之份位裡卻被要求負起政治倫理的全部責任，朱子（即臣子）有忠悃之誠言無不盡，寧宗（即君主）有受聽之誠客觀之心，二者之倫理關係正是一典型的君臣有義。

復論夫婦有別：

宋高宗紹興二十五年乙亥，朱子二十六歲，於同安任上申請嚴昏禮，其申嚴昏禮狀〔註29〕云：

> 竊惟禮律之文，婚姻爲重，所以別男女，經夫婦，正風俗，而防禍亂之原也。訪聞本縣自舊相承，無昏姻之禮，里巷之民貧不能聘，或至奔誘，則謂之引伴爲妻，習以成風，其流及於士子富室亦或爲之，無復忌憚，其弊非特乖違禮典，瀆亂國章而已，至於妒媢相形，釀成禍釁，則或以此殺身而不悔，習俗昏愚，深可悲憫。欲乞檢坐見行條法，曉諭禁止，仍乞備申，使州檢會政和五禮，士庶婚娶儀

〔註26〕同上。
〔註27〕《文集》十一〈戊申封事〉。
〔註28〕《語類》一百八〈論治道〉。
〔註29〕見《文集》卷二十。

　　式行下，以憑遵守，約束施行。

朱子的婚姻社會觀源於詩教「關關雎鳩，在河之洲，窈窕淑女，君子好逑」，其中所揭明「摯而有別」的思想，男女憑媒為介，達成經綸家庭事業之禮，禮成而喜怒哀樂皆不過其則，樂而不淫哀而不傷，此即「得其性情之正，聲氣之和也」〔註30〕婚姻本是人在社會中與他人以性情、家世雙重標準下，條件的結合，也同時是理性的往來，而於此一往來關係中，達成人類社會為繁衍下一代的目的，即使出之奔誘亦是社會的「非常態」，而不應視為「變態」，變態之萌乃在個體有足夠能力行使常態而不遵守循行；朱子於此「非常態」（貧不能聘）與「變態」（富室士子亦或為之）皆有觀察，此兩種情形同樣的訴求於不得理性往來之下，乃出之以「奔誘」（此一層減殺理性層面，乃出以低層次的「引伴為妻」），而申嚴婚禮原也不過以社會常軌導入倫理層次罷了。朱子復云：

> 男女居室，人事之至近，而道行乎其間，此君子之道所以費而隱也；然幽闇之中，衽席之上，人或褻而慢之，則天命有所不行矣。此君子之道所以造端乎夫婦之微密，而語其極，則察乎天地之高深也，然非知幾慎獨之君子，其孰能體之？易首於乾坤而中於咸恆，禮謹大昏，而詩以二南為正始之道，其以此歟？知言亦曰：「道存乎飲食男女之事，而溺於流者不知其精。」又曰：「接而知有禮焉，交而知有道焉，惟敬者能守而不失耳」，亦此意也。〔註31〕

朱子於夫婦男女之情背後省思，以為婚姻之本質必需是正常的、平衡的，「情」乃人心萌動之處，為人性欲望，此之幽微最當慎獨，是故其言云：「察之情性隱微之間」，〔註32〕蓋德如雎鳩，摯而有別……學者姑即其辭而玩其理，以養心焉。」〔註33〕朱子所指似是人性於幽微之地亦當敬身如理，使居室至近之倫理關係中，常保親愛而不狎溺，因為人心至察，於男女家室生活，反身而知自我之情性，亦由此之至微之事至於察覺我心幽隱未發處，以及萌動既生處，其間之幾，當下心解而看見自己。夫婦一倫原為平凡人生活的常道而已，理學家自平常事悟高層次道理，而後將高層次道理帶入生活，婚姻乃有了另

〔註30〕《詩集傳》卷一〈國風周南之一〉。
〔註31〕見《文集》四十六〈答胡伯逢二〉。
〔註32〕《文集》七十六〈詩集傳序〉。
〔註33〕同註30。

一種莊嚴的美，以下以朱子《禮書》卷二〈家禮〉中的〈士昏禮〉及〈昏義〉
爲本節材料：

> 天地合而后萬物興焉。夫昏禮，萬世之始也，取於異姓，所以附遠
> 厚別也。幣必誠，辭無不腆，告之以直信，信事人也，信，婦德也，
> 壹與之齊，終身不改，故夫死不嫁。男子親迎，男先於女，剛柔之
> 義也。天先乎地，君先乎臣，其義一也，執摯以相見，敬章別也。
> 男女有別，然後父子親，父子親然後義生，義生然後禮作，禮作然
> 後萬物安，無別無義，禽獸之道也。（取自〈禮記‧郊特牲〉）

> 主人爵弁，纁裳，緇袘，從者畢玄端，乘墨車，從車二乘，執燭前
> 馬。婦車亦如之，有裧，至于門外。主人筵于戶西西上右几，女次
> 純衣，纁袡，立于房中南面，姆纚笄宵衣在其右，女從者畢袗玄、
> 纚笄、被穎黼在其後，主人玄端迎于門外西面，再拜，賓東面答拜，
> 主人揖入，賓執鴈從至于廟門，揖入，三揖，至于階，三讓，主人
> 升西面，賓升北面，奠鴈，再拜稽首，降出，婦從降自西階，主人
> 不降送；壻御婦車，授綏，姆辭不受，婦乘以几，姆加景，乃驅，
> 御者代。壻乘其車先俟于門外。

> 婦至，主人揖婦以入，及寢門，揖入，升自西階，媵布席于奧，夫
> 入于室，即席，婦尊西南面，媵御沃盥交。

> 主人入，親說婦之纓。

> 夙興，婦沐浴纚笄宵衣，以俟見。質明，贊見婦于舅姑。（取自《儀
> 禮‧士昏禮》）

> 壻親御授綏，親之也，親之也者，親之也，敬而親之，先王之所以
> 得天下也。出乎大門而先男帥女，女從男，夫婦之義由此始也。（取
> 自《禮記‧郊特牲》）

「親迎」有一種空間的節奏美，其中一個主人是女父，一個主人是女婿；婿
自左上角出現，盛裝大隊，前有燭火導路，在日沒後日未出時，陽光已沒（陽
往）夜色將來（陰來），男子前往親迎女子前來以成「昏禮」；婦車自右上角
出現，至中間前方停住（此是親迎轉折的定點，待男授綏女上車完成其意義）；
女父出現，行使若干禮節；然後女出現，盛裝，後有女從，亦盛裝，至右前
方停住；婿於此時有了親迎的禮節，女父答之以禮。然後女下了右前方的定

位，面向婿；婿登婦車，授綏於女，是第一次親愛的暗示（綏者引升車之物）；
女登車，奶娘為她加上外袍，圍裹著她內面華麗的婚衣，婿於是下車，坐回
自家車上，驅車的車夫此時各鞭起了迎歸之途；婦至，又行使若干禮節，男
女雙方從者乃為他們各斟滿鹽水，南北兩方各有兩洗，男由女從者引沃於南
洗，女由男從者引沃於北洗，只是象徵性的鹽洗（此為日常生活小事，而於
昏禮中是一男女合流的象徵之禮），夫婦始接以情，此時由暗示轉為正視，而
後又有若干禮節，婿退出，復入，親手拾下了他的女人的髮飾（少女時代結
著的飾品，名為纓，是未婚的象徵之物），燭出從者退；少女時代結束，生命
不再屬於女父女母，而屬於女婿所有。第二天天亮，婿便帶著婦見父母，從
此婦事舅姑如子事父母，倫理從夫婦一倫又回到了父母有親的體系內。

復論長幼有序：

事實上，「長幼有序」仍是自孝一倫衍生，所謂「年長以倍，則父事之；十
年以長，則兄事之；五年以長則肩隨之。羣居五人，則長者必異席。」〔註34〕
長者於社會中的地位形同家庭中的父親，尊嚴雖一而親愛有等，此倫實即父子
一倫的轉移，其禮節由朱子《禮書》卷十〈學禮三〉的〈少儀篇之「洒掃應對
進退」〉一段，可見其長幼倫理：

> 凡為長者糞之，禮必加帚於箕上，以袂拘而退，其塵不及長者，以
> 箕自鄉而扱之。奉席如橋衡，請席何鄉，請衽何趾，席南鄉北鄉，
> 以西方為上，東鄉西鄉，以南方為上。（取自《禮記・曲禮》）

> 見父之執，不謂之進，不敢進；不謂之退，不敢退；不問不敢對，
> 此孝子之行也。（《禮記・曲禮》）

> 從於先生，不越路而與人言；遭先生於道，趨而進，正立拱手。先
> 生與之言，則對；不與之言，則趨而退。從長者而上丘陵，則必鄉
> 長者所視。（〈曲禮〉）

> 侍坐於先生，先生問焉，終則對，請業則起，請益則起。父召無諾，
> 先生召，無諾，唯而起。侍坐於所尊敬，毋餘席。（〈曲禮〉）

> 將即席，容毋怍，兩手摳衣去齊尺，衣毋撥，足毋蹶，先生書策琴
> 瑟在前，坐而遷之，戒勿越。虛坐盡後，食坐盡前，坐必安執爾顏，
> 長者不及毋儳言，正爾容，聽必恭，毋勦說，毋雷同，必則古昔稱

〔註34〕此段取自《禮記・曲禮》，而見於朱子《禮書》卷十〈學禮三〉之〈少儀篇〉。

先王，毋踐屨，毋踏席，摳衣趨隅必慎唯諾。（〈曲禮〉）

傳統中的幼童教育，長者與之提攜同行，則兩手奉長者之手；與之言，則掩口而對，以免口氣觸人，其禮節蓋深寓對生命的敬意，年長即是天地的刻痕，充滿智慧與體悟，是以於鄉飲酒禮中，有尊長養老之禮，六十者坐，五十者立侍以聽政役；六十者三豆（供養之物），七十者四豆，八十者五豆，九十者六豆；以此之尊養以明孝弟，而后萬民乃能入孝弟，社會統一於孝的大倫理內，全社會倫理展現的也無非孝之倫理下的孝弟之行，〔註35〕而此番教育也早寓他日幼童長成之後應盡之事親之道。事實上亦由於敬事年長之人而寓人我之間嚴整的尊重，人之尊嚴於此一倫最見其彰顯。吾人敬事老人，即崇敬吾人自性根源之善，而善意即是社會長幼倫理一環中最該闡揚的。另一方面，長者包涵師道一面的意義，故「幼子常視（示）毋誑」，〔註36〕師長教導學童，於其無知之初即當示教正確之人生觀，以正教之無所誑欺，他日其人格心理自導於正，否則以欺誑示之，學子習之，他日反應於行為中者一缺憾之生命觀也，此種教育方式，程子謂是：「自幼子常視無誑以上，便是教以聖人事。」〔註37〕又云：「古之人自能食能言而教之，是故大學之法以豫為先；蓋人之幼也，智愚未有所主，則當以格言至論日陳於前，盈耳充腹久自安習，若固有之者，日復一日，雖有讒說搖惑不能入也；若為之不豫，及乎稍長，私慮偏好生於內，眾口辯言鑠於外，欲其純全，不可得已，故所急在先，而不憂其太早也。」〔註38〕由此而可見宋儒深有感於「以預（豫）為先」為教育中重要之事，而朱子則根本將之放入小學教育的理論中，其言云：「古者小學已自養得小兒子這裡定已自是聖賢坯璞了，但未有聖賢許多知見；及其長也，令入大學，使之格物致知，長許多知見。」〔註39〕於預作準備的前提下，規定了教育的程序，小學階段的洒掃應對進退是一個聖賢人格教育的起步，一個基型教育，隱設人格之完美典範的期待。亦由此一基型教育，人性中的不完美始可期於變化氣質，使之完美也。另一方面，師長倫理既等同於教育倫理，彼此以德性相吸引，也以德性倫理互相提昇精神價值，但於師生教學相長的情份上而言，卻有朋友的道義往來之意味，所以朱

〔註35〕見朱子《禮書》卷七〈鄉飲酒義〉。
〔註36〕取自〈曲禮〉，而見於朱子《禮書》〈少儀篇〉。
〔註37〕見《二程全書》卷七二先生語六。
〔註38〕見《二程全書》卷四十一〈二先生粹言〉，亦見於朱子《禮書》〈少儀篇〉之註文。
〔註39〕《語類》卷七〈小學〉節。

子言：「師之義即朋友，而分則與君父等。」〔註40〕然則朋友的意義不再限於同儕之間的相待，亦可延伸至其他倫理體系內。復論朋友有信：

朱子云：「朋友之於人倫，所關至重。」〔註41〕此因朋友一倫於生命發展上，自青年時期後，理想之執著必同類相勉，朋友的意義由小時的童話天地進入「少年壯且厲，撫劍獨行遊」（借用陶淵明詩語）的時代，人各自開始追求自我，以此一點相知而志趣相投，然後人的倫理關係離開家庭倫理與長幼倫理，而進入了政治倫理與朋友倫理；與其他四倫比較而言，朋友一倫因不繫於血緣或地位的關係，而純粹是一社會之我的呈現，所以可說是五倫關係中必然條件最薄弱的一環，但也是偶然因素最強的一環，此偶然因素促成友情，又根源於人的氣質之性的相吸引，而光采也是各自共同的氣質才性上見出，也可說朋友一倫是五倫關係中完全根基於氣質之性的一種人我關係，朋友有「信」，此信字固呈顯出我與朋友間的誠心交往，乃有一種氣質上的相吸相引相提攜，互信於是而立。今從朱子《小學書》卷二〈明倫篇〉「朋友之交」一節，與其《禮書》卷六〈士相見禮〉中的「長者請見」、卷十曲禮的「通言」、卷十六〈學記〉、卷十七〈中庸二十章〉諸節文字，歸納出朋友有信的內容：

> 大夫士相見，雖貴賤不敵，主人敬客則先拜客，客敬主人則先拜主人。（取自《禮記·曲禮》）
>
> 博聞強識而讓，敦善行而不怠，謂之君子；君子不盡人之歡，不竭人之忠，以全交也。（〈曲禮〉）
>
> 故君子之於學也，藏焉修焉息焉遊焉，夫然，故安其學而親其師，樂其友而信其道，是以雖離師輔而不反也。（取自《禮記·學記》）
>
> 獨學無友，則孤陋而寡聞；燕朋逆其師，燕辟廢其學。（〈學記〉）
>
> 子貢問友。子曰：「忠告而善道之，不可則止，毋自辱焉。」（取自《論語·顏淵》）
>
> 曾子曰：「君子以文會友，以友輔仁。」（〈顏淵〉）
>
> 朋友切切偲偲。（取自《論語·子路》）
>
> 孔子曰：「益者三友，損者三友；友直友諒友多聞，益矣。友便辟、友善柔、友便佞，損矣。」（取自《論語·季氏》）

〔註40〕《語類》十三〈力行〉卓。
〔註41〕同上，驤。

孟子曰：「不挾長，不挾貴，不挾兄弟而友，友也者，友其德也，不可以有挾也。」（取自《孟子‧萬章》）

責善，朋友之道也。（取自《孟子‧離婁》）

不信乎朋友，不獲乎上矣；信乎朋友有道，不順乎親，不信乎朋友矣。（取自《禮記‧中庸》）

以上是朋友一倫該有的原則，而信乎朋友之道取決於順乎親，則朋友一倫事實上也回應於孝道系統，環環相扣的大倫常，使得中國人的社會倫理受制於主觀倫理（即家庭小我爲中心），而未能開出客觀倫理（即純由對立對等地位而客觀化的社會我），導致社會之我的格局過狹，此似是先賢所未能料及的時代改變也。另一方面，朋友一倫既扶持了吾人一生的成長心路，此中當然必包涵不善的友誼所帶來的負面的教訓，只因此倫充滿強烈的偶然因素，所以其中的危機（近朱者赤近墨者黑）亦必凸顯於——朋友與我相吸引的那一點氣質才性上，蓋永恆之感動最初的投契可能因時空因素轉換或介入，使社會道義關係下的情境移轉，是以朱子復云：「心有怨於人，而外與之交，則爲匿怨；若朋友之不善，情意自是當疏，但疏之以漸，若無大故則不必峻絕之，所謂親者毋失其爲親，故者毋失其爲故者也。」〔註42〕蓋氣質之互相吸引有出於眞理之共好，也可能只是才性之相投，假理想而顯情誼，若於適當之環境中自可相攜成就，若於生命歷程各自體悟有別，則氣質之性此一極主觀因素將因遭遇之異——社會生命的經驗有差殊而改變生命的走向，此爲人於客觀因素中無可如何的悲情，竟而改變朋友一倫的內涵；或有不變其情義者，卻又因各自生命內部的感悟，而叛離原來的我，則人與我仍將隨時而移各奔命運之旅，生命之無恆常性沒有保障於此一倫最可見出，故朱子勉人善處此道也。古人戒人勿小人之交，而應君子之交淡如水，即於此交應建立於氣質之性的相提撕喚醒，道義之互相期許，才許以氣質之互相成全；而非先以氣類相近而成交，竟又以氣質之性之激撞而匿怨，終至期待朋友以道義待我也。

參、道德生活的理據：敬則心之貞

朱子言：「禮者，天理之節文。」〔註43〕禮者理也，禮的秩序只是天地常態的條理化，乃將天地萬象自然而固有的原則（包括外在的現象規則與內在

[註42] 同上，淳。
[註43] 《論語‧顏淵篇》顏淵問仁集注語。

的價值分際）予以落實，即一「修道之謂教」；人文世界的成立不自外在的秩序上彰顯，實則是由於人心本有的內在規律感，如同太極之美般的圓融，由內而外開發出一個規律的世界，吾人相信此一有規律之美的世界即稱之為「禮者，天理之節文」的具現，以此一規律之美凝聚為一大時代的「禮氣」，直參天地之秩序宇宙之恆常，以擴充吾人生命於無限，是故此世界中的個體即在一宇宙倫理天地倫常的經營下，對人格與心智進行一種性靈的琢磨，是一種對美的價值之體會與諦聽；更進一步說，此宇宙倫理的具現於禮教倫理，發展為一倫理之美的道德生活，而吾人於此中，道德生活之規律感即自我唯美的成全，唯美性靈正是來自於道德生命存在的悸動。整個來說，倫理之美的經營必要求能開發出道德生活中的信仰，此信仰還本歸源於自家性命，找到生命完成的基礎與保障，〔註44〕朱子為此一實踐信仰找到其理據：「敬則心之貞」，〔註45〕其言云：

> 人之一身，知覺運用莫非心之所為，則心者固所以主於身而無動靜語默之間者也；然方其靜也，事物未至，思慮未萌，而一性渾然，道義全具，其所謂中是乃心之所以為體而寂然不動者也；及其動也，事物交至，思慮萌焉，則七情迭用各有攸主，其所謂和是乃心之所以為用，感而遂通者也。然性之靜也而不能不動，情之動也而必有節焉，是則心之所以寂然感通周流貫徹而體用未始相離者也。然人有是心而或不仁，則無以著此心之妙，人雖欲仁而或不敬，則無以致求仁之功，蓋心主乎一身而無動靜語默之間，是以君子之於敬，亦無動靜語默而不用其力焉，未發之前是敬也，固已主乎存養之實，已發之際是敬也，又常行於省察之間；方其存也，思慮未萌而知覺不昧，是則靜中之動，復之所以見天地之心也；及其察也，事物紛糾而品節不差，是則動中之靜，艮之所以不獲其身，不見其人也，

〔註44〕 參見《鵝湖月刊》一五九號，蕭振邦「美學特質的釐清與貞定」一文，1988年9月。

〔註45〕 《文集》三十二·〈答張欽夫〉最末一書語。又請參見牟宗三《心體與性體》第三冊頁149至頁161，牟氏言：「此語實甚佳。在朱子系統中，其意即是心氣之貞定與凝聚，非從本體性的超越心而言也。敬、外在地說，即是齋莊之儀容，內在地通于心說，即是心氣之貞定。心氣自身亦可如此，亦可不如此，故必須先從外部齋莊整肅以收斂凝聚之，使之常如此，此即所謂敬的工夫，亦即涵養也。如此言敬是純屬後天工夫意義的敬」此答張氏書，或作〈答張敬夫之十八〉，而也可作〈答張欽夫之七〉·二者同一人，而書首稱謂不同。

有以主乎靜中之動，是以寂而未嘗不感，有以察乎動中之靜，是以感而未常不寂，寂而常感，感而常寂，此心之所以周流貫徹，而無一息之不仁也。然則君子之所以致中和，而天地位萬物育者在此而已，蓋主於身而無動靜語默之間者心也，仁則心之道，而敬則心之貞也，此徹上徹下之道，聖學之本統，明乎此，則性情之德中和之妙可一言而盡矣……蓋發處固當察識，但人自有未發時，此處便合存養，豈可必待發而後察，察而後存耶？且從初不曾存養，便欲隨事察識，竊恐浩浩茫茫無下手處，而豪釐之差千里之繆將有不可勝言者……且如灑掃應對進退，此存養之事也，不知學者將先於此而後察之耶，抑將先察識而後存養也，以此觀之，則用力之先後判然可觀矣。

朱子於此書末言「敬字工夫通貫動靜」，所謂動靜，乃本於樂記所云「人生而靜，天之性也，感於物而動，性之欲也」，而結合中庸所云「喜怒哀樂之未發，謂之中；發而皆中節，謂之和」，蓋人之性理實本於天，此為超越的無上的層次，一旦感外物而心動（由此分析出心的層次），有所喜怒哀樂；喜怒哀樂就人性本有言，是無色的，沒有形上形下價值義的，但就人性有了喜怒哀樂之後，其情境或情緒或情結（就此分析出情的層次）反應在行為中，也許如理，也許不如理，乃有了道德意味；性理是完美完整的，心卻是經驗的，必需時刻面對情欲的動盪，而又回顧性理反省本體，心居於性與情之間，為其樞紐，人性如何如理即看心的操持；然而心的地位又不與性理等同，因為性理之體只是一超越的靜涵於上的性體，籠罩著心，為心之實體，為心之內涵，心具理始能主宰情，而理假心始能行作用，也就是說，理體性體需假心氣的貞定與否進行其完美，心卻只是一虛靈之清明之氣，然則性理本身為一先天超越的層次，心卻只落為後天的虛靈之主的層次；心既是一可具眾理以進行道德判斷與實踐的「心官」，卻非一本來清明如天的「天理」，心可具理而為善，亦可不具理而為惡。由於層次的不同，心的工夫落為後天，敬字工夫通貫動靜，也是後天的心氣之貞定，而敬字工夫更純是道德意味甚強的「居敬生活」。由此一居敬生活形式以觀，所謂存養，指的是生活中心氣的靜攝凝聚，所謂察識，指的是生活中每一倫理行為的觀照反省預防謹獨；存養是為了使倫理行為有一合理的達成，察識則是為了使心氣發生與貞定有一清晰的理路以進行行為本身的思索；敬字宛若畏字一般，使人保持此心之清明，存

養是爲了省察時判斷是非的完整性，省察是爲了存養時涵攝此心之凝聚力。由此後天工夫的眞切，乃能澈至心性之微，心雖無先天良知義，只因性理而當然的涵具超越義，雖不能心即理，然因心性之微所帶出的負面觀照省察充份地喚醒吾人的心氣去儘量逼近性理，不使往下沈落，充份的居敬生活乃能從本源上提住居敬之功，工夫甚苦甚曲折，然最終仍可復得初頭渾全底道理，〔註46〕所以又云：

> 蓋人受天地之中以生，其未感也純粹至善，萬理具焉，所謂性也。然人有是性則即有是形，有是形則即有是心，而不能無感於物，感於物而動，則性之欲者出焉，而善惡於是乎分矣，性之欲即所謂情也……物至而知，知之者心之感也，好之惡之者情也，形焉者其動也，所以好惡而有自然之節者性也……惟其不自覺，「知」無所涵養，而大本不立，是以天則不明於內，外物又從而誘之，此所以流濫放逸而不自知也，苟能於此覺其所以然者而反躬以求之，則其流也庶乎其可制矣；不能如是，而惟情是狥，則人欲熾盛而天理滅息，尚何難之有哉？此一節正天理人欲之機間不容息處，惟其反躬自省念念不忘，則天理益明存養自固，而外誘不能奪矣。〔註47〕

所謂「覺其所以然者而反躬以求之」，實即窮理之謂，蓋人不可能死守一個死敬，成爲一個刻板的道德教條生活者，必是此心氣之貞定中有一心知爲主宰，以覺其所以然始能行其所當然；此心知看似後天，實則由性理而起作用，性理既爲純粹至善，則心官憑藉虛靈之用而涵具性理，感物而動，同其情而主其境，以理的共鳴而造至「萬物皆備於我」的心體大明之地步，則心知既能主宰，乃由後天而昇華（雖非先天而超越）；此中心知的涵養爲一重要關鍵，心知如何存養則又決定於窮理工夫，而窮理工夫實即格物致知，由每一事每一物每一人爲的經驗中，體驗省察其中的是是非非，將此是非不投射於人事上計量其功過，而是放置於道德上評判其得失，若能得一眞理，即一次道德經驗的觸及；若不能得一眞相，則還原爲歷史判斷，即一歷史事件的眞知，而道德判斷自在其中，吾人即在此種由格物以知人倫、窮理以盡性的過程中涵養了吾人的心性，以爲養心之助，到此心體大用無不明，吾人的道德生活

〔註46〕《語類》十七・〈大學或問〉上・賀孫錄：「大學必教人如此用工，到後來卻會復得初頭渾全底道理。」

〔註47〕《文集》六十七〈樂記動靜說〉。

必是一莊嚴靈性的居敬窮理，是謂「敬則心之貞」。

　　復次，「敬則心之貞」的意義之所以必待格物窮理以存養省察，造成一種靜攝心氣而開出「涵養須用敬，進學則在致知」〔註48〕的實踐系統，以使動靜語默無處不敬謹，乃因格物自人倫五品做起，〔註49〕原是構想以格物窮理的方法貼近存在面，使存在的真實經由此手法彰顯，所以手法上雖不能相應先秦儒家欲仁斯仁至矣的境慧，然自人性原有不得推卸的氣稟之雜此一包袱下的氣質之性而言，朱子別創出一處處格物窮理的實踐系統，乃是相應於人的存在問題而有，人不經社會橫向的普遍的踐履實不足以盡知性之全體，此系統亦唯經此點觀照始得全盡其意涵，倫理之美始得歸本還原於人文世界，由此而言，「敬則心之貞」又是禮教系統的必然內涵，禮中行敬，而敬中工夫即禮的完成，禮之開始為心氣之凝聚，與貞定，待至誠敬專一之心境，敬吾所敬亦是自我之禮敬，禮吾所禮即動靜一如的敬，是以朱子云：

> 格物須是從切己處理會。〔註50〕

> 世間之物無不有理，皆須格過，古人自幼便識其具，且如事親事君之禮，鍾鼓鏗鏘之節，進退揖遜之儀皆目熟其事，躬親其禮，及其長也不過只是窮此理，因而漸及於天地鬼神日月陰陽草木鳥獸之理，所以用工也易，今人皆無此等禮數可以講習，只靠先聖遺經自去推究，所以要人格物主敬，便將此心去體會古人道理，循而行之，如事親孝，自家既知所以孝，便將此孝心依古禮而行之；事君敬，便將此敬心依聖經所說之禮而行之，一一須要窮過，自然浹洽貫通。〔註51〕

由是而知，曲禮曰「毋不敬」，注文所云「禮主於敬」，是古老中國的鄉土倫理中一深情也，此深情常惺惺，在心中喚醒吾人迴向最初之理境，一旦喚醒便是清明；而此清明之慧自工夫上言，乃一後天的居敬窮理澈至先天的最高原理，以達至一個淨潔空闊的太初氣象〔註52〕。未發之際；「敬」字雖是一後天的心氣貞定，然貞定本身便有人心自作主宰意，道德生活始不沈落為教條秩序，則敬字雖假心氣而貞定，心知假「氣」以行動，「氣」卻非一形下的游離之氣，此「氣」

〔註48〕 《二程全書》十九〈伊川先生語〉第四。
〔註49〕 《語類》十五・方子錄：「格物莫先於五品。」
〔註50〕 《語類》十五・道夫。
〔註51〕 同上・僩。
〔註52〕 《語類》卷一・僩錄：「若理，則只是箇淨潔空闊底世界，無形迹，他卻不會造作。」

雖假理爲背景以造作行動，亦同時受理之靜攝而自性貞定之，始得行使其敬心，理於原則上是先的層次，氣則居於後的地步，故「氣」雖顯其本質爲行動之源造作之力，似可迴向影響「敬」的體察工夫，實則人一旦起行動之氣，必同時喚醒此心氣自性貞定，由是理先氣後又同時是理氣一體，敬中工夫通貫動靜，吾人於持敬之時動靜一理動靜一氣，整個身心全幅貫注於清澈見底的自省世界，自省自照即時實踐即時克盡倫理之美，吾人是以能於浩浩大化之流中自有一個安宅。即由此內面的工夫有一自宅，所以於外部行爲的整齊嚴肅乃不沈落爲死敬，而是一活潑的自我貞定，內外交相養之，自洒掃應對進退到精義入神，既不放心，亦不厭事。〔註53〕所以朱子云：「敬者非但是外面恭敬而已，須是要裡面無一豪不直處，方是所謂敬以直內者是也。」〔註54〕

　　除了敬字本身是一心氣貞定的工夫外，也同時指涉：敬字是一切尊德性的基礎，於教育學而言是一小學工夫，于洒掃應對進退之事上磨練，寓高度精神虔誠與謙卑之形上原則，而能於人之成熟度足夠時翻越爲大學教育中的精義入神，其中的一貫精神便是涵養須用敬，是一成始成終的教義，朱子云：

> 蓋吾聞之，敬之一字，聖學所以成始而成終者也；爲小學者不由乎此，固無以涵養本源而謹夫洒掃應對進退之節，與夫六藝之教。爲大學者，不由乎此，亦無以開發聰明，進德脩業，而致夫明德新民之功……敬者一心之主宰，而萬事之本根也，知其所以用力之方，則知小學之不能無賴於此，以爲始；知小學之賴此以始，則夫大學之不能無賴乎此以爲終者，可以一以貫之而無疑矣。蓋此心既立，由是格物致知以盡事物之理，則所謂尊德性而道問學，由是誠意正心，以脩其身，則所謂先立其大者，而小者不能奪，由是齊家治國以及乎天下，則所謂脩己以安百姓，篤恭而天下平，是皆未始一日而離乎敬也，然而敬之一字，豈非聖學始終之要也哉？〔註55〕

朱子於敬字分析出小學、大學兩階段教育，探下學而上達的教育方式處理，敬字之所以能持守心氣以澈至心性之微，竟是以一種具體的教育手法帶入道德生活，而於教育層次中又拉進理學觀念以爲實踐系統，尊德性之學即是道

〔註53〕見錢穆《朱子新學案》第二冊〈朱子論敬〉第六項，頁324言：「從內言則常惺惺，從外言則以規矩繩檢：整齊嚴肅。內外交相養，即見心與事一。既不放心，亦不厭事。」

〔註54〕《語類》四十四〈論語憲問篇子路問君子章〉時舉。

〔註55〕〈大學或問〉首條。

德教育，只因宋時小學教育已非古人的小學工夫，朱子乃於古人小學工夫中提出敬字以為其「小學」的理論基礎，〔註56〕從而結合小學之理據：童蒙貴養正，與大學之理據：十五志於學，為一完整體系的倫理教育、道德教育。〔註57〕由小學始教之初的洒掃應對進退之細部講求，到大學成教之極的精義入神之細微窮理，敬字呈現一極其精微深細的克己復禮工夫，如此細而密的居敬工夫究竟根源於何處，何以能若是之警懼？

> 君子之居恒當戶，寢恒東首，若有疾風迅雷甚雨，則必變，雖夜必興，衣服冠而坐。（取自〈玉藻〉）

此段文字亦見於朱子《禮書》〈學禮〉一部份的「曲禮」，其將此段編為「居處齋潔之事」，「敬天之怒」原為由太極之美走到人文化成，初民所自然而然心生的敬意，而此敬意亦是先天超越的天道所直貫而精光畢現，初民只是相應此蒼蒼天地之氣而深受感懼；夜氣已是無邊無際的太初氣象，人心於極靜之內在感懼極驚駭極動盪的疾風迅雷甚雨，不是陰暗的蜷伏，卻是當下直貫我心與之冥合而見自性的古典宗教情操，一當天怒之象（並非怒相，而是藉風雷雨導入天命之威嚴，吾人自可貫注此身）乍現，正衣冠而待之，天人皆是莊嚴的，此一古典信仰流注於倫理世界，便產生了戒慎恐懼的敬身工夫。明乎此，始能明白何以中庸以「天命之謂性」的層次直下帶入慎獨的境地，再直下帶入喜怒哀樂之地步，直逼至心性之微朗然在前，敬中工夫方有著落也。故《中庸》云：「君子戒慎乎其所不睹，恐懼乎其所不聞，莫見乎隱，莫顯乎微，故君子慎其獨也。」朱子注云：「君子之心常存敬畏，雖不見聞，亦不敢忽，所以存天理之本然，而不使離於須臾之頃也。隱，暗處也。微，細事也。獨者，人所不知而己所獨知之地也，言幽暗之中，細微之事跡雖未形，而幾則已動，人雖不知，而己獨知之，則是天下之事無有著見明顯而過於此者，是以君子既常戒懼，而於此尤加謹焉，所以遏人欲於將萌，而不使其潛滋暗長於隱微之中，以至離道之遠也。」朱子於人心的曲折幽微甚有精察，若非工夫篤實而真切，必不能探至人所不知己所獨知之地，此中暗設心知主宰，有良心判斷意味，本可於此提出良知省察義便可截斷外流單指本心，而

〔註56〕《語類》一百一十五・訓門人三・驤錄：「某於大學中所以力言小學者，以古人於小學中已自把捉成了，故於大學之道無所不可；今人既無小學之功，卻當以敬為本。」

〔註57〕參見拙著：〈論朱子小學與大學思想之義理根源〉，《鵝湖月刊》第159號，1988年9月。

見性善，然朱子眞正的興趣不在單指本心，其眞正的志趣在於人心負面世界裡悠悠度日的情欲之解決，而情欲之動必有契機兆現，此幾微之處極細，只有滲水不漏的極密工夫始能滲入其中，而極密的工夫最強而有力的莫若心氣的貞定，於朱子的觀照下，心氣之貞定遠勝於單指本心，因爲單指本心只有逆察一項工夫，餘外純憑個人個中境界之體會，不易得致一普遍性的道德生活規則，朱子念念不忘建立一社會教育性的成德之學，所以到了愼獨之學此一地步，很自然的逼出了知的戒愼、心的持敬，以及時時知覺時時敬畏的那個中心點——「己所獨知之地」。《中庸》復云：「喜怒哀樂之未發，謂之中；發而皆中節，謂之和。」朱子注云：「喜怒哀樂，情也，其未發則性也，無所偏倚故謂之中，發皆中節，情之正也，無所乖戾故謂之和。」上段文字中，朱子確切眞實地掌握了存在面的問題，註文本身便是一完整的心之剖切面；而於此剖析下，朱子又進一步指稱人的不中節行爲只因喜怒哀樂諸情動的誘導，情本身趁性之機兆而動，而由心之幽獨處顯其特質，若於此一地步識得，則情由本原處（性）發，即可中節，若此時心另有一旁生的知覺經驗，則情由本原不得順遂自生，乃有不中節。因爲心是一不確定的虛靈之氣，可具理而善，亦可不具理而惡，情乃轉爲欲結矣。由此以論，「其未發則性也」一句不穩，是於未發之情境中自見性體，抑或情之未發即是性體？或者說，情之未發即如性體那般淵默深潛，性體於其情用未發自顯其本色。依朱子系統看來，其將喜怒哀樂或惻隱之心歸爲情的發動，〔註58〕則情之層次事實上與心一般不穩定，可中節而發爲惻隱，也可不中節發爲怨怒哀思，事實上也仍是氣的流行氣的鼓動，而由此流行鼓動中見「因其情之發而性之本然可得而見」，〔註59〕所以未發的意義是思慮未萌時的一性渾然道義全具，人未有事物之交，而於靜中知覺不昧，此乃性體於穆不已的默會於心，由情之未發一事上達即見性體，卻非情之未發即是性也。即由此之戒愼默會，敬字工夫澈至性、心、情三層次，而以此中心氣之貞定確立了情的中節、心的謹懼，所以朱子云：「中庸徹頭徹尾說箇謹獨工夫，即所謂敬而無失平日涵養之意。」〔註60〕又云：「自戒愼而約之，以至於至靜之中無少偏倚，而其守不失，則極其中

〔註58〕《孟子集注》，〈公孫丑篇・人皆有不忍人之心章〉，朱註云：「惻隱羞惡辭讓是非，情也。仁義禮智，性也，心統性情者也。端，緒也。因其情之發，而性之本然可得而見，猶有物在中，而緒見於外也。」

〔註59〕見註58。

〔註60〕《文集》四十三・〈答林擇之〉之二十。

而天地位矣。自謹獨而精之，以至於應物之處無所差謬，而無適不然，則極其和而萬物育焉。蓋天地萬物本吾一體，吾之心正，則天地之心亦正矣，吾之氣順，則天地之氣亦順矣。」〔註61〕敬字到此流注於天人之際，鳶飛魚躍化育流行無非天理之自然而然，後天工夫澈至超越之境，「在人則動靜語默無非此理，只從這裡收一收〈謂心〉，這箇便在。」〔註62〕一切心氣之力量原來貫通此流行之理、此實體之理，當其全幅照射入吾心悠悠暗藏處，抉發其障蔽，人欲層面一旦凸顯，即當下自見理之不容已，至此天理與心氣的一體流行，即朱子所謂的「豁然貫通」。

敬心既深刻，天心既彰顯，乃可見出：敬心的深刻淵源於天地之實心實理，此實理一言以蔽之，即「誠」字也；存在面的敬字工夫是真實的，超越面的誠理也是實心的，朱子云：「戒謹恐懼而謹其獨焉，所以實乎此理之實也。」〔註63〕如此一個簡單的「敬」字，竟也自個體上達天心，而統合了倫理世界的秩序。以下即自朱子禮書中《家禮》〈內則〉，〈冠義〉，及其《小學書》中〈立教〉、〈敬身〉諸篇文字中，檢別出敬則心之貞的道德實踐內容：

> 古者婦人妊子，寢不側，坐不邊，立不蹕，不食邪味，割不正不食，席不正不坐，目不視邪色，耳不聽淫聲，夜則令瞽誦詩道正事，如此則生子形容端正，才過人矣。（取自《列女傳》）

> 古之君子必佩玉，右徵角左宮羽，趨以采薺，行以肆夏，周還中規，折還中矩，進則揖之，退則揚之，然後玉鏘鳴也。故君子在車，則聞鸞和之聲，行則鳴佩玉，是以非僻之心無自入也。（取自《禮記·玉藻》）

> 君子姦聲亂色不留聰明，淫樂慝禮不接心術，惰慢邪辟之氣不設於身體，使耳目鼻口心知百體，皆由順正以行其義。（取自《禮記·樂記》）

> 孔子曰：「非禮勿視，非禮勿聽，非禮勿言，非禮勿動。」（取自《論語·顏淵》）

> 凡人之所以爲人者，禮義也，禮義之始在於正容體、齊顏色、順辭

〔註61〕〈中庸〉章句『致中和』一段之解。

〔註62〕《語類》六三·賜。

〔註63〕《中庸或問》第二十章中的『何以言誠爲此篇之樞紐』一節。

令，容體正、顏色齊、辭令順而後禮義備，以正君臣、親父子、和

長幼，君臣正、父子親、長幼和，而後禮義立。(取自《禮記・冠義》)

由以上的心術威儀之敬身，其目的以伊川一句話便可全盡其義，其言云：「只是整齊嚴肅，則心便一，一則自是無非僻之干，此意但涵養久之，則天理自然明。」〔註64〕此言見《小學書》卷五〈嘉言篇〉，可看出朱子以爲詞氣容貌之間便是涵養本原之處，〔註65〕外部工夫的莊敬即是內在體驗的虔敬，只有通過此一「敬則心之貞」，方是道德生活的實踐。

肆、存在即一種美學：倫理主義

曾子病篤時，召門弟子啓手足，而云：「詩曰：「戰戰兢兢，如臨深淵，如履薄冰。」而今而後，吾知免夫，小子。」〔註66〕敬身不惟於生命輝煌之時自性貞定，亦於自我心氣最後一段吞攝過程全盡其力，自生始至卒終一以貫之，只爲了使性命之源安頓在自宅「敬」字裡，而此安頓的心情竟是以一種戒慎恐懼的心自我成全，於病篤的陰影下唯有自性貞定，方能使有限成爲無限、悲感成敬感，生命之蒼涼感代以莊嚴的存在感；蓋人於父母歿後，霜露既降而有悽愴之心，雨露既濡而有怵惕之心，〔註67〕此悽愴怵惕之心，此病篤啓手足之心，在在可見先賢對於生命之源，懷抱一顆完整的感激之心，因爲感激，存在當下便是一種美學經營矣。

朱子於道德生活的中心思想，是一種「美善同一」的觀念；道德上的崇高常如藝術中的完美，崇高中煥發生命的流暢幽潔之美，完美中深寓作品的人格媚力，道藝一體進而美善同一，而倫理主義中追求唯美，試圖使吾人於德性倫理架構中找到個體倫理的至善至美，找到自性貞定的信仰；而此種美善同一的經營，往上達是一種究天人之際的宇宙倫理，接上「天命之謂性」、「天人合德」之宗旨，往普遍性去實踐，便是一種人我共同理性往來，造成一和諧道德團體的社會倫理；此種倫理架構賴個體道德實踐之而立體，個體亦賴此倫理架構而得一普遍性的社會我。人於此一倫理世界中，直接的盡性

〔註64〕《二程全書》十六，遺書，伊川語第一。
〔註65〕《語類》八十七，〈小戴禮〉：問：「禮記九容與論語九思一同，本原之地固欲存養，於容貌之間又欲隨事省察。」曰：「即此便是涵養本原，這裡不是存養，更於甚麼存養？」
〔註66〕見《小學書》卷四〈稽古〉，取自《論語・泰伯》。
〔註67〕《禮記・祭義》，見《小學書》〈明倫篇〉。

知天乃依宇宙倫理而上契天命，而普遍的道德實踐，敬身工夫或者禮的修持，卻是由外而內，藉外鑠而內化的倫理，是一種間接性的內發，是一種鄉土性的淳厚風俗，也可謂之「鄉土道德觀」，吾人藉由外在的鄉黨之恭遜、鄉射之揖讓、鄉飲酒之杯酒交歡，彼此以德業相勸，〔註68〕於時代生活中造就出無數個理性的社會之我，而此社會我又必深知自我之內容與意義，不斷創新繼起的內在生命，則此一生活團體勢將因個體之明明德，進而新民進而明明德于天下矣。〔註69〕

　　倫理之美的產生，一方面固由於道德的至高點，將生命與宇宙倫理連貫爲一，充滿淋漓盡致的生命精神，展現陽健之美；另一方面則由於倫理主義必導使美育產生，使德育與美感結合，成爲教育學中的美育（包括德育與藝術教學），而古人便稱之爲「六藝」，孔子所云「游於藝」，朱子注云：「游者，玩物適情之謂，藝則禮樂之文，射御書數之法，皆至理所寓，而日用之不可闕者也。朝夕游焉以博其義理之趣，則應務有餘，而心亦無所放矣。」〔註70〕此段注文頗能將藝教精神確實掌握，「玩物適情」以「應務有餘」，於嚴肅的居敬生活裡有如此「理」的悠遊，對於心的本原來說，收拾來盡是敬的本旨，散殊出去也是情的中節，而朱子禮書中，《學禮》部份之〈學制〉、〈禮樂記〉、〈鐘律義〉、〈詩樂〉，以及《鄉禮》部份之〈鄉射〉，以及《邦國禮》的〈大射〉，包涵了禮樂射，而御法不傳，自古即未有專篇，至於〈書數篇〉原闕，清江永《禮書綱目》乃補作之，可爲參考。朱子復云：「至於六藝，是其名物度數皆有至理存焉，又皆人所日用而不可無者，游心於此，則可以盡乎物理，周於世用，而其雍容涵泳之間，非僻之心亦無自而入之也。」〔註71〕可見所謂的藝教，也無非是敬身生活的藝術化，心即從此路數中得一「規矩內的情感之奔放與昇華」；經由美育之修飾陶冶，道德人格更具外彰其德的美質；而經由道德人格之淬瀝；美育也更形誠中之實質。進一步而說，所謂美育，即

〔註68〕　參見《呂氏鄉約》，《小學書》卷六〈善行篇〉，或《宋元學案》卷三十一〈呂范諸儒學案〉，或朱子《文集》七十四〈增損呂氏鄉約〉，其中規定：「凡同約者德業相勸，過失相規，禮俗相交，患難相卹。」

〔註69〕　本段曾參考：趙毅衡「作爲一種倫理原則的唯美主義」，《當代》五十期，1990年6月。及成中英「中國倫理體系及其現代化」，《哲學與文化月刊》194期，1990年7月。及成中英「論儒家孝的倫理及其現代化」，《漢學研究》四卷一期，1986年6月。

〔註70〕　《述而集注・志於道章》。

〔註71〕　《述而・或問》。

將人性善根之抽象原理化爲具體行爲之藝術教育，賴人性善端之行爲化，氣質之性始能自教育中普遍改造，此學理乃因：所謂性情中和之教實際上不易具體，唯有自具象之六藝生活中培育其內外之美質，令人性之道德心由外部倫理結構內約內化而成，順著一種不自覺的自然生長程序，使倫理教育涵攝進美感經驗裡，則存在是一種美學，將不再是夢想。朱子云：「古人於禮、樂、射、御、書、數等等，皆至理之所寓，游乎此，則心無所放，而日用之間本末具舉，而內外交相養。」〔註72〕可見於朱子理想中，美育即是一種動態的人性美學，自舉手投足心智鍛鍊間建立一椿外鑠而內化的人格教育基型，從動作肢體的美感到內在心性的陶冶，美即是存在的感受，美即是存在的經驗。

朱子又云：「道德仁藝，人心所當志據依游之地，而不可易者也，以先後之次言之，則志道而後德可據，據德而後仁可依，依仁而後藝可游；以疏密之等言之，則志道者未如德之可據，據德者未若仁之可依，依仁之密乎內又未盡乎游藝之周於外也。」〔註73〕游於藝的心智陶冶人格美化既是內外交修，其中之所以可爲悠游的道理爲何？試析之如下：

禮：禮是宗教的藝術化，行動的藝術化，一種藝術化的行爲舉止，一種典禮的秩序經由社會秩序的藝術構造，一種個人內心誠意與他人內心誠意經由此構造而溝通的精神狀態，正是形態世界中的美和道德世界中的善的統一之理念。〔註74〕此處之禮乃是自「禮者，天理之節文」的形上原則，落實於具體的道德實踐而言，於實踐層面而言，禮根本是一藝術，一種間接的內發道德表現，藉禮而表現某種共同遵守的誠信；此藝術須由強勉而行，循一定的儀則而進行，宛若團體舞蹈般，最初必是痛苦的學習，最終才是整齊完美的典禮，一旦典禮完成，即象徵人於禮中得到了制度化，不再爲外界所影響而有遷移。

樂：樂是一種精神上的超越，性靈上的沈醉，〔註75〕此沈醉是解放性的，解放的自由向度又必回歸到自我一心，一切感受憑我而起而滅，也全靠自我貞定之；一旦貞定此沈醉而貞定自我，即是心體的達德，一切放僻邪侈無自而入，氣稟之雜慢慢消退，中節之和的氣象自然形於外也。然而古樂的渾樸氣象，今日已不可聞。朱子當時採錄唐朝雅樂編入《禮書》，以爲此一闕憾塡

〔註72〕《語類》三十四，志於道章，謨錄。
〔註73〕《述而‧或問‧志於道章》。
〔註74〕谷風出版，《美學的思索》之第十一篇，〈孔子的藝術哲學〉，頁223～228。
〔註75〕同上，頁231至235。

補其歷史意義；只是古樂雖亡，詩篇猶在，吾人可由其文字之節奏感而感受初民的渾樸，或者也可說，事實上詩樂原本一體，樂令人超越而沈醉，詩則透過語言的升騰力量，引導吾人精神垂直上升，而對現實界有一隔離的體證，描寫也許是非善惡俱有，但文字本身卻是淨化的，反省的，使人興發自我唯美的心意，而不斷提昇自體也。

射：包涵五射——白矢，參連、剡注、襄尺、井儀，〔註76〕此原用之戰鬥之事，一旦兵戈消歇，禮射乃成為習武與習禮的雙重作用之事，一用於禮事，則不只進退周還配樂以合禮，且求其內志正外體直，持弓矢審固，正諸己而後發，發而不中不怨勝己者，反求諸己而已，以此觀其德行，然後擇其人品以為鄉之賢者，州之賢者、國之賢者。然則射的道德意義，即是自外射而內德也。

御：包涵五御——鳴和鸞、逐水曲、過君表、舞交衢、逐禽左，〔註77〕此亦原是戰鬥或日常之事，然一旦用之禮御，便需符合樂節，車身與馬身繫鈴繫玉，鈴玉鏘鏘本身即是節奏，以導使馬步與人御的動作一體，一方面合節即行進安全，一方面也合於美的原則；所謂升車正立執綏，視瞻必敬，馬動鸞鳴，人馬一體，即登車有光的精神也。蓋於此中，藝術化的動作匡匡翼翼、肅肅雍雍，道德意義即在美的感覺裡涵養出好性情來。

書：六書有：象形、指事、形聲、會意、轉注、假借，乃造字與用字的原則，〔註78〕此即古人小學教育中基本認字習字的課程，原為日用之事，蓋文字之綱領、造字之原則、用字之方法，皆於書之一事畢具，乃聲音訓詁之本，名物度數之原。其由具象之象形字、抽象之指事字、諧聲之形聲字比類合義之會意字，充滿下學之事的特性：趣味與模倣，文字便是模倣天地萬象的符號，人類的心智鍛練與繪畫本能於此一事最見其本色。

數：有九數：方田、粟布、衰分、少廣、商功、均輸、盈朒、方程、勾股，即古人小學教育中的算術課程，原為日用之事，以備他日謀生而已，〔註79〕或者用之建國制地丈量土地之事，並無若何唯美的需求，純是求實而已；然純熟的演練算術，原也是心智開拓與鍛練的本事，自有數理的樂趣，純知性純格物窮理的態度，純知識科學的需要，而恰當地相應於倫理結構。換言

〔註76〕見朱子《禮書》『學制』〈大司徒之教〉下註文，原取自《周禮・保氏・賈疏》。
〔註77〕同上。
〔註78〕見《說文解字・序》。
〔註79〕參見劉伯驥《六藝通論》，中華書局。

之，即教育學中的認知學習與增強學習，於不斷下學演算中，至純熟程度時，「我」便能對書數之事（認知文字與數理推求）產生自發性的認知原則之辨識能力，此時即可謂上達也。

朱子云：「道之在天下，其實原於天命之性，而行於君臣父子兄弟夫婦朋友之間。」〔註80〕中國人的心早於歷史包袱裡懂得如何在沒有保障，沒有太平盛世的輝煌下，學得如何自性貞定；佛陀可排，但生命底層那顆道德悸動的心，卻在歷史大流中留下許多甘心儒門淡泊儒門寂寞自守的讀書人，朱子便是，他找尋生命的出口，直到其倫理主義的建立為其太極之理找到一個人間的落腳處，他的哲學之美才得致一個安頓。其架構乃經由宇宙倫理——人性之理同受之於天命，而各各自性貞定，率性道而實踐道德，以共同成就一個明明德的道德天地，而貫徹至德性倫理——人之性道雖同，氣稟或異，而有過與不及之差別，聖人因本性固有之理而品節之，循所當行者而為制度儀則，如倫理結構便是，此一結構使過與不及者皆得以安身立命，找到個體實踐自我完成自我的途徑，然後展現為社會倫理，有君臣父子夫婦長幼朋友五品，環環相扣，個體必實踐此社會倫理始得以稱為「人」，人亦惟於此社會倫理中始得以進行「道德生活」，而終至最高點——以一心之正參與天地生生不息的那一脈化育之理，而與天地萬物冥合於理，悠游於生生不已的宇宙倫理之中。吾人於其社會倫理的架構中，發現五倫事實上只是一倫——「孝」的倫理，由孝而規律了一切生物之現象，以道德涵攝了一切創造之源，然後又於此倫的意涵上，往上推出了宇宙倫理，以為人性原本便內具此五倫之理，不容已的流注出來，便成為倫理結構；往內則推到了個體的德性倫理，以為人之存在價值即在此五倫的踐行，而踐行的中心思想仍是「孝」的擴充，結果便是：真正的倫理主義只是孝的宗敬罷了。以朱子客觀知識興趣的濃厚，格物窮理的觸角至最深處仍是格人倫之理，以為道德生活的原則，而未能開展出真正五倫對應對等對立的社會科學，一方面固是時代局限了個人的眼光，另一方面仍是讀書人的古典情懷所致，唯有在禮樂文化創造的倫理之美下，個體的存在才是有意義的。

（本文原刊於《鵝湖月刊》第188、189號，1991年2、3月。又，本文曾獲國科會七十九學年度第二期獎助，且於1991年8月24日於香港新亞研究所「宋明儒學與佛老」學術研討會宣讀。謹此誌謝。）

〔註80〕《文集》七十八，〈徽州婺源縣學藏書閣記〉。